Eve Marie Helm

Hasenöhrl und Kirmesfladen

Eve Marie Helm

Hasenöhrl und Kirmesfladen

Das Buch der Brauchtumsgebäcke
mit 278 Rezepten

BLV Verlagsgesellschaft
München Wien Zürich

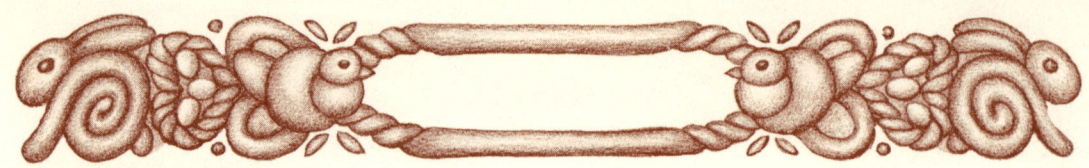

CIP-Kurztitelaufnahme der Deutschen Bibliothek

Helm, Eve Marie:
Hasenöhrl und Kirmesfladen: das Buch der
Brauchtumsgebäcke; mit 278 Rezepten /
Eve Marie Helm. – München; Wien; Zürich:
BLV Verlagsgesellschaft, 1984
   ISBN 3-405-12699-1

Bildquellen

Deutsches Brotmuseum, Ulm
Seiten 31, 39, 56, 57, 65, 70, 93, 99, 132/133,
134, 145, 171

Pressefoto Gerhard Dierssen, Hannover
Seite 166

Königliche Museen, Brüssel
Seite 21

Kulturgeschichtliches Museum, Osnabrück
Seite 12

Kunsthistorisches Museum, Wien
Seite 34

Kurt Lorz, Nürnberg
Seite 109

Roebild, Frankfurt
Seite 133

Illustrationen

Waltraud Berger

© 1984 BLV Verlagsgesellschaft mbH, München
Gesamtherstellung: Ludwig Auer, Donauwörth
Printed in Germany · ISBN 3-405-12699-1

In den Rezepten verwendete Abkürzungen:	
TL	Teelöffel
EL	Eßlöffel
l	Liter
dl	Deziliter = $^1/_{10}$ l = 100 g
g	Gramm
kg	Kilogramm
1 dkg	= 100 g
1 Loth	= 12–16,7 g
1 Quentchen	$^1/_4$ Loth = 3,65 g (bis Mitte des 19. Jh.), dann $^1/_{10}$ Loth = 1,67 g

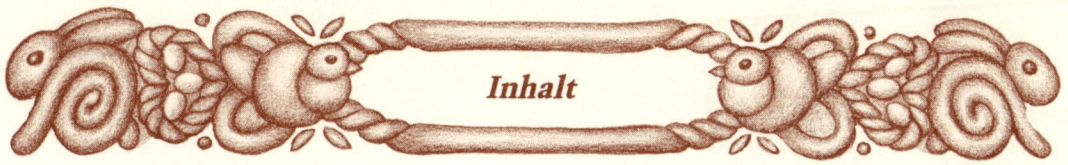

Inhalt

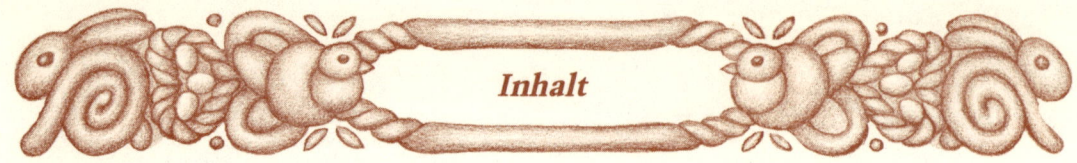

Inhalt

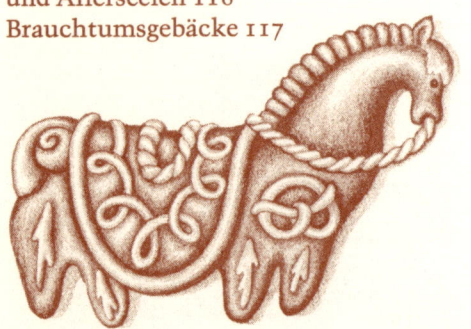

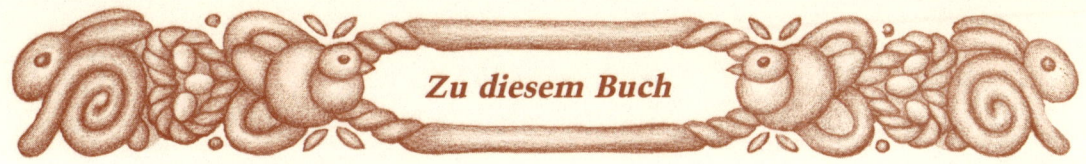

Nach dem Lexikon sind Gebildbrote »frei oder mit Hilfe von Modeln gestaltete oder verzierte Gebäcke, die eine Funktion im Brauchtum des Jahres- und Lebenslaufes haben bzw. hatten«. Diese trockene Formulierung läßt nicht ahnen, welche Bedeutung Brauchtumsgebäcke in den vergangenen Jahrhunderten im Volksbrauch und Volksglauben hatten.

Wenn im 7. Jahrhundert der fränkische Bischof Eligius sich darüber aufregte, daß im Januar Gebäck in Form von Hexen, Hirschen und sogar mit nicht ganz anständigen Darstellungen gebacken wurde, so zeigt das, daß die Menschen auch in christlicher Zeit noch von der magischen Kraft des ursprünglich heidnischen Opfergebäcks überzeugt waren. Denn viele Gebildbrote haben ihren Ursprung in dem Toten- und Seelenkult unserer heidnischen Vorfahren. Sie waren versöhnende Speisegaben für Götter, Seelengeister und Vegetationsdämonen. Sie brachten Gesundheit, Fruchtbarkeit und Glück. Sie ersetzten zunächst die blutigen Tieropfer der heidnischen Zeit und später die in den christlichen Fastenzeiten streng verbotenen Fleischspeisen.

Als viele der Brauchtumsgebäcke, die früher nur zu besonderen Anlässen und Festtagen gebacken wurden, zu Tagesgebäcken wurden, vergaß man oft ihren Ursprung und den damit verbundenen Aberglauben. Manchmal verschwand so ein Gebildbrot auch völlig, wenn der jeweilige Anlaß – Volksbrauch oder Volksfest – aus der Mode kam oder während der fortschreitenden Industrialisierung verdrängt wurde.

Aus den geprickelten Aschenfladen, die unsere Urväter als Schutz gegen die Dämonen gebacken haben, wurden mit der Zeit immer edlere Gebäcke. Man verfeinerte und kultivierte sie in den Klöstern des Abendlandes, und im späten Mittelalter erlebten sie in den städtischen Backstuben und ländlichen Küchen durch die Vielfalt der regionalen Bräuche einen außerordentlichen Aufschwung. Abwärts ging es mit den Brauchtumsgebäcken erst etwa seit Mitte des vorigen Jahrhunderts, als Volksbräuche und Volksfeste immer unpopulärer wurden. Heute gibt es kaum noch Gebildbrote im ursprünglichen Sinn. Was übrig blieb, hat seinen volkstümlichen Hintergrund völlig verloren.

Für dieses Buch wurden von vielen hundert recherchierten Brauchtumsgebäcken und Gebildbroten diejenigen herausgesucht, von denen in irgendeiner Form ein Rezept oder eine Zubereitungsart aufzutreiben war. Daß so wenige Rezepte von regional bekannten Gebäcken in Koch- und Backbüchern stehen, hat seinen Grund darin, daß in alten Zeiten die Herstellung dieser Gebäcke fast ausschließlich eine Domäne der Bäcker war, die oft ihre speziellen Rezepte nur innerhalb der Familie mündlich weitervererbten. Wurde der Bäckereibetrieb aus irgendeinem Grund nicht weitergeführt, so ging dadurch zwangsläufig auch manches Rezept verloren.

Wie das Quellenverzeichnis zeigt, gibt es Hunderte von volkskundlichen Schriften aller Art, die unter anderem auch Angaben über bestimmte Gebildbrote machen. Auch Zeichnungen oder anderes Bildmaterial fin-

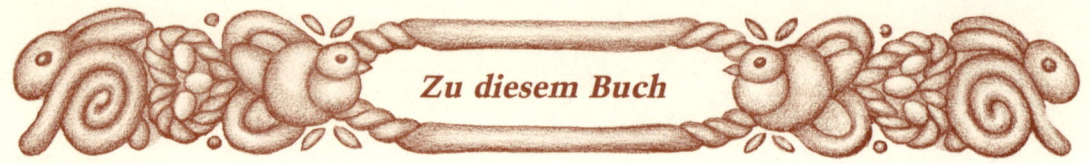
den sich ab und zu. Aber fast nirgends werden brauchbare Rezepte angegeben. Deshalb sind auch viele Gebildbrote, die in diesen älteren Unterlagen beschrieben und erwähnt werden, heute vergessen und verschwunden. Alte Bräuche werden nur durch die praktische Durchführung erhalten; Theorie nutzt da wenig.

Einige der alten Brauchtumsgebäcke, die mit einem Ortsnamen verbunden waren, ließen sich durch gezielte Anfragen an die betreffenden Gemeindearchive wieder ausgraben. Es gab in einigen Fällen sogar Bäkker, die diese Gebildbrote noch herstellten oder wenigstens Angaben darüber machen konnten, wie sie früher gebacken wurden.

Die Sammlung in diesem Buch ist allerdings nur die Spitze eines Eisbergs. Sie enthält neben unbekannten oder nur regional bekannten Gebildbroten auch viele Gebäcke, die zwar jeder kennt und die noch oft gebakken werden, von denen aber kaum jemand weiß, welcher Aberglaube und welche Volksbräuche früher mit ihnen verbunden waren. Da das Buch einmal zu einem Ende kommen mußte, konnte ich meine Recherchen nur abbrechen. Ich hoffe aber, daß das zusammengetragene Material irgendeine versierte Bäckerin mit volkskundlichen Ambitionen dazu anregt, weiter nach Gebildbroten zu forschen, ehe sie wirklich alle vergessen sind.

Die Rezepte wurden in ihrem Inhalt so übernommen, wie sie in den verschiedenartigen Quellen zu finden waren, und nur leicht überarbeitet. Außerdem wurden sie von Bäckermeister Günter Miller, Ravensburg, und Hauswirtschaftslehrerin Ute Beuter, Kisslegg, auf ihre Machbarkeit überprüft. So sind die Rezepte manchmal sehr ausführlich mit gewaltigen Mengenangaben für die Backstube, manchmal sehr knapp mit dürftigen Angaben über die möglichen Zutaten. Die Zutaten wurden auch nicht nach Art moderner Kochbücher für die eilige Bäckerin extra ausgeworfen, sondern sie stehen – wie in den alten Backbüchern – ganz gemütlich zum Heraussuchen im Text. Neue und alte Rezepte finden sich nebeneinander, wobei immer dem scheinbar älteren – ohne Backpulver z. B. – der Vorzug gegeben wurde. Um ein störendes Hin- und Herblättern zu vermeiden, wiederholen sich viele Rezepte auch bis zu einem gewissen Grad. Wie jeder Leser merken wird, ist dieses Buch kein typisches Backbuch; auch ist die Verfasserin keine gute Bäckerin. Es soll vielmehr als Brauchtums-Lesebuch alte Sitten und alte Rezepte wieder beleben und nachvollziehbar machen. Und es soll anregen, selber auf die Suche nach vergessenen und verlorengegangenen Dingen zu gehen.

Eve Marie Helm

Neujahr

1. Januar

Erst seit dem 17. Jahrhundert beginnt das neue Jahr allgemein am 1. Januar. Vorher war man sich durchaus nicht über den korrekten Jahresanfang einig. Die einen richteten sich nach dem alten Kalender und feierten Groß-Neujahr am Tag der Heiligen Drei Könige, also am 6. Januar. Andere betrachteten den Geburtstag Christi am 24. Dezember als einzig möglichen Jahresbeginn.

Kein Wunder, daß deshalb weder Aberglauben noch Volksbräuche in dieser Zeit in Einklang zu bringen sind. Vom späten Herbst bis ins Frühjahr hinein tauchen immer wieder Bräuche auf, bei denen man sich – wie es sich zu Beginn eines neuen Jahres schickt – Glück und Segen wünscht und Geschenke austauscht.

Allen Kalendern zum Trotz war man sich aber überall darüber einig, den Beginn eines neuen Jahres möglichst in schützender Gesellschaft zu verbringen. Die bösen Geister, die dem Volksglauben nach in dieser Nacht scharenweise unterwegs waren, kümmerten sich den Teufel um die im Laufe der Jahrhunderte erfolgten Terminverschiebungen.

Ihnen war nur das Datum heilig, und in der Neujahrsnacht hatten sie nur Unheil und Unsinn im Kopf. Der Brauch, das neue Jahr mit lautem Krach zu begrüßen, ist deshalb ein Relikt aus alten Tagen, in denen man noch gezielt gegen Zauber und Magie kämpfte. Der Lärm sollte die bösen Mächte erschrecken und vertreiben.

In allen Regionen des deutschsprachigen Raums überbrachte man in früheren Zeiten seine Neujahrswünsche mit dem dazu gehörenden Neujahrsgebäck persönlich. Deshalb waren am 1. Januar alle unterwegs: Kinder, Musikanten, Verliebte und Stadträte. Überall fand ein reger Austausch von Eßwaren statt, wobei die heil- und zauberkräftigen Neujahrskuchen besonders beliebt waren.

Doch auch innerhalb der Familie galten das Neujahrsbrot und die vielen verschiedenen Neujahrsgebäcke als glückbringende und heilkräftige Speise, die oft für allerlei Zauber und Orakel herhalten mußte. Zum Beispiel konnte man am Neujahrstag auf verschiedene Weise feststellen, ob jemand im Haus in diesem Jahr erkranken oder gar sterben

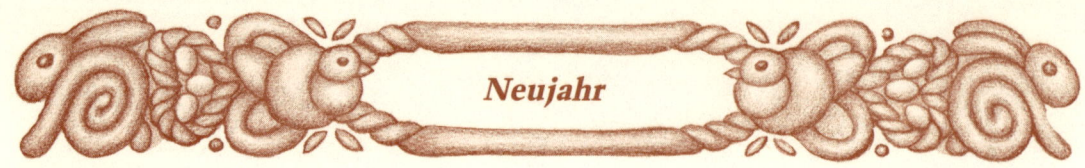

würde: Man mußte dafür am 1. Januar so viele kleine Kuchen backen, wie Leute im Haus waren. Jeder Kuchen bekam einen Namen, und man drückte mit dem Finger eine kleine Vertiefung hinein. Backte sich eins der Löcher aus, so war das kein gutes Zeichen für denjenigen, dem das Backwerk zugeschrieben war. Auch aufreißende Brötchen waren ein böses Omen.

Lieder zum Neujahrstag

In Oberfranken erschienen die Kinder am Neujahrsmorgen bei ihren Taufpaten, um die Neujahrsgeschenke abzuholen und sagten dabei:

> *Proß Naijohr!*
> *E Brezel wie e Scheierdor,*
> *E Lebkuche wie e Ofeplatt.*
> *Essemer uns all minanner satt.*

In Mitteldeutschland lud sich am Neujahrstag der Nachbar mit folgenden Worten ein:

> *Oeck kem geschwind gelope,*
> *Oeck seech den Schornsten roke.*
> *Wat da Nü's gebacke wär?*
> *Schoene Nüjahrskoke.*

Im Elsaß hieß es:

> *Guade Dag, Pfedder* (Pate) *und Geddel*
> (Patin),
> *I winsch i au Glick zuam neie Johr!*
> *I will e Bädstell* (Brezel) *wie e Schiendor*
> (Scheunentor),
> *Eh geh i nedd zu der Stubbdiehr 'nuss.*

Im Aachener Land gingen die Kinder am Neujahrsmorgen zu ihren Paten und sagten folgenden Glückwunsch auf:

> *Glöckselig Neujoar,*
> *Der Kopp voll Hoar,*
> *Der Monk* (Mund) *voll Zäng* (Zähne),
> *Der Neujoar en de Häng* (in den Händen).

Die letzte Zeile heißt bei Köln: Un emmer en Brezel en de Häng.

Ein Neujahrslied aus Hessen:

> *O, O, O,*
> *Das neue Jahr is do.*
> *Gebt uns Äpfel und Nisschen,*
> *Sonst friert uns an die Fisschen.*
> *Lot uns nit zu lange stehn,*
> *Denn wi mutt noch widdergehn.*

Und eins aus Ostfranken:

> *Ich wünsch euch a g'sunds neis Johr,*
> *Und daß eich werd nix gor:*
> *En Kupf vulla Hoa,*
> *A Stu'm vulla Bu'm*
> *Und a Kella vulla Ru'm.*
> *A Stu'm vulla Madla*
> *Und an Kella vulla Hadla* (Krautköpfe).
> *An Stoll vulla Hörna*
> *Und an Budn vulla Körna.*
> *A Säckla vulla Geld*
> *Und daß eich as ganz Johr nix fehlt.*

Aus Holstein:

> *An Nijohrsabend,*
> *denn geiht dat von baben.*
> *Denn klingen de Glocken,*
> *denn danzen de Poppen,*
> *denn piepen de Müs*
> *in Grotvadder sin Gehüs.*

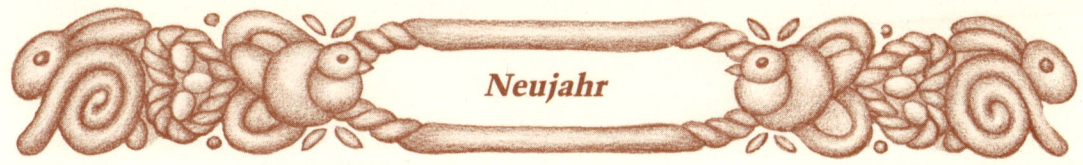

Brauchtumsgebäcke

Neujahrsbrezeln

Die Neujahrsbrezel ist eins der ältesten Gebäcke und überall mit viel Brauchtum verbunden:

Im Schwarzwald verzehrten die unverheirateten Burschen ihre Neujahrsbrezel im Wirtshaus und machten sich dann um Mitternacht auf den Weg, um das Neue Jahr im Dorf anzusingen. Dafür beschenkte man sie mit Essen und Trinken.

In Süddeutschland brachten die jungen Männer ihrem Schatz eine Neujahrsbrezel und wurden dafür mit Glühwein belohnt.

Im Rheinland spielten die Männer in der Silvesternacht Karten, um frische, bezuckerte Brezeln zu gewinnen. Sie hörten nicht eher auf, bis am Neujahrsmorgen ein hoher Brezelberg neben ihrer Tasse Kaffee lag.

Auch in der Pfalz wurden Neujahrsmänner und Neujahrsbrezeln ausgespielt. Die Wirte kauften die Brezeln und stellten sie ihren Gästen zum Auswürfeln zur Verfügung.

Rezept

350 g Mehl in eine Schüssel schütten und in die Mitte eine Vertiefung drücken, in der man 20 g zerbröckelte Hefe mit gut $\frac{1}{8}$ l Milch und etwas Mehl zu einem Vorteig verrührt. Den Teig 15 Minuten gehen lassen. 50 g flüssige Butter, 3 EL saure Sahne,

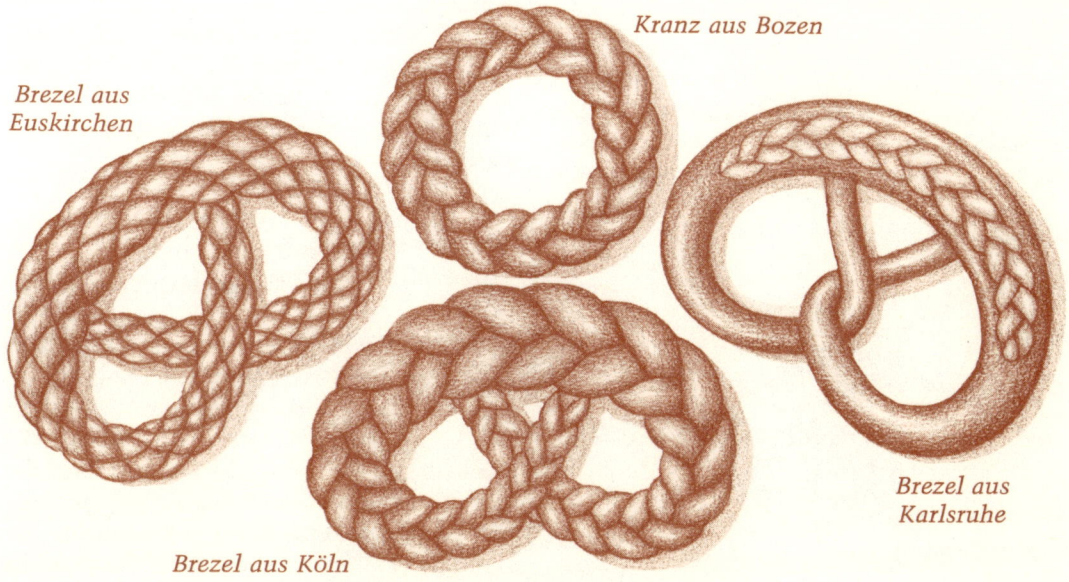

Kranz aus Bozen

Brezel aus Euskirchen

Brezel aus Karlsruhe

Brezel aus Köln

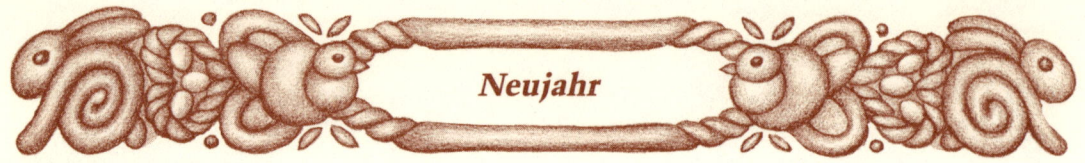
1 Ei, 40 g Zucker, ¼ TL Salz, 1 Messerspitze Muskat und die abgeriebene Schale einer Zitrone zu dem Vorteig geben und alles zu einem glatten, festen Teig kneten, den man an einem warmen Ort wieder 15 Minuten gehen läßt. Anschließend aus dem Teig drei Stränge von 50 cm Länge rollen, die zu den Enden hin dünner werden. Daraus einen Zopf flechten, zu einer Brezel formen und auf ein gefettetes Backblech legen. Die Brezeln an einem warmen Ort nochmals 20 Minuten gehen lassen, dann die Oberfläche mit Eigelb bestreichen und 25–40 Minuten bei etwa 200 Grad backen.

Bergische Iserkauken

Auch im Bergischen Land gab es spezielle Neujahrswaffeln. Den Teig bereiteten die Hausfrauen vor, aber das Backen war Männersache, denn man brauchte viel Kraft, um die seit Jahrhunderten überlieferten riesigen

Zangeneisen für Eiserkuchen

Waffeleisen zu bedienen. Dies waren entweder runde Schwenkeisen mit geriffelten Platten, die auf dem Herd umgewendet werden konnten, oder runde und viereckige Zangeneisen mit zwei langen Griffstangen. Die Schwenkeisen hatten im Sauerland vier oder fünf abgeteilte Herzformen, so daß ein Fladen mit 4 bzw. 5 zusammenhängenden, herzförmigen Waffeln entstand. Die viereckigen Zangeneisen, die noch älter sind, ergaben nur eine oder höchstens zwei viereckige Waffeln.
Iserkauken wurden als altes bäuerliches Festgebäck auch zur Ernte gebacken.

Rezept

Aus 500 g Hafermehl, 250 g Zucker, 125 g Butter, 4–5 Eiern, 2 Päckchen Vanillinzukker, 2 l Milch einen Waffeleisenteig bereiten. Der Teig darf nur in eine Richtung gerührt werden, damit die Waffeln »wek wie Hippenliar« (weich wie Ziegenleder) werden.

Neujahrskuchen aus Westfalen

In Westfalen wurde um das Neue Jahr herum am meisten »gekucht«. Deshalb hießen die zwölf Tage von Weihnachten bis Dreikönig in der Gegend von Bocholt die »Kokedage«. Im Emsland war Silvester der Kuchentag. An diesem Tag wurde ununterbrochen gebacken. Selbst während der Essenszeit mußte einer am Herd bleiben. Es

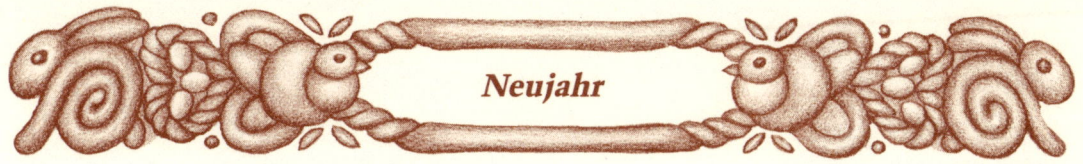
waren aber auch gewaltige Mengen herzustellen, wenn man bedenkt, daß man in Nordhorn mit 100, in Erlbergen mit 120–140 Kuchen pro Kopf rechnete.

Wer dem anderen das Neujahr abgewann, erhielt drei Kuchen. Das Neujahrsgeschenk, in diesem Fall also der Kuchen, hieß einfach »Neujahr«. So erklärt sich auch die Redensart: »einem das Neujahr abgewinnen«. In Freckenhorst bekamen am Tag vor Neujahr die Stiftsfräulein und das Gesinde Kuchenteig, die letzteren auch »Stutenbri« und eine Tonne Bier. Ganz klar, daß der Tag mit einem gewaltigen Besäufnis endete. Deshalb bekam diese schöne Sitte mit der Zeit heftige Gegner und ist heute leider ganz verschwunden.

Osnabrücker Neujahrskuchen

Rezept

Man rührt Roggenmehl mit Honigwasser an. Es muß so viel Honig in dem Wasser sein, daß ein Ei darin schwimmen kann. Schwimmt es quer, so soll es einen besonders guten Kuchen geben. Damit sich die Kuchen gut lösen lassen, muß das Kucheneisen ab und zu mit einer Speckschwarte eingerieben werden. Die fertig gebackenen Kuchen taucht man noch heiß in Honigwasser, damit sie nicht austrocknen und nicht zäh werden. In manchen Gegenden wurden die Neujahrskuchen auch aus Gerstenmehl gebacken mit einem Stückchen Speck darin.

Lange Neujahrskuchen oder Schohsollen

In der sogenannten Niedergrafschaft im Landkreis Bentheim backte man die Neujahrskuchen mit besonderen Kucheneisen, die mit Namen und Sprüchen verziert waren. Die flachen, zähen »Schohsollen« mußten bis Lichtmeß verzehrt sein, sonst brachten sie Unglück ins Haus.

Rezepte
Nach Hanni Lefers, Neuenhaus, für etwa 300 Stück

10 Pfund Weizenmehl, 9 Tassen Wasser, 4 Pfund Zucker, 1 Pfund Honig, 1/2 Pfund Schmalz, 1/2 Pfund Margarine, 1 Päckchen Anis, 1 Päckchen Zimt, 5 Päckchen Vanillinzucker, 7 Eier miteinander verkneten und den Teig 8–10 Stunden stehen lassen. Danach in etwa 2 cm dicke und 10–15 cm lange Stangen (Röllchen) drehen und im Schohsolleneisen – das ab und zu mit einer Speckschwarte eingerieben wird – über offenem Feuer backen.

Nach einem anderen alten Rezept

Man kocht 1 Teil Zucker und 3 Teile Wasser mit etwas Fett und fügt Anis und Zimt zu. Nach dem Erkalten rührt man die Masse mit Mengmehl an, läßt den Teig möglichst eine Nacht über durchziehen und knetet ihn dann mit Weizenmehl fest.

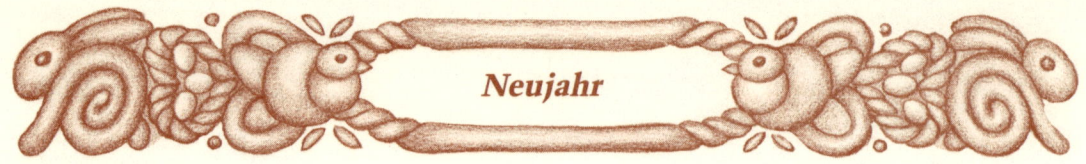
Ostfriesische Neujahrskuchen

Rezept

Aus 375 g Mehl, etwas Zimt, Muskat, Kardamom, gemahlenem Anis, 125 g Margarine, 3 Eiern und ½ Pfund in ½ l Wasser geschmolzenem und wieder erkaltetem Kandiszucker einen sehr flüssigen Teig herstellen, der einige Stunden ruhen muß. Den Teig mit einem großen Löffel in das Waffeleisen geben. Man erhält sehr dünne, knusprige Waffeln, die über einem Bleistift zu Röhren gerollt werden.

Allendorfer Naujohrn

Auch die Allendorfer Naujohrn wurden mit speziellen »Neujohrseise« auf offenem Herdfeuer gebacken. Die Zangen liefen in runden Platten aus, die auf beiden Seiten handgravierte Verzierungen und Sprüche trugen: strahlende Sonnensterne, Herzen, Lebensbäume, Spiralen und Rauten, häufig auch einen Hirschen mit einem Zweig im Maul oder Schwäne, Pferde, Hasen und den »Schimmelreiter«.

Rezept

Man knetet, ohne irgendein Triebmittel zu benutzen, einen Teig aus Roggenmehl, Wasser und Salz, würzt ihn tüchtig mit Nelken und Pfeffer, formt eine lange Wurst und schneidet davon kleine Stücke ab, die noch ein wenig geknetet und dann im »Naujohrseise« gebacken werden.

Bergischer Neujahrsblatz

Diesen länglichen Blatz kennt man im Rheinland und im Sauerland auch als Weihnachtsgebäck.

Kölner Platz

Rezept

Aus 1000 g Mehl, 60 g Hefe, 2 TL Zucker, knapp ½ l lauwarmer Milch, 200 g Zucker, 2 Eiern, 1 Prise Salz, 150 g Butter oder Margarine einen Hefeteig bereiten. 250 g Rosinen mit Mehl bestreuen, mischen und unter den Teig kneten. Gehen lassen und in eine große, eingefettete Kastenform geben. Die Oberfläche mit einem Messer längs einkerben. Noch einmal an einem warmen Ort zugedeckt gehen lassen, bis der Teig den Rand der Form übersteigt. Anschließend im vorgeheizten Backofen bei 200 Grad 60 Minuten backen.

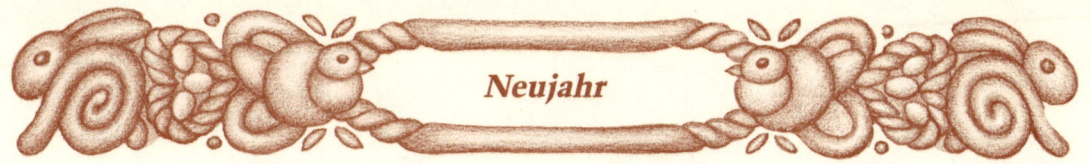

Aargauer Helsweggen

Ein Patengeschenk für die Schweizer Kinder. Dazu bekamen sie einen Batzen.

Rezept

1000 g Mehl, 1 1/4 TL Salz, 1/2 TL Pfeffer, 1/4 TL Muskat, 1/2 TL Nelkenpulver, 1/2 TL Majoran, 2 TL Zucker in eine Schüssel sieben. 30 g Hefe in lauwarmer Milch auflösen und zum Mehl geben. 4 1/2 dl Milch, etwas Salz, 100 g Butter und 1 TL Öl auf 36 Grad erhitzen, dann 1 verquirltes Ei beigeben. Diese Flüssigkeit zur Mehlmischung geben und alles 10 Minuten lang zu einem Teig verkneten. Den Teig in eine Schüssel geben, zudecken und in einem warmen Zimmer ums Doppelte gehen lassen. Den Teig nochmals durchkneten und zu einem Laib formen, drei- bis viermal mit einem Messer quer einschneiden. Mit Eigelb bestreichen und auf gebuttertem Blech im nicht vorgeheizten Ofen 50–60 Minuten bei 175–200 Grad backen (der Weggen soll langsam aufgehen).

Neujahrswecken

Der Wecken ist als Brot der Reichen bekannt und gilt als uraltes Symbol des Schlaraffenlandes. Er war schon in der Antike beliebt und populär, und die ältesten Nachweise sollen aus ägyptischen Gräbern um 2600 v. Chr. stammen.

Normalerweise ist er ein längliches, nach beiden Seiten in Keilform zugespitztes Gebildbrot aus Weizenmehl, das in der Mitte eingekerbt ist. Er kann auch ganz andere Formen haben, wie die Bilder der verschiedenen Neujahrswecken auf Seite 16 zeigen. Im Kreis Aachen wurde der Neujahrsweck auch Poschweck genannt. Es war ein Gebäck mit zwei runden Knäufen, das als »Mann mit zwei Köpfen« betrachtet wurde. Der Name Posch (in Hamburg gab es zu Ostern einen Paschweck) kommt von dem alten Wort Pasche für Ostern. Ostern war früher in Köln – und auch an anderen Orten – ein Neujahrstermin, und das Gebäck hat hier einfach den Terminwechsel mitgemacht.

Schneidet ein Mädchen einen frischen Wekken und frische Butter an, so muß es noch sieben Jahre aufs Heiraten warten.

Berner Züpfe

Der Schweizer Züpfweck wurde früher von Liebespaaren gebrochen und gemeinsam zum Wein verzehrt.

Rezept

Aus 1000 g Mehl, 30 g Hefe, 1 EL Zucker, 1/2 l Milch, 160 g Butter, 2 TL Salz, 2 Eiern, 1 Eigelb einen Hefeteig bereiten. Etwa 1 1/2 Stunden gehen lassen. Den Teig in zwei gleiche Teile teilen. Beide Teile zu je einer gleichmäßig langen Rolle, die an den Enden etwas dünner wird, formen und wälzen. Die beiden Rollen in der Mitte rechtwinklig aufein-

Neujahrswecken

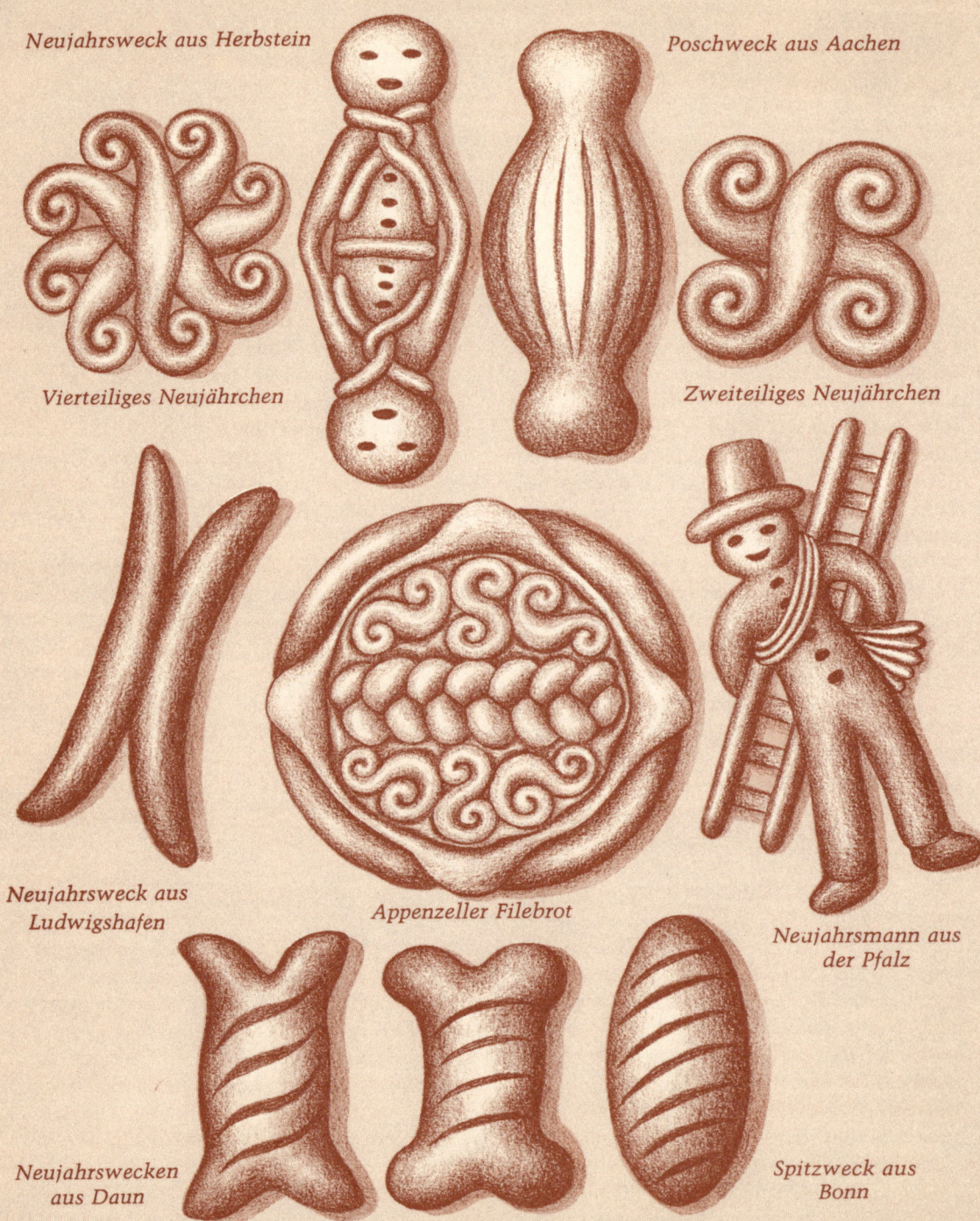

Neujahrsweck aus Herbstein

Poschweck aus Aachen

Vierteiliges Neujährchen

Zweiteiliges Neujährchen

Neujahrsweck aus Ludwigshafen

Appenzeller Filebrot

Neujahrsmann aus der Pfalz

Neujahrswecken aus Daun

Spitzweck aus Bonn

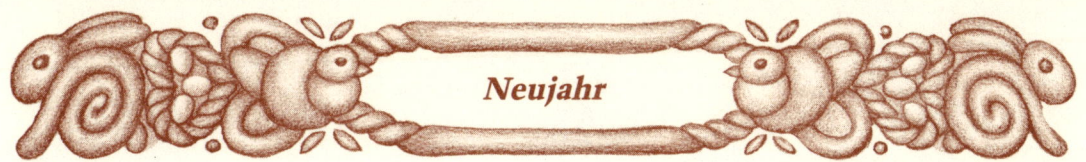
anderlegen. Die beiden Enden der querliegenden unteren Rolle links und rechts fassen und die rechte Spitze nach links und die linke nach rechts quer über die senkrechte Rolle legen. Nun die senkrechte Rolle fassen und die beiden Enden auf gleiche Weise verschränken. Was oben war, kommt nach unten, was unten war, kommt nach oben. Auf diese Weise abwechselnd beide Rollen verflechten, die Enden schließlich andrücken. Den fertigen Zopf auf ein gefettetes Blech legen und 10 Minuten an einem warmen Ort gehen lassen. Dann 2 Eigelb mit 1 Prise Salz verquirlen, den Zopf damit bestreichen und 30 Minuten kalt stellen. Bei 200 Grad 40–50 Minuten backen.

Neujährchen

Dieses Neujahrsgebäck wurde früher im Rheinland in jeder Familie gebacken. Es symbolisierte das Zusammengehörigkeitsgefühl, da es am Neujahrstag von allen Familienmitgliedern gleichzeitig gefaßt und auf ein Stichwort auseinandergerissen wurde. Ein solches Neujährchen kann aus zwei, vier, acht oder sechzehn Teilen bestehen.

In Westfalen wurde bis um die Jahrhundertwende in manchen Orten für das Abgewinnen des Neuen Jahres ein Neujährchen in Form einer Doppelspirale gebacken, das mit seinen vier Ärmchen die vier Jahreszeiten symbolisieren sollte. Es bestand aus zwei Striemen Teig, die in der Mitte verschlungen und an den vier Ecken dick und rund

ausgetrieben waren. Man verschenkte es an die Kinder, die am Neujahrstag Nachbarn und Verwandten Glück wünschten.

Rezepte

1000 g Mehl in eine hohe Schüssel geben, in die Mitte eine Vertiefung drücken und 30 g Hefe hineinbröckeln. Mit 2 TL Zucker und etwas lauwarmer Milch übergießen und die Hefe etwa 15 Minuten gehen lassen. Anschließend mit etwa $\frac{1}{2}$ l Milch, 1 TL Salz, 175 g weicher Butter so lange verkneten, bis sich der Teig vom Schüsselrand löst. Mit etwas Mehl bestäuben und den Teig an einem warmen Ort gehen lassen. Die Neujährchen formen und auf einem gefetteten, mit Semmelbröseln bestreuten Blech backen.

Ein Rezept der Landfrauenvereinigung Westerwald

Aus 2 Würfeln Hefe, $\frac{1}{2}$ l Milch und 1000 g Roggenmehl, 2 TL Salz, 12 TL Zucker, 1 TL Nelken, 1 TL Zimt, $\frac{1}{2}$ TL Pfeffer, 2 Tütchen gemahlenem Anis, 2 TL ganzem Anis und 3 EL Schmalz einen Teig kneten und, wenn nötig, Weizenmehl unterarbeiten. Der Teig muß sehr schön geschmeidig sein. 2 cm dick ausrollen, mit einer Tasse runde Formen ausstechen und auf das eingefettete Blech legen. Teig gehen lassen und mit der Gabel einige Male einstechen. Mit warmem Wasser bepinseln und bei 250 Grad abbacken. Nach dem Backen mit schwarzem Zuckerkaffee bepinseln, bis sie glänzen.

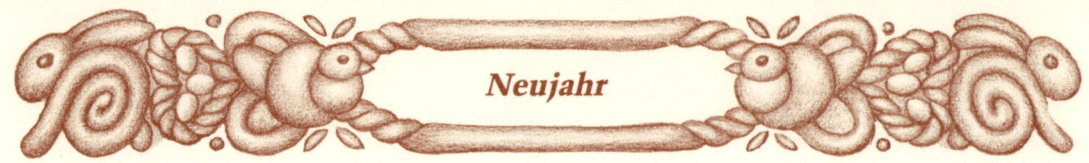
Für das zweiteilige Neujährchen legt man zwei Teigstückchen, 20–25 cm lang ausgerollt, kreuzweise übereinander, so daß die eingedrehten Enden den gleichen Weg laufen. Für die vier-, acht- bzw. sechzehnteiligen Neujährchen werden entsprechend viele Teigstücke wie die Speichen eines Rades übereinandergelegt.

Neujahrsmänner

Im Saarland und in der Pfalz gab es an Neujahr Schornsteinfeger mit Leitern. Sie sollen vorzugsweise an junge Mädchen verschenkt worden sein, die besonders unbeständig und wählerisch waren, wenn es darum ging, sich an einen Mann zu binden. Wenn ihnen der Liebste nicht mehr paßte, so konnten sie ihn am Neujahrstag einfach aufessen.

Appenzeller Filebrot

Das Appenzeller Filebrot ist ein Festgebäck zur Zeit der Jahreswende. Die schneckenartigen Formen sollen entweder das Auskriechen der Schnecken im Frühling oder eine Neujahrsonne darstellen.

Rezept

Hergestellt wird das Filebrot aus einem einfachen Weggliteig, bei dem man 1700 g Mehl, 100 g Hefe, 40 g Salz, 150 g Butterfett, 20 g Malz und 1 l Milch zu einem Hefeteig verarbeitet.

Bayrische Hobelspäne

Rezepte
Ein Rezept aus einem alten Kochbuch

Eine Art Confect die man Höbel-Spöhne nennet.
Nimm Mandeln / stosse sie klein und thue etwas Zucker und Gewürtz dazu / auch ein wenig Rosen- oder Zimmet-Wasser / dann schneide so schmale Striemen Oblaten / als die Höbel-Spöhne sind / und schmiere von den gestossenen Mandeln darauf / wickle sie zusammen über einen Stock wie Höbel-Spöhne / lege sie auf Papier / und backe sie geschwinde in einer Pfannen / die unten und oben Feuer hat / gahr / doch nicht braun. Es ist gut beym Trunck aufzusetzen.

Nach Erna Horn

350 g Mehl, 60 g weiche Butter, 2 EL Zucker, etwas Salz und geriebene Zitronenschale sowie 1 gestrichenen TL Backpulver, etwas sauren Rahm oder Quark miteinander zu einem halbfesten Teig verkneten, der nicht zu dünn ausgewalkt wird. Den ganzen Teig querdurch in knapp fingerbreite Streifen schneiden und diese Bänder ins heiße Fett legen. Mit dem Kochlöffel einmal vorsichtig umrühren, damit sich die Hobelspäne schön kringeln. Sie werden goldbraun gebacken, abgetropft und mit Zimt und Zucker überstreut.

Heilige Drei Könige

6. Januar

Seinen Namen hat dieser Tag von den drei Königen aus dem Morgenland, die der Legende nach dem Stern folgten und so Christi Geburtsstätte fanden. Etwa im 9. Jahrhundert erhielten sie die Namen Kaspar, Melchior und Balthasar und wurden als christliche Heilige zu Beschützern der Reisenden ernannt. Viele Wirtshäuser tragen deshalb auch die Namen der drei berühmten Globetrotter. Nach anderen Berichten sollen die drei Weisen, wie man sie auch oft nennt, astrologisch geschulte Magier aus dem alten Persien gewesen sein, die aus wissenschaftlicher Neugier dem besonders hellen Stern folgten.

Da der Dreikönigstag lange Zeit der letzte der am Weihnachtsfest beginnenden verschiedenen Neujahrstermine war, heißt er in manchen Gegenden auch Groß-Neujahr. Auf jeden Fall tobt sich in der Nacht vor dem 6. Januar – die lezte der zwölf offiziellen Rauh- oder Rauchnächte – das wilde Dämonenheer noch einmal ganz gewaltig aus. Allen voran Frau Berchta, die Frau des Sturmgotts, die auch Frau Harke, Frau Gode,

Frau Holle, Hulda usw. genannt wird. Da sie auch für Sonnenschein und Fruchtbarkeit zuständig ist, werden an vielen Orten auch heute noch temperamentvolle Umzüge veranstaltet, von denen man oft nicht mehr weiß, daß sie ursprünglich zu Ehren dieser Wachstumsdämonin stattfanden.

Die Zeichen K + M + B + Jahreszahl, die man auch heute noch am Dreikönigstag an vielen Haustüren findet, sind die Anfangsbuchstaben der Namen Kaspar, Melchior und Balthasar. Früher wurden sie mit geweihter Kreide an die Türen geschrieben und schützten davor, daß Frau Berchta in die Häuser eindringen und dort ihr Unwesen treiben konnte. Nur mit einem guten, fetten Essen ließ sich die wilde Dame dann noch besänftigen. Und da ihr das Messer sehr locker saß, sollte man auch selber möglichst so viel essen, daß einem der Bauch vor Fett triefte. Nur so konnte man sicher sein, daß ihr das Messer abglitt, wenn sie zustieß.

Besonders in Süddeutschland und Österreich wurden deshalb in der Dreikönigsnacht Unmengen von fetten, heißen Kücheln, Krapfen und Nudeln gebacken, in manchen Gegenden tut man es heute noch. Man legte sie als Wegzehrung für die Dämonen auf das Hausdach oder stellte sie auf den Küchentisch. Wurden sie aufgegessen, gab es ein gutes Jahr. Um die Fruchtbarkeit zu übertragen, füllte man sich im Traunviertel und auch an anderen Orten den Mund mit Krapfen und küßte die Bäume mit den Worten: »Baum, Baum, ich küsse dich. Werde voll wie mein Mund.«

In einigen Gegenden Österreichs stellte man den Eßtisch, auf dem schon die heißen Küchlein und Nudeln dampften, in die Mitte des Zimmers und häufte alle Küchengeräte um ihn herum auf. Die Dienstleute mußten sich nun im Kreis um diesen Tisch aufstellen. Dann ging der Hausvater dreimal um diesen Kreis herum und sah nach, wer fehlte. Diese Person mußte – so sagte der Aberglaube – noch im selben Jahr sterben.

In manchen Orten wurde der Berchta oder Gstampa sogar eine eigene Mahlzeit gekocht, zum Beispiel in Wälschnoven. Dort ging man am Dreikönigsabend, bevor es dunkel wurde, räuchernd und betend durch Haus und Garten, Stall und Stadel und versperrte anschließend alle Türen. Denn sobald die Dunkelheit hereingebrochen war, begann die Gstampa ihren Umtrieb. Mit rasselnden Ketten fing sie die Kinder ein und mit einer eisernen Hacke hackte sie allen Erwachsenen, die sich draußen zeigten, ins Bein. – Waren alle Türen sorgfältig verschlossen und verriegelt, kochte die Bäuerin schnell die Gstampanudeln. Das waren plattgedrückte, viereckige, kleine Nudeln,

deren Teig schon vor dem Gebet bereitstand. – Wer wissen wollte, ob er noch im selben Jahr unter die Haube kam, konnte das feststellen, während die Nudeln kochten. Er mußte nur drei Körbe voll Holz in die Küche holen. Waren in jedem Korb eine gerade Anzahl Scheite, so war die Ehe eine beschlossene Sache. Waren die Nudeln fertig, wurden sie der Stampa aufgetragen, dazu drei andere Dinge, die »nicht blühen«, nämlich Salz, Butter und Eier. Nahm die wilde Dämonin das Essen an, blieb das Haus geschützt.

Lieder zum Dreikönigstag

Einer der vielen alten Bräuche, die selbst in den Städten heute noch üblich sind, ist das Sternsingen am Dreikönigstag. Kinder und junge Leute haben ihren Spaß daran, sich als Kaspar, Melchior und Balthasar zu verkleiden und mit einem großen, goldenen Stern durch die Straßen zu ziehen. Heutzutage singen sie ihre Sternsingerlieder hauptsächlich in Wirtshäusern und vor Geschäften und Villen, wo sie eine üppige Geldspende erwarten. Die althergebrachte Sitte, Plätzchen, Lebkuchen und Krapfen zu verschenken, die von Weihnachten und Neujahr noch übrig geblieben sind, stellt sie kaum mehr zufrieden. Dabei ergab sich dieser Brauch aus dem alten Aberglauben, daß an Dreikönig alle Weihnachtskuchen aufgegessen werden mußten, wenn kein Unglück über das Haus kommen sollte.

Dreikönigslied aus Bayern:

Wir sind Drei Könige aus dem Morgenland,
Die Sonne hat uns schwarz gebrannt.
Wir haben gesehen den lieben Gott
Und täten bitten um ein Stückl Brot.
Wir wünschen einen goldenen Tisch,
An jedem Eck an bachenen Fisch,
In der Mitte eine Kanne voll Wein.
Die Heiligen Drei Könige schenken ein.

Dreikönigsvers aus dem Elsaß:

Da kommen drei König mit ihrem Stern.
Sie krachen die Nüsse und essen den Kern.
Sie werfen die Schalen zum Fenster hinaus,
Da kommen die Hühnlein und picken sie auf.

Jacob Jordaens, Das Bohnenfest, gegen 1638

Brauchtumsgebäcke

Der Bohnenkuchen

Nach einem alten Brauch wurde früher an vielen Orten am Dreikönigstag der Bohnenkönig gewählt, der an diesem Tag als eine Art Narren- oder Ersatzkönig regierte. Bohnenkönig wurde, wer die in einem Kuchen eingebackene Bohne fand. Dabei war es gleichgültig, um welche Art Kuchen es sich handelte. Vom Reiskuchen über Hefekuchen, Lebkuchen, Fladen und Pfannkuchen

waren alle Kuchenarten üblich. Für Deutschland ist der Bohnenkönig zum ersten Mal 1412 bezeugt. Nach den Kämmereirechnungen von Frankfurt an der Oder empfing die Stadt in diesem Jahr den Kurfürsten Friedrich I. mit einem Bohnenkuchen. Sebastian Franck beschrieb 1534 in seinem »Weltbuch«, wie es in Süddeutschland bei der Wahl des Bohnenkönigs zuging. Eine Münze wurde in einen Lebkuchen hineingebacken und jedes Familienmitglied bekam ein Stück davon. Auch Christus, Maria und die Heiligen Drei Könige erhielten ihren Teil »um Gottes Willen«. Wem das Stück mit der Münze zufiel, der wurde als König ausgerufen und dreimal in die Höhe gehoben. Er machte mit Kreide ein Kreuz an Dielen und Balken, um damit Unglück und Gespenster abzuwehren.

In manchen Gegenden wurden auch eine Bohne und eine Erbse in dem Kuchen versteckt. In der Eifel backte man einen Königskuchen, in den eine schwarze Bohne (für den König) und eine weiße Bohne (für die Königin) eingebacken waren. In der Gegend von Olpe im Sauerland backte man einen Dreikönigskuchen in Form eines dicken Pfannkuchens, in dem vier Bohnen versteckt waren: eine weiße, eine graue, eine schwarze und eine »dicke« Bohne. Am Abend des Dreikönigstages wurde der Kuchen unter die Kinder verteilt. Wer das Stück mit der weißen Bohne erhielt, wurde Kaspar, die graue Bohne war für Melchior bestimmt und die schwarze für Balthasar. Nur die dicke Bohne war gefürchtet. Wer sie fand, war das Kamel, und zwar für das ganze Jahr.

Im Saarland wurde in den Wirtschaften um den Dreikönigskuchen Karten gespielt. Der Gewinner durfte ihn mit nach Hause nehmen.

In England, Frankreich und den Niederlanden – wo der Brauch schon viel früher bezeugt ist – soll man früher ein richtiges Narrenspiel aus der Wahl des Bohnenkönigs gemacht haben. Der König wählte sich eine Königin und einen Hofstaat, und es gab ein großes Festessen. Während dieses Essens mußte jeder Anwesende genau aufpassen, wann der König sein Glas an den Mund setzte. Vergaß er, in diesem Augenblick zu rufen: »Der König trinkt!«, wurde ihm eine Strafe auferlegt. Der König gab sich natürlich alle Mühe, ganz unverhofft einen Schluck zu nehmen.

Um die Wahl des Bohnenkönigs völlig dem »Spiel des Zufalls« zu überlassen, soll es in alten Zeiten sogar üblich gewesen sein, ein kleines Kind unter die Tafel zu setzen, auf der der Bohnenkuchen stand. Bei jedem Stück, das abgeschnitten wurde, mußte es blind einen Namen nennen. Dieser Person fiel das jeweilige Stück dann zu.

Schweizer Dreikönigskuchen

Auch in der Schweiz wurde an manchen Orten am Dreikönigstag ein Bohnenkönig gewählt. Der Brauch soll im Jahr 1390 zum ersten Mal erwähnt worden sein. Der Kuchen dafür hatte meistens ein volles Mittelstück, auf das die Krone gesetzt wurde. Die kugeligen Außenstücke sollten die Vasallen des Königs darstellen. Zuweilen wurden auch die Drei Könige auf dem Mittelstück des Kuchens abgebildet.

Rezept
Aus »Ächti Schwizer Chuchi«

Aus 500 g Mehl, 20 g Hefe, ½ TL Salz, 4 EL Zucker, 100 g Butter, ½ TL abgeriebener Zitronenschale, ¼ l Milch, 1½ Eiern einen Hefeteig zubereiten. 75 g Sultaninen und die Mandel oder den Bohnenkern darunterarbeiten. Vom Teig 7–9 Stücke mit den Händen formen und nebeneinander in eine Springform setzen. An warmem Ort stehen lassen und um das Doppelte aufgehen lassen. Dann 1 Stunde in den Kühlschrank stellen. Mit Eigelb bestreichen und im vorgeheizten Backofen bei 200 Grad etwa 45 Minuten backen. Sofort nach dem Backen aus der Form lösen und auf einem Gitter erkalten lassen. Mit einer Krone aus Goldfolie dekorieren.

Dreikönigskuchen aus Bayern

Rezept
Nach Erna Horn

400 g Mehl, 200 g Butterflöckchen, 100 g Zucker, 2 Eier, 1 gestrichener TL Backpulver, 1 Päckchen Vanillinzucker und etwas abgeriebene Zitronenschale werden verknetet. Während der Teig etwas ruht, schält man 500 g Äpfel, dämpft sie mit ganz wenig Wasser und Zucker weich und läßt sie abtropfen. Unter das dicklich geschlagene Apfelmus mischt man 100 g geschälte, geriebene Mandeln und die Bohne. Dann legt man den Teig in eine gefettete Springform mit hohem Rand, füllt die nicht zu nasse Apfelmasse darauf und gibt einen Teigdeckel darüber, der am Rand fest angedrückt wird. Den Kuchen bei Mittelhitze langsam backen.

Aus einem Teigrest sticht man Sterne und Bäumchen aus, die ebenfalls hell ausgebakken werden. Der Kuchen wird nun auf der Oberfläche mit einem rosafarbenen Guß aus 200 g Puderzucker und etwas Himbeersaft dick überzogen. Seitlich bestreicht man ihn mit dunklem Zuckerguß und steckt die gleichfalls mit Schokoladenguß überzogenen Sterne und Bäumchen wie eine Krone in den noch weichen Guß. Auf die Sterne und Bäume streut man einige Silberperlchen, an den Rand des Kuchens Mandelspäne.

Dieses Rezept aus »Das altbayrische Küchenjahr« von Erna Horn ist besonders prächtig. Nach anderen Rezepten wird der Dreikönigskuchen auch oft mit einer Krone aus Goldpapier dekoriert.

Schuchsen

Der Name der Schuchsen hängt mit ihrer Größe zusammen. Sie sollen nämlich so groß sein wie »eines Mannes Schuh Länge«. Im Voralpengebiet und im Chiemgau waren sie ein spezielles Dreikönigsgebäck. Die Bäuerin war verpflichtet, am Tag vor Dreikönig Unmengen von Schuchsen zu backen, damit sie allen Leuten, die auf den Hof kamen, eine davon schenken konnte.

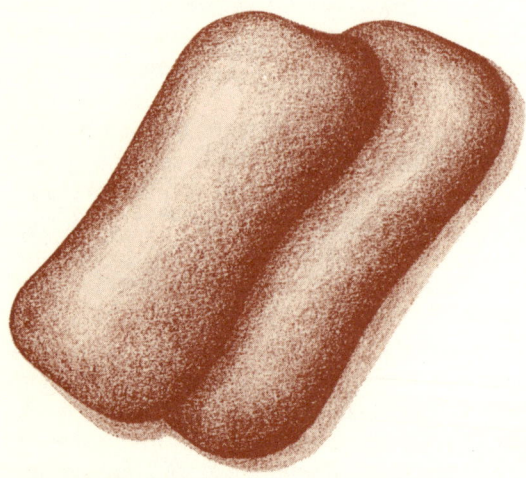

Das ehemalige Chorherrenstift von Herrenchiemsee verteilte diese riesigen Schmalzgebäcke in alten Zeiten jeden Samstag an bedürftige Menschen. Später beschränkte man die milde Gabe auf den Dreikönigstag. Die ursprünglichen Schuchsen, die an anderen Orten auch an Fastnacht und in der Fastenzeit üblich waren, wurden aus Roggenmehl gebacken.

Rezepte
Salzige Schuchsen

Rahmigen Quark mit so viel Roggenmehl verkneten, daß ein zarter Teig entsteht. Man gibt Salz, Pfeffer und Muskat dazu. Die länglich ausgewalkten Teigflecken in heißem Schmalz goldgelb auflaufen lassen.

Süße Schuchsen

Roggenmehlteig wie oben und statt Pfeffer etwas Zitronenschale, Vanillinzucker, Zukker und Kirschwasser dazugeben.

Dreikönigssterne »Flantschkerla«

Die Flantschkerla kamen in Österreich am Dreikönigstag mittags auf den Tisch und wurden strahlenförmig zerschnitten. In großen Bauernhäusern wurden meistens drei Flantschkerla gebacken, in kleineren zwei.

Rezept

Hefeteig etwa suppentellergroß auswalken und in der Mitte mit Rosinen, würfelig geschnittenem Lebkuchen und geschnittenen Feigen belegen. Ein zweites, gleichgroßes Teigstück darüberlegen und den Rand mit den Fingern fest zusammendrücken. Danach mit einem Messer radial einschneiden, so daß beim Backen lauter kleine Zipfel (Flantschkerla) entstehen, die dem fertigen Gebäck ein sternförmiges Aussehen geben. Die Flantschkerla werden mit »Eierkraus«

überzogen (wie das gemacht wird, steht bei den Lebzeltwizln an Weihnachten, Seite 167) und vor dem Essen mit heißem Honig übergossen, der in das Gebäck einzieht.

Zottl- oder Perchtlkrapfen

Rezept

Aus 2000 g Mehl, 2 TL Salz, Anis, Weinbeeren, Hagelzucker, 60 g Hefe, 6 Eiern, 100 g Butter und etwa 1 l Milch einen Hefeteig zubereiten, den man so lange schlägt, bis er Blasen wirft. Nach dem Gehen Krapfen daraus formen und im heißen Fett schwimmend ausbacken. Anschließend jeden einzelnen Krapfen in verquirlte Eier eintauchen und ihn nochmals ausbacken. Zuletzt mit Zucker bestreuen.

Tiroler Krapfen

Ein Rezept aus einem alten Kochbuch

Ein Vierling gestosene Mandeln, ein Vierling Mehl, ein Vierling Butter, 6. Loth Zucker, ein wenig Anis, geschnittene Citronenschalen, werden mit 2. Eyerdottern und Wein unter einander gemacht, daß man den Taig auswellen kann. Wenn er Fingers dick ausgewellt worden, werden dreieckige Stücklein daraus geschnitten, mit einem Ey bestrichen, mit Zucker bestreuet und im Bachofen gebachen.

Mutscheltag = Donnerstag nach Dreikönig

Am Donnerstag nach Dreikönig ist in Reutlingen Mutscheltag. Alle Bäcker backen an diesem Tag Mutscheln, d. h. sternartige, mürbe Kuchen. Am Abend verwandeln sich die Bäckerstuben in Wirtshäuser, in denen um die Mutscheln gewürfelt wird. Dazu wird kräftig Wein getrunken.

Das Mutscheln gab es schon, als Ulm noch Freie Reichsstadt war. Damals kamen die Bürger, die das Jahr über geheiratet hatten, an diesem Tag zum Stadtmilitär. Zu Ehren dessen fand im Schützenhaus ein Scheibenschießen statt, bei welchem die Mutscheln als Preise ausgesetzt waren. Wer kein Schütze war, ging in die Bäckerei zum Mutscheln.

Beim Mutscheln legen die Spieler eine Schiefertafel oder ein Stück Papier zwischen sich. Hat man nichts zur Hand, genügt auch die blanke Tischplatte. Mit Kreide wird darauf ein kleiner Kreis gemalt, von dem aus in die Richtung jedes Spielers ein Strich gezogen wird. Auf diesem Strich notiert jeder Spieler seine Punkte. Welchen Wert der einzelne Strich haben soll (5, 10 oder 20 Pfennig), legt man vorher fest. In der Regel wird so gespielt, daß jeder Spieler eine Mutschel erhält. Das Spielglück besteht dann darin, daß man mehr oder weniger als den Kaufpreis einer Mutschel bezahlen muß. Gespielt wird mit mehreren Würfeln nach den allgemein bekannten Würfelspielen. Zum

Beispiel Langer Entenschiß (wird mit drei Würfeln gespielt:

Hier gilt nur der Wurf, der gleichzeitig die Augen 1, 2 und 3 enthält. Wer keinen solchen Wurf hat, erhält einen Strich. Natürlich kann nach Vereinbarung auch zwei- oder dreimal geworfen werden.

Reutlinger Mutschel

Das Rezept der Reutlinger Mutschel wird so gehütet, daß es in keinem regionalen Kochbuch zu finden ist. Nach Bäckermeister Zotz aus Reutlingen besteht die Mutschel aus einem gesalzenen Hefe-Mürbteig.

<u>Rezept</u>

1000 g Mehl, 20 g Salz, 10 g Zucker, 200 g Butter, 50 g Hefe und genügend Milch werden zu einem nicht zu weichen Teig verarbeitet, sonst verliert die Mutschel beim Bakken die Kontur. In »Gebäck aus deutschen Landen« von Pelshenke wird als zusätzliches Gewürz noch Malz angegeben. Aus dem ziemlich festen Teig formt man eine Teigkugel, drückt sie etwas flach und schneidet den Teig viermal über Kreuz ein. So entstehen die acht Zacken, die herausgezogen werden. In der Mitte muß ein Buckel stehen bleiben. Das Kränzle, das um diesen Buckel herumgelegt wird, soll $\frac{1}{6}$ des Gebäckgewichts betragen.

Vogelhochzeit

25. Januar
Sankt Pauli Bekehrung

In vielen Orten wird am 25. Januar die sogenannte Vogelhochzeit gefeiert. Dazu werden
kleine Taubenvögel und Storchennester aus
krausen, wirren Teigschlingen gebacken.
Man erzählt den Kindern, daß sich an diesem Tag die anwesenden Vögel verheiraten
und Hochzeit machen. Sie bauen aus Stein-
chen kleine Herde, auf denen Hochzeitsgebäck gebacken wird. Artige Kinder dürfen
am Vortag ein Tellerchen herausstellen, auf
welchem sie dann am Morgen etwas von
dem Hochzeitsgebäck der Vögel vorfinden.
Da die Vögel als Seelentiere gelten – oft er-
scheinen im Märchen die Seelen Verstorbe-
ner als Vögel –, ist das Herausstellen des
Tellers vielleicht als Totenopfer zu ver-
stehen.
In der Steiermark wird die Vogelhochzeit
schon am 22. Januar (Sankt Vinzenztag) gefeiert. Wer Lust hat zu heiraten, muß an
diesem Tag gut aufpassen: Sieht er ein Vo-
gelpärchen, so wird er schon im laufenden
Jahr Hochzeit machen. Sieht er aber auf den
ersten Blick nur einen Vogel, so muß er
noch ein weiteres Jahr warten.

Nach altem Volksaberglauben ziehen mit
den Frühlingsvögeln auch die für die Fruchtbarkeit der Erde zuständigen Dämonen und
Elfen wieder in ihre Wohnungen ein und
erwarten, daß sie dort ihre Speiseopfer vorfinden. In Rußland findet dieser Vogeltag am
19. März statt. Dann kehren nach russisch-
orthodoxem Volksglauben die Frühlingsler-
chen aus dem Wunderland Wyrai zurück.
Deshalb werden Brotlerchen gebacken.

Brauchtumsgebäcke

Schweizer Tauben
oder Patschkauer Dohlen

Rezepte

Weckteig zu ovalen Broten formen, die Flü-
gel einschneiden. Durch Ausziehen des Teiges Köpfchen und Schnabel formen, mit Ro-
sinenaugen bestecken.

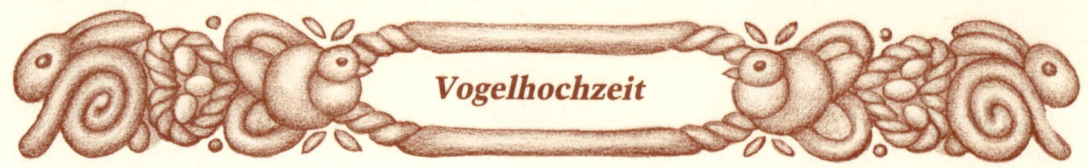
Oder

40 cm lange, daumendicke Teigrollen zu einem Knoten schürzen, das Köpfchen etwas herausziehen, ebenso den Schwanz. Als Augen Rosinen oder Apfelkerne eindrücken.

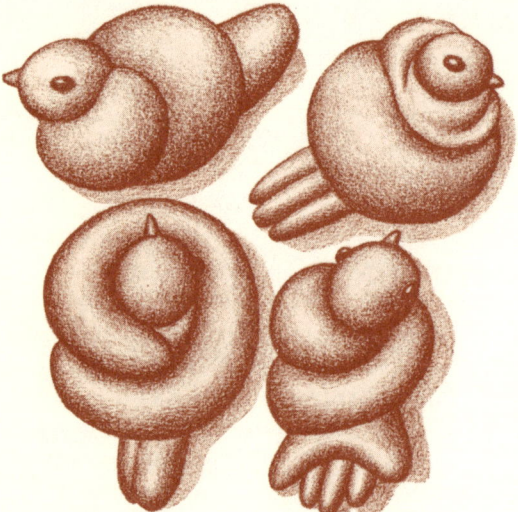

Storchennester oder Schneeballen

Als »Schneeballen« ist dieses Gebäck auch zu allen anderen Festen des Jahres bekannt.

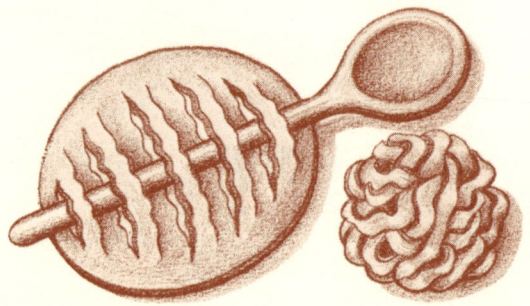

Rezept
Von Frau Horlacher, Bettenreute

Aus 500 g Mehl, 125 g Butter, Salz, ¼ l saurem Rahm, 3 Eigelb, 1 Ei und 2 Gläschen Kirschwasser einen Mürbteig herstellen, den man ½ Stunde ruhen läßt. Dünn auswellen, runde oder ovale Flecken von etwa 15-20 cm Durchmesser ausradeln. Bis auf 1 cm vom Rand entfernt 1 cm breite Streifen hineinradeln, diese mit dem Kochlöffel abwechselnd auffassen und in das heiße Fett geben, dabei etwas drehen. Braun backen und noch heiß mit Zucker und Zimt bestreuen.

Tauben von Zucker-Brod zu bachen

Rezept
Aus Herrn von Hohbergs
»Des Adelichen Land- und Feld-Lebens«

Zu ein Paar Tauben nehmet Zucker und des schönsten Mehls / jedes ein halb Pfund / zerklopffet aber zuvor vier gantze Eyr / und zwey Dötterlein / rühret so dann nach und nach erstlich den Zucker / und dann das Mehl / auch / so es beliebt / etwas von allerley guten Gewürtz darein / schmiret die Mödel mit Butter / vermacht sie aussenher wohl mit Leimen oder Dohn / giesset den Teig hinein / setzets in den Ofen / und lassets bey gelindem Feur abbachen / verguldets dann / und bezierets nach Belieben.

Lichtmeß

2. Februar

Dieser Tag dauert schon eine ganze Stunde länger. Die Handwerker, die am Montag nach Michaelis (= 29. September) angefangen hatten, bei Licht zu arbeiten, konnten endlich wieder damit aufhören. Deshalb wurden an diesem Tag auch die Kerzen für das ganze Jahr geweiht. Bis 1912 war der Tag nach Lichtmeß ein Feiertag. Man nannte ihn Lichtblaumontag.

Lichtmeß war das erste Frühlingsfest des neuen Jahres, und an Lichtmeß begann die Feldarbeit. Es war ein echter Bauernfeiertag, der überall mit gutem Essen gefeiert wurde. Fleisch war zwar knapp, da noch keine Schlachtzeit war, aber man hielt sich an die Regel: »Iß Lichtmeß kein Fleisch, wenn du gesund bleiben willst« und begnügte sich mit dem, was noch in Speisekammer und Keller aufzutreiben war.

Lichtmeß war auch der Beginn des ländlichen Wirtschaftsjahres, ein Zins- und Ziehtag, an dem der Zehnt zu leisten war. Daran schloß sich oft ein Lichtmeßmahl an. An manchen Orten wurde es sogar von der Obrigkeit bezahlt.

Seit dem Mittelalter werden an Lichtmeß überall Pfannkuchen gebacken. Wenn die Hausfrau den ersten Lichtmeßpfannkuchen beim Wenden so in die Luft wirft, daß er wieder in der Pfanne landet, geht ihr das ganze Jahr über das Geld nicht aus.

An Lichtmeß war früher großer Dienstbotenwechsel. Die Dienstboten, die sich eine neue Arbeit suchen wollten oder mußten, bekamen ein paar Tage frei, meistens bis zum 5. Februar (Sankt Agatha). Diese wenigen freien Tage machten oft ihren ganzen Jahresurlaub aus. In Süddeutschland suchten sie auf den Schlenkelmärkten einen neuen Dienstherrn. Die freien Mägde trugen dabei als Kennzeichen zweierlei Strümpfe, weiß und rot, die Knechte ein Strohbündel am Hut. Ein neues Dienstverhältnis wurde mit Handschlag besiegelt. Einen Tarifvertrag gab es nicht.

An manchen Orten wählte man auch eine Königin durch einen Mandelkuchen. In Berlin war bei den ledigen Mädchen an Lichtmeß folgendes Orakel beliebt: Sie setzten sich am Abend an einen Tisch in ihrem

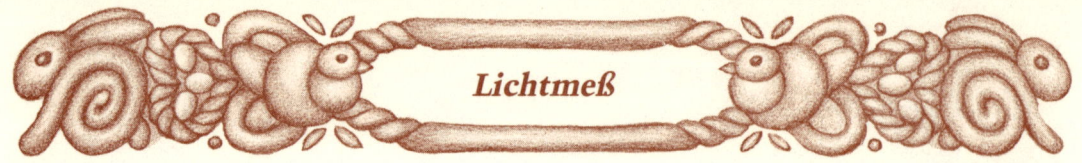

Zimmer, auf dem zwei Lichter, ein selbstgebackener Kuchen und ein Glas Wein standen. Wenn sie nun brav bis Mitternacht dort sitzen blieben und ihre Kammertür nicht aus den Augen ließen, so konnte es sein, daß sie ihren zukünftigen Bräutigam hereinkommen sahen. Griff er nach dem Kuchen, war er ein häuslicher, griff er nach dem Wein, ein aushäusiger Mann. Nahm er nichts, so mußte einer der Ehegatten ein Jahr nach der Hochzeit sterben.

Dreschen und Flachsbrechen

Es gab früher im Süden zwei Druschtermine. Ausgedroschen sein mußte entweder bis Weihnachten oder bis Lichtmeß. »Fasching war, wenn ausgedroschen war«. Und damit der »Woaz nit brandig wird«, wurden zu diesem Termin in jedem Bauernhaus Krapfen gebacken. Damit die Bäuerin ja rechtzeitig an das Krapfenbacken dachte, schob man unter die letzte Garbelage auf der Tenne Holzprügel. Das Gepolter des »Krapfaholz« sollte sie an ihre Pflicht erinnern. Dann zog einer der Drescher Frauenkleider an und versuchte, damit unbemerkt in die Küche zu kommen. Er mußte das Krapfaholz auf den Herd legen, es anzünden und wieder verschwinden. In Krems in Österreich sagte man folgenden Spruch dazu:

Das Krapfaholz, das liegt am Herd,
D'Frau wird wissen, was den Dreschern g'hert:
A Reiter voll Krapfa, a Plutzer voll Wein,
Da können die Drescher brav lusti sein.

Da die Drescher aber wußten, daß die Bäuerin oft schon mit einem Eimer Wasser hinter der Küchentür stand, um sie ordentlich damit zu begießen, organisierten sie sich nicht selten eins der Festtagskleider der Hausherrin und zogen es an. Das überlegte sie sich dann doch, ob sie ihr gutes Stück durch einen Guß Wasser verderben wollte.

Lichtmeß war auch der letzte Arbeitstag für die Flachsbrechlerinnen. Sie bekamen an diesem Tag ein besonders gutes Essen aus geschmalzten oder ausgebackenen großen Nudeln. Dazu gab es einen lustigen Spielbrauch:

Am Vormittag holte sich ein Bursche bei der Bäuerin ein großes Leintuch voll Schmalznudeln. Diese Nudeln zeigte er den Brechlerinnen und lief dann, so schnell er konnte, davon. Erreichte er sein Haus, ohne daß eine der Frauen, die alle hinter ihm herstürzten, ihn fangen konnte, so wurde er bei der sich anschließenden festlichen Nudelmahlzeit der Ehrengast. Wurde er aber gefangen, so band man ihn mit Strohseilen am Tischbein fest, und er wurde arg verspottet.

Auch aus dem Minnekümpchen trinken war ein alter Brauch beim Flachsbrechen. Die Frauen bekamen am Nachmittag ein Gefäß mit Wein oder Honigwasser. Das Kümpchen ging reihum und die Erntearbeiterinnen brockten sich Lebkuchen hinein. Am Abend beteiligten sich dann auch die Männer an diesem Essen.

Dreschgebräuche in Oberösterreich ▷

Das Tendlboßwerfen.

Das Ausspannen und Einstrohen.

Das Ueberreichen der Tendlhenn' beim Dreschermahl.

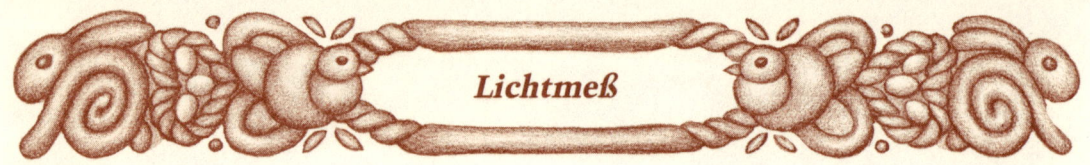
Für die scheidenden Dienstboten kochte die Bäuerin meistens noch ein besonders gutes Essen. In Österreich bekamen sie die sogenannten Rearkrapfen, wobei »rearen« soviel wie weinen heißt. In Südtirol gab es Hussauskrapfen und in der Steiermark Wanderkrapfen. In Bayern waren Schmalz- oder Schlenkweilnudeln oder Schoadlrocka üblich.

Brauchtumsgebäcke

Drischlegkrapfen aus Österreich

Rezept

Krapfenteig wird mit Weinbeeren oder gedörrten Schwarzbeeren vermischt. Aus dem Teig formt man handtellergroße Platten, die man vor dem Einlegen ins heiße Fett noch in die Länge zieht und in der Mitte dreimal durchradelt.

Schmalz- oder Schlenkweilnudeln mit Kletzenbrühe

Rezept
Nach Erna Horn

Einen zarten Hefeteig mit 2–3 Eiern und etwas Zucker, geriebener Zitronenschale und Vanillezucker sowie Salz schlägt man zuerst sehr gut durch und knetet ihn dann so lange auf dem dünnbemehlten Brett, bis er nicht mehr klebt. Daraus formt man kleine, längliche, daumendicke Nudeln, die nach dem Gehen schwimmend in Fett goldbraun gebacken und anschließend überzuckert werden.

Die Kletzenbrühe bleibt übrig, wenn man das Dörrobst für das Kletzen- oder Hutzelbrot kocht. Man kann sie natürlich auch extra kochen und die Obstschnitze darin lassen: 125 g gedörrte Birnschnitze und 250 g gedörrte Zwetschgen in getrennten Töpfen mit Wasser recht weich kochen. Die Schnitze entzweischneiden, die Zwetschgen aussteinen. Die zurückgebliebene Brühe beider Obstsorten mit den Steinen noch ein wenig einkochen lassen und anschließend durch ein Sieb gießen.

Schoadlrocka

Rezept
Nach Erna Horn

Die Grundlage zu dieser alten Mehlspeise bilden Semmeln oder eigens dazu gebackene weizene Zelten. Das waren flache Semmeln aus grobem Mehl, die nach dem Brot im Backofen gebacken und für die Zubereitung solcher Mehlspeisen aufgehoben wurden.
Das Brot, in Streifen geschnitten, wird in Milch getaucht, scheiterhaufenartig aufgebaut, mit Eiermilch übergossen und überbacken – oder einzeln in zerklopftes Ei getaucht und in Fett gebacken. Manchmal legt man auch Apfelscheiben dazwischen. Dazu gibt es Kletzenbrühe (wie oben).

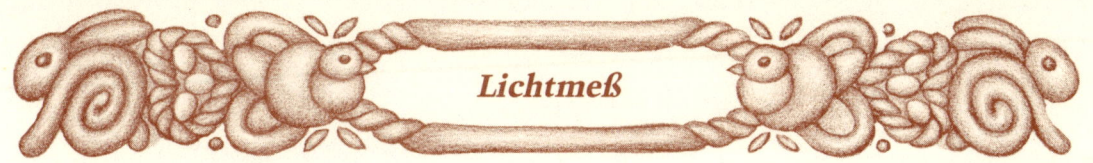

Wanderreinling oder Reindling

Der Wanderreinling war zum Termin des Dienstbotenwechsels in Österreich an vielen Orten üblich. Aber auch zu den meisten anderen Festtagen wird in Österreich und auch in Bayern der Reinling oder Reindling gebacken. Ostern gehört er, wie anderswo der Gugelhupf, in jeden Weihekorb. Im Rosental wurde er »Praitel« genannt und hatte manchmal einen Durchmesser bis zu einem Meter. Jeder Hausgenossse bekam ein Stück davon.

Der Bursche, der von einem Mädchen am Ostermontag ein Endstück von einem Reinling bekam, durfte sicher sein, daß sie ihn mochte. Wer die meisten »Scherzel« bekam, konnte sich getrost für den schönsten und begehrtesten Burschen im ganzen Dorf halten. Ein ähnlicher Brauch ist auch beim Anschneiden des Kletzenbrotes zu Weihnachten sehr verbreitet. Die Dienstboten konnten auch zu Weihnachten und Ostern damit rechnen, daß ein Reinling unter den Geschenken war.

Rezept

Man bereitet einen halbfesten Hefeteig, den man flach drückt. Darauf verteilt man Zimt, Zucker und gehackte Nüsse – oder Weinbeeren bzw. Rosinen mit grobem Zucker oder Honig – oder man bestreicht den Teig mit Butter und streut Zucker, Zimt, Weinbeeren und Zirbisnüsse darauf – oder man streicht feingeraspelte Äpfel, Zucker, dicken Rahm und Rosinen darauf – oder gehackte Zwetschgen, Zimt und Zucker. Volkstümlich ist eine Füllung mit Karobemehl (vom Johannisbrot) oder von gesottenen, kleingehackten Dörrzwetschgen oder Kletzen.

Man rollt den Reinling zu einer faustdicken Wurst zusammen und legt ihn, schneckenförmig zusammengedreht, in eine mit Schmalz dick bestrichene Reinlingsform, die in der Mitte einen breiten, geraden Zapfen hat, der durch das Einstellen eines kleinen Trinkglases ersetzt werden kann. Notfalls kann man auch eine feuerfeste Form oder eine Gugelhupfform nehmen. Nach abermaligem Aufgehen im gut heißen Ofen 1 Stunde lang knusprig backen.

Fastnacht

Fastnacht

Gegen Ende Februar, wenn das Ende des Winters abzusehen ist, feierten die heidnischen Germanen ein Opferfest. Sie versuchten damit, die Vegetationsgeister zu beeinflussen, die für eine gute oder schlechte Ernte verantwortlich waren. In diesen Tagen wurde gekocht, gebacken und gebraten, was das Zeug hielt. Da man wußte, daß die Dämonen fette und süße Speisen über alles liebten, wurde natürlich darauf Rücksicht genommen und an Fett, Honig – später auch Zucker – nicht gespart. Die blutigen Tieropfer, die in den ganz alten Zeiten üblich waren, ersetzte man nach und nach durch gebackene Tiergestalten, auf deren Herstellung viel Fantasie verwendet wurde.

Um die natürliche Angst zu verdrängen vor den mächtigen Geistern, die den Menschen durch schlechte Ernten und Naturkatastrophen vernichten konnten, feierte man in diesen Tagen gewaltige, lärmende Feste, die immer eine Woche dauerten. Den Unsinn und die Narrheiten, die man in dieser Zeit trieb, nannte man »faseln«. Daraus entstanden möglicherweise die Begriffe Fastnacht, Fasnet, Fasching, Fassenacht, Fasnacht. Schon lange vor der christlichen Zeitrechnung folgte diesen ausgelassenen Festen eine Zeit der Enthaltsamkeit. Die Kirche übernahm auch hier mit viel Geschick und Diplomatie den Heidenspuk in das christliche Leben und bestimmte als Zeitpunkt für das Maskentreiben die letzten Tage vor dem großen Fasten.

◁ *Pieter Brueghel, Der Streit des Karnevals mit der Fastenzeit, 1559*

Obwohl heute kaum noch jemand an Naturgeister glaubt – wenigstens nicht sehr ernsthaft –, wird an den Fastnachtstagen und schon lange Zeit vorher ein Maskenfest nach dem anderen gefeiert. Manchmal werden sogar noch die traditionellen Fastnachtsgebäcke hergestellt. Doch die Hexen und Geister mit ihrer Gier nach fetten und süßen Speisen scheinen ausgestorben. Jedenfalls lassen sie sich nicht mehr blicken.

Fastnachtslieder

Zu Fastnacht gingen früher die Kinder am Rhein mit einem Korb, in dem ein gebundener Hahn lag, von Haus zu Haus. Sie schaukelten ihn und sangen:

> *Hannappel-ha (Hahn)*
> *Die Fastnacht geht a.*
> *Gewen mer Eier oder Speck,*
> *Gehn i von der Dehr eweck.*
> *Dort owe in de Ferschte (First)*
> *Hänge die langen Werschte.*
> *Die en is mer zu kle,*
> *Gen mer zwo for e.*
> *Die Panne kracht, die Panne kracht,*
> *Die Kichelcher sein geback.*
> *Eraus met! Eraus met!*
> *Ich steck se in de Sack.*

Das Fastnachtslied des Hans Sachs:

> *Ich hab zur Fastnacht euch hergeladen,*
> *Daß ihr euch Krapfen holt und Fladen.*
> *Und heut mit mir wollt Fastnacht halten,*
> *Dem Brauche nach, dem guten alten.*

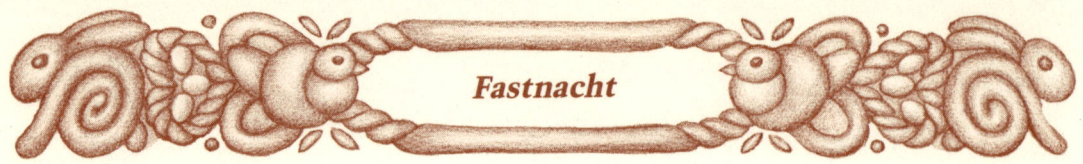

Schwäbisch-allemannisches Lied:

Luschtig is de Fasenacht,
Wenn mei Mueder Küchli bacht.
Wenn sie aber kaini bacht,
Isch kai luschtigi Fasenacht.

In der Pfalz durften die Fastnachtsküchlein erst bei Sonnenuntergang gebacken werden. Während sie im heißen Schmalz zischten, riefen die Kinder:

Ringele, ringele Rose,
Die Küchelcher sin geblose.
Wenn meine Mutter kei Küchelcher backt,
Pfeif ich auf die Fassenacht.

Hessisches Kräppellied:

Kräppel raus, der Fuchs ist haus,
Und wann ihr mir kei Kräppel gebt,
Dann schick ich ihn euch ins Hühnerhaus!

Frankfurter Fastnachtslied:

Hawele hawele Hone!
Die Fastnacht geht bald one.
Unten in dem Hünkelhaus,
Hängt ein Korb mit Eiern 'raus.
Droben in der Firste,
Hänge die Bratwürste.
Gebt uns von den langen,
Laßt die kurzen hangen.
Glück schlag ins Haus,
Komm nimmermehr heraus.
Violen und die Blumen
Bringen uns den Sommer.
Ri ra rum,
Der Winter ist bald n'rum.
Der Sommer ist so keck
Und wirft den Winter in Dreck.
Wenn ihr uns was geben wollt,
So gebt uns also bald,
Denn unsre Händ und Füß
werden uns zu kalt.

Mußten die Sänger lange warten, so sangen sie:

Staam aus, Staam aus,
Kehrt der Magd das Hemd aus!

Bekamen sie nach einer weiteren Pause immer noch nichts, so riefen sie böse:

Stockfisch, Stockfisch,
Gibt uns alle Jahre nichts.
Wenn ich komm, so hast nichts!

Fastnachtslied aus dem Odenwald:

Faschelnach, die Pann kracht,
Die Kichle senn gebacke!
Hockt e alti Hegsch im Haus,
Langt mer emol e Kichle raus!

Schweizer Fastnachtslied:

Juhe Fassnacht!
Wo sind mer morn zuacht?
Hinderem Ofen und vor der Tür:
Me git is (uns) Chäs und Brot herfür.
I höre's Fürli krache,
Me will is Chüechli bache.
I höre's Fräuli is Chämmerli goh,
Sie will is Nüssli abe lo (ablassen).

Brauchtumsgebäcke

Küchlein und Krapfen

Fastnachtsküchlein, Küchle und Kiachla, Chüechli oder Fastnachtskrapfen lassen sich in den verschiedenen Landschaften kaum auseinanderhalten. Es sind in jedem Fall in heißem Fett ausgebackene Teigkuchen von

verschiedener Form und Größe. Sie können rund, oval, dreieckig, quadratisch, rechteckig, trapez- oder rhombenförmig sein, mit glatten, ausgezackten oder welligen Rändern, gebogen, gewölbt und aufgebläht wie Kissen. Ihre Namen sind so verschieden wie die Namen der Orte, in denen sie gebacken werden, doch die Rezepte ähneln sich überall.

Den echten Krapfen soll man daran erkennen, daß mit einer Schere vor dem Backen aus dem runden Teigballen krallen- oder hakenförmige Zipfel herausgeschnitten werden. Damit sie gut aufspringen und der Ballen die gewünschten krustigharten Vorsprünge erhält, soll in das Fett im Topf etwas Wasser gegossen und der Topf dann natürlich rasch wieder zugedeckt werden. Außerdem hat das als Krapfen bezeichnete Gebäck oft eine Füllung. Für die Krapfen kann man ebenso gut Hefeteig nehmen wie Mürbteig, Butterteig oder Nudelteig.

Was dem einen sein Krapfen, ist dem anderen sein Küchlein oder Pfannkuchen. Es sind alles Frühlingsgebäcke und die Lieblingsspeise der Vegetationsdämonen, die in dieser Zeit besonders reiselustig sind. Wie viele andere Brauchtumsgebäcke werden die Krapfen und Küchlein auch zu anderen Festtagen des Jahres gebacken: zu Weihnachten und Neujahr, Martini und Dreikönig, zur Kirchweih und zum Erntefest.

Schon im Jahr 149 v. Chr. wird in einem Rezept ein krapfenartiges Gebäck erwähnt. Brei wird in heißem Fett gekocht und mit Honig bestrichen. In einer Handschrift aus dem 15. Jahrhundert heißt es:

> zu aim ietlichen Vasnacht krapffen gehörent acht dinck. Zu dem ersten semelin, mel, aijer, wasser, gewürtzte füll, salz, öl, für und ain pfan, darin der Krapff gebakken werd.

In Wien gab es schon 1486 Krapfenbäckerinnen. Unter Karl VI. (Kaiser ab 1711) unterhielt man sich bei Hof bei einem Krapfenschießen.

Der eigentliche Bereich der Küchlein und Krapfen aber ist die Fastnacht. In früheren Zeiten wurden sie allgemein während der Fastnachtszeit als Fruchtbarkeitssegen verschenkt. Wer in Wien mit einem Mädchen einen Faschingskrapfen teilte, war so gut wie verlobt mit ihr.

Die Wirte schenkten sie ihren Gästen, die Damen ihren Liebhabern, die Kinder holten sie sich bei ihren Paten ab, und die Schüler brachten sie ihren Lehrern mit. In der Schweiz verteilten selbst die Behörden solche Küchlein unentgeltlich, der Pfarrer mußte sie seinen Pfarrkindern spendieren, und die Grundherren machten sich damit bei ihren Leuten beliebt. Jeder Pfründner des Elisabethspitals zu Bamberg erhielt, wie anno 1644 bezeugt ist, »an der Fastnacht 1 Kreuzer für Krapfen«. In Amorbach schenkte im Jahr 1504 der Mainzische Keller den »burgern und irem gesindt« solche »Kuchlein«, und 1580 meldete die Stadtrechnung: »broedt und wein geben uff den Eschertag (Aschermittwoch), als die von Schneydberg und die burger allhier die Küchlein beyeinander gesucht haben.«

Selbst Verbote des Krapfen- und Küchlein- backens sind bekannt. Zum Beispiel aus Nürnberg, wo um 1600 wegen der Armut der Zeit das Krapfenbacken und das »Küch- lein-Einholen« verboten wurde.

Selbstverständlich ist eine Menge Aberglau- ben mit Krapfen und Küchlein verbunden: Sie müssen auf jeden Fall in ungerader Zahl gebacken werden, sonst kommt Unglück ins Haus. Am Donnerstag vor Fastnacht, dem schmutzigen Donnerstag, darf der Schmalz- topf beim Küchlebacken nicht leer werden, sonst bleibt er das ganze Jahr über leer. Eine schwangere Frau soll keine Fastnachtsküch- lein backen. Wenn sie von dem siedenden Fett bespritzt wird, bekommt ihr Kind ge- nau an den getroffenen Stellen Muttermale. Ein besonders witziger Brauch stammt aus Franken. Dort zog früher der Hausvater vor dem Haus einen Kreis und streute die Reste der Fastnachtsmahlzeit aus Dörrfleisch und Semmeln und die am Abend zuvor übrigge- bliebenen »Faselküchle« hinein. Wenn nun die Hühner angelaufen kamen, um das unge- wohnt gute Futter aufzupicken, wurden sie genau beobachtet. Die Hühner, die ihre Bröckchen innerhalb des Kreises verzehrten, waren die treuen Leger. Sie plazierten ihre Eier auch brav in die dafür vorgesehenen Nester und ihnen drohte keine Gefahr durch Raubzeug. Diejenigen aber, die ihr Futter aus dem Kreis herausschleppten, wurden als die »Eierverleger« erkannt und als bevorzug- te Opfer des Hühnerhabichts. Mit dieser be- merkenswerten Methode könnte man heut- zutage doch Hühner für »Bodenhaltung« und »Käfighaltung« auseinandersortieren.

In der Wetterau heißt es: Wer an Fastnacht keine Kräppel backt, kann das ganze Jahr hindurch nicht froh werden. Und in Süd- deutschland sagt man: »Faschingskrapfen in der Sunn, die roten Eier in der Stubn.« Wenn also an Fastnacht die Sonne scheint, wird es an Ostern so kalt sein, daß man die Eier hinterm Sofakissen verstecken muß.

Das Fett, in dem die Faschingskrapfen ge- backen werden, galt früher als außerordent- lich wachstumsfördernd. Man schmierte Wagen und Pflugkeile damit ein. Vielleicht sollte man einmal versuchen, ob auch die modernen Traktoren auf diesen Zauber an- sprechen.

Um den Feuergeist zu besänftigen, warf man im Stubaital Krapfen ins Feuer, wenn ein Brand ausbrach. Und in der Steiermark konnte man den Windgott besänftigen, in- dem man am Blasiustag Krapfen aß. Dann riß er die Dächer nicht von den Häusern.

Wiener Faschingskrapfen

Rezept
Aus Maier-Bruck
»Vom Essen auf dem Lande«

40 g Hefe, etwas Mehl (von insgesamt 500 g) und $\frac{1}{8}$ l lauwarme Milch verrühren, mit Mehl bestäuben und warten, bis die Oberflä- che Sprünge bekommt. Dann dieses »Dampfl« mit dem Mehl, 80 g Zucker, 80 g Butter, 5 g Salz, $\frac{1}{8}$ l Milch, 1 Ei, 2 Eigelb, 1 EL Rum, Vanillezucker und geriebener Zi- tronenschale nach Geschmack zu einem fe-

sten, glatten Teig mischen, der mit dem Kochlöffel seidigfein und porös geschlagen wird. Zugedeckt eine halbe Stunde gehen lassen. Dann auf bemehltem Brett schwach fingerdick ausrollen und runde Plätzchen von etwa 7 cm Durchmesser ausstechen. Auf ein Teigstück einen großen Klecks Aprikosenmarmelade geben, ein zweites Teigstück darüberlegen, am Rand zusammendrücken und nochmals mit einer etwas kleineren Form ausstechen. Die Plätzchen so lange zugedeckt gehen lassen, bis sie etwa um ein Drittel größer geworden sind. Dann die aufgegangenen Krapfen mit der Oberfläche nach unten ins heiße Fett legen. Nach wenigen Minuten herumdrehen – manchmal drehen sie sich auch von selbst – und noch einmal 2–3 Minuten backen. Aus dem Fett heben, abtropfen lassen und mit Zucker bestreuen.

Ebenfalls eine Wiener Spezialität sind die mit einer Vanillecreme gefüllten Faschingskrapfen, mit Zuckerglasur überzogen.

Gefüllte Kräpfle

Diese schwäbischen Fastnachtskrapfen enthalten eine Füllung aus 500 g getrockneten Birnen, die eine Nacht gewässert und dann vermust werden. Dem Mus wird kein Zucker zugefügt, nur Zimt und Nelkenpulver nach Geschmack. Der Brei wird auf fingerlang ausgewalkte Hefeteigflecken gestrichen, die dann wie eine Röhre zusammengedreht, mit Eiweiß zusammengeklebt und in Fett goldgelb gebacken werden.

Schweizer Fastnachtschräpfli

Rezept

Füllung: 500 g Dörrobst, wie Äpfel, Birnen, Zwetschgen, am Tag vorher in kaltem Wasser einweichen. Dann kurz aufkochen, das Wasser gut herauspressen und pürieren. 3 EL Rosinen oder Sultaninen 1 Stunde in etwas Kirschwasser legen und dann zusammen mit 80 g Zucker, Saft und Schale einer Zitrone und je einer Messerspitze gestoßenem Zimt, Sternanis und Koriander dem Obstmus zufügen. Krapfenteig in runde Plätzchen von etwa 12 cm Durchmesser ausstechen, je 1 EL Füllung daraufgeben. Die Ränder mit Eiweiß bestreichen, die Teigstücke zum Halbkreis zusammenklappen und die Ränder gut andrücken. Goldgelb ausbacken.

Schnür- oder Spagatkrapfen

Für diese Krapfen aus Österreich braucht man eine besondere Form: kleine Blechröhren von etwa 4 cm Durchmesser, die an einem langen Stiel befestigt sind.

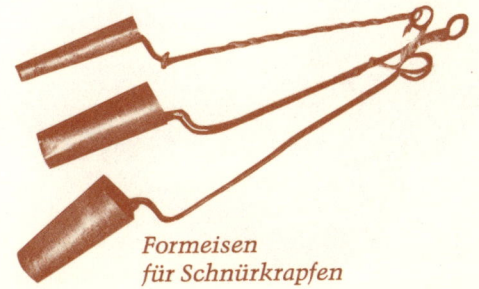

*Formeisen
für Schnürkrapfen*

Rezept

Aus 160 g Mehl, 70 g Butter, 70 g Zucker, 70 g gestoßenen Mandeln, 2–3 Eigelb, der abgeriebenen Schale von einer halben Zitrone, ein wenig gestoßenem Zimt und Nelken, 1 EL Rahm und einigen Tropfen Zitronensaft einen mäßig festen Teig arbeiten, in ein Tuch einschlagen und 1 Stunde im Kalten ruhen lassen. Dann walkt man ihn messerrückendick aus und schneidet ihn zu fingerlangen Vierecken. An die Schnurkrapfenform bindet man eine weiße, weiche Schnur, taucht die Form in heißes Schmalz, legt ein Stück Teig darauf, windet die Schnur nicht zu fest in gleichmäßigem Abstand mehrmals darum und backt den Krapfen in Schmalz schön braun. Dann löst man die Schnur vorsichtig ab und bestreut die bogenförmigen Krapfen, an denen man die Einschnitte der Schnur deutlich sehen kann, mit Zucker und Zimt.

Kölner Mutzenmändelchen

Rezept

225 g Butter schaumig rühren, 8 g ganz fein gestoßenes Hirschhornsalz (oder 10 g Backpulver) dazugeben und abwechselnd Mehl, Eier, Zucker, und feingeriebene Mandeln unter den Teig mengen, bis 750 g Mehl, 400 g Zucker, 200 g geriebene Mandeln und 10 ganze Eier verbraucht sind. Aus dem so entstehenden Teig, der recht lange und gleichmäßig gerührt werden muß, mit dem Teelöffel kleine, mandelförmige Klößchen abstechen und in Schmalz backen.

Schweizer Ziger- oder Ziegerkrapfen

Die echten Zigerkrapfen, die in der Schweiz wie auch in Süddeutschland an Fastnacht gebacken wurden, enthielten eine pikante Füllung aus mit Steinklee *(Melitiosus coerula)* gewürztem Glarner Deputatskäse. Den sogenannten Eierzieger kann man selbst herstellen.

Rezept

Man bringt ¾–1 l frische Milch mit 1–2 EL saurer Milch zum Kochen. Dann rührt man 3–4 zerquirlte Eier hinein und läßt alles unter beständigem Umrühren zweimal aufkochen. Die Masse wird durch ein Haarsieb gegossen. Den zurückbleibenden Zieger oder Quark (man kann auch gleich fertigen Quark nehmen) vermischt man mit Zucker, Zimt, Rosinen oder feingehackten Mandeln.

Für den Krapfenteig erwärmt man ½ l Milch und läßt 50 g Butter darin zergehen. Dann vermischt man 750 g Mehl in einer Schüssel mit ein wenig Salz und 1 EL Zucker und verrührt alles so mit der warmen Milch, daß man einen ziemlich soliden Teig erhält. Diesen Teig arbeitet man tüchtig durch, rollt ihn messerrückendick aus, schneidet ihn in handbreite Streifen, die man mit kleinen Häufchen von dem Eierzieger belegt.

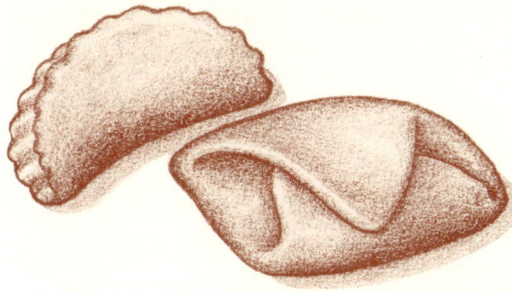

Dann schlägt man die andere Hälfte des Teigstreifens darüber, schneidet mit dem Kuchenrad halbrunde Kräpfchen davon aus und backt sie in heißem Schmalz aus.

Knieplätze oder Kniekrapfen

Eine ziemlich merkwürdige Krapfenform haben die Knieplätze, die auch Kniekrapfen, Kniekiekla, Kniescheiben, Knipplätze oder Chneuplatz heißen. Ein tellergroßes Stück Teig wird so lange über das nackte Knie gezogen, bis der Teiglappen in der Mitte ganz dünn geworden ist.

Die Knieplätze gehören seit alters her zu den Liebeszauberbroten. Um die Männer liebestoll zu machen, sollen früher die Fladen von den Frauen über den nackten Hinterbacken ausgezogen worden sein. Wenn also heutzutage eine besonders hygienische Hausfrau das Knie vorher mit einem sauberen weißen Tuch bedeckt, kann sie natürlich nicht erwarten, daß die Krapfen ihre Kraft und Magie voll entwickeln.

Schweizer Chneuplätze

Rezept

2 Eier, 1 Prise Salz, 2 EL Zucker und 4 EL Rahm zusammen verklopfen. 250–300 g Mehl und 1 EL zerpflückte Butter beifügen und den Teig gut verkneten. Er muß glatt sein, Blasen werfen und so zart sein, daß er sich gut ausziehen läßt. Nach dem Kneten 30 Minuten bei Küchentemperatur ruhen lassen. In pflaumengroße Stücke schneiden, papierdünn auswalken und über dem Knie, das man mit einem Küchentuch bedeckt, ausziehen. Die ausgewalkten Teigstücke auf Küchenpapier legen, trocknen lassen und anschließend bei etwa 170 Grad schwimmend backen, bis sie goldgelb sind. Die Chneuplätz sind im ausgewalkten Zustand größer als die Ausbackpfanne. Zum Zusammenstoßen in der Pfanne und zum Wenden verwendet man am besten zwei Holzkellenstiele. Nach dem Backen abtropfen lassen und nach dem Erkalten mit Puderzucker bestreuen. Trocken aufbewahren.

Faßnacht-Küchlein

Rezept

Nimm zweygebachenen Lebkuchen / reibe den klein / thue Trisaneth darein / menge es wohl untereinander / mache einen Teig mit Lebkuchen-Blätzlein / wälgere ihn / und thue den geriebenen Lebkuchen auf das gewälgerte Blätzlein / lege es auf das halbe Theil / und schleusse das andere halbe Theil oben darüber / daß der geriebene Lebkuchen in der Mitten bleibet / krümme es wie ein Würstlein / nimm darnach ein Rädlein / da man Schnee-Ballen mit rädelt / schneide den Teig damit ab / so gewinnet es Kärblein / doch nicht zu fern / damit der Lebkuchen nicht hervor dringe / bache es in der Pfannen / lege klühende Kohlen unter / so bleiben sie / und werden fein rösch.

Beigaben zu Krapfen

Krapfen aus Hefeteig wurden in Süddeutschland und Österreich oft gar nicht gefüllt, sondern durch verschiedene Beilagen geschmacklich verändert, wie zum Beispiel Beeren- und Dörrobstkompotte, Honigschmalz oder Würzwein.

Honigschmalz Eine mit Wasser verdünnte Honigbrühe mit etwas Butterschmalz aufkochen und eventuell noch Schnaps zugie-

ßen. Damit übergießt man entweder die frischen Krapfen oder man dämpft alte Krapfen, in eine Schüssel geschichtet, im Backofen auf.

Würzweinbrühe Wein oder Most mit etwas Wasser verdünnen, zuckern und mit verschiedenen Gewürzen – Zimt, Nelken, Zitronenschale – aufkochen.

Schlüferli, Chlüf-Chücheli, Schlupfküchlein

Rezept

35 g Butter, 75 g Zucker, 1 Ei, 1 Prise Salz zusammen schaumig rühren. $^3/_4$–1 dl Rahm, abgeriebene Zitronenschale, 200–250 g gesiebtes Mehl und nach Belieben 30 g geriebene Mandeln zugeben. Etwa 1 Stunde kalt stellen. Den Teig etwa $^1/_2$ cm dick auswallen. Mit dem Teigrädchen in 3–5 cm breite Streifen schneiden, die man in etwa 10 cm lange Stücke teilt. In der Mitte jedes Rechtecks

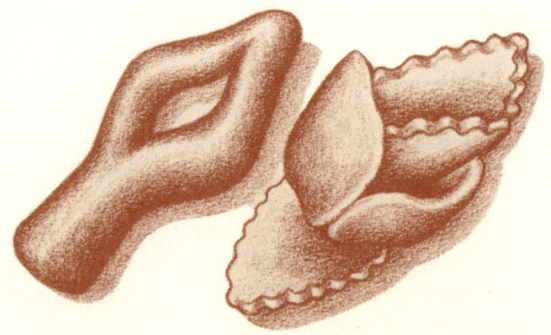

einen Einschnitt machen und einen Teigzipfel durch den Schnitt ziehen. In heißem Backfett schwimmend ausbacken, bis sie goldgelb sind.

Kölnische Mutzen

Rezept

500 g feines Mehl, 100 g in Stückchen zerpflückte Butter, 70 g Zucker, die auf Zucker abgeriebene Schale einer halben Zitrone, 5–6 Eigelb, einige Löffel Weißwein oder Franzbranntwein, 1 EL Rosenwasser und 1 Prise Salz mit der Gabel zu einem leichten Teig verrühren, zu einer dicken Platte ausrollen, wieder zusammenschlagen und eine Stunde kalt stellen. Dann den Teig dünn auftreiben, ihn mit dem Kuchenrädchen in verschobene Rechtecke zerschneiden, die man in heißem Schmalz ausbackt. Nach dem Entfetten auf Küchenpapier oder Brot mit Zucker und Zimt bestreuen.

Scherben

Rezept
Aus einem schwäbischen Kochbuch
von 1890

Nimm 4 Eier, 4 EL Zucker, 1 Tasse voll sauren Rahm, etwas Salz und so viel Mehl, bis sich der Teig gut auswellen läßt. Welle den Teig zu dünnen Kuchen aus, teile diese mit dem Rädchen in verschobene Vierecke und beliebige Stückchen, lasse sie gut abtrocknen, durchsteche sie öfters mit einer Gabel und backe sie in Fett schwimmend aus. Nach Belieben mit Zimt und Zucker bestreuen.

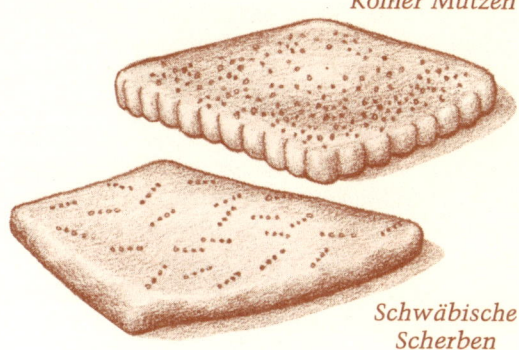

Kölner Mutzen

Schwäbische Scherben

Strauben

Strauben sind ein mürbes, brüchiges Fastnachtsgebäck. Je runzeliger, höckriger und gezackter eine Straube aus dem heißen Fettbad kommt, desto besser soll sie sein.

Rezept

125 g Mehl, 4 EL Zucker, etwas Zimt- oder Muskatblüte mit 8–10 EL warmem Wein oder Rahm, 4–5 Eiweiß und 1 EL heißem Schmalz zu einem Teig rühren, den man durch einen Trichter in heißes Schmalz laufen läßt. Die Strauben nicht umwenden, sondern nur niederdrücken, bis sie lichtbraun gebacken sind. Sie werden noch warm über dem Wellholz gebogen und mit Zucker und Zimt bestreut.

Bayrische Strauben

Rezept
Nach Erna Horn

Zu ¼ l Milch 15 g Butter und 1 Prise Salz geben. Wenn die Milch kocht, 175 g Mehl dazurühren und die Masse so lange rühren, bis sie sich als Klumpen um den Kochlöffel legt und vom Topf löst. Etwas auskühlen lassen und nacheinander 3 Eier dazugeben. Jedes einzelne schön unterrühren. Dann mit der Straubenspritze große Ringerl und große S auf bemehltem Papier formen und sie von da aus vorsichtig in heißes Fett gleiten und goldbraun backen lassen.

Krumme Strauben

Aus Herrn von Hohbergs
»Des Adelichen Land- und Feld-Lebens«

Vermische zerklopffte Eyerweis / Semmel-Meel / Zucker und Rosen-Wasser / mach einen Taig daraus / laß in einem Pfännlein Schmaltz heiß werden / giesse von dem Taig in ein enges Trichterlein / laß es dardurch in das Schmaltz lauffen so viel beliebt / bachs schnell heraus / legs auf ein reines Tüchlein / und wickels geschwind / weil sie noch heiß / über ein Wälcher-Holz / trucks wohl an das Holtz / daß vest daran liege / wende das Krause auswärts / oder biegs sonst über eine beliebige Figur.

Oder stelle einen höltzern Zapffen in das Pfännlein / fahre mit dem Taig / vermittelst des Trichterleins um den Zapffen herum in Schmaltz / wann sie ein wenig gebachen / ziehe den Zapffen gemach heraus / wende das Kräntzlein um / und bachs auf der andern Seiten ebenfalls / und wann mans zu Tisch träget / bestreus mit Zucker. Statt des Semmel-Meels kan man sich schon Waitzen-Meels bedienen / auch nach Belieben / gar klein / mit Rosen-Wasser abgestoßene Mandeln darunter mischen.
Oder brühe schön Waitzen-Meel mit siedendem Wasser / so ein wenig gesaltzen / an / schlage Eyer / welche in warmen Wasser gelegen / darein / rühre den Taig glat ab / und lasse ihn gemach durch ein Trichterlein in heißes Schmaltz lauffen / so wird der Straub 1. bis 2 Elen lang / ohne daß er zusammen bächt.

Nonnenfürzle

Die hauchzarten Nonnenfürzle kannte man schon im 14. Jahrhundert, zu einer Zeit, als das Pfund Zucker soviel wie ein ganzes Spanferkel kostete. Es sind kleine Krapfen, deren Name ursprünglich gar nicht den anrüchigen Hintersinn haben soll, der ihm heute unterstellt wird. Er soll eigentlich eine Verballhornisierung der Bezeichnung »Nonnenfärzgen« sein. Das besagte, daß dieses Gebäck im Kloster gebacken wurde und eine Farce oder Füllung hatte.

Nur in einem sehr alten Kochbuch waren noch einige der Füllungen zu finden. Heute werden die Nonnenfürzle fast überall ohne Farce hergestellt.

Rezepte

Nonnenfürtzlein Teig zu machen.

Diesen Teig mache von Meel / weichen Käß / Milch Wein / Eyer / und etwas Saltz / solches alles wohl untereinander gemengt / bis wie ein dicker Brey wird; hernach thue Butter in die Pfanne / laß heiß werden / thue theils wieder heraus / lege einen guten Löffel voll dieses Teigs hinein / lasse ihn ein wenig sieden / wende ihn auf beyde Seiten um; wann dieser Kuchen etliche gemacht / so durcharbeite sie wohl mit der Hand / und befeuchte sie mit Eyer / wovon das meinste genommen ist / und damit du den Teig desto vester bindest / so lasse die Eyer zuvor durch ein Sieb lauffen / von diesem Teig magst du machen was du willst.

Wie man aus vorigem Teige gute Nonnen-Fürtzlein machen solle.

Man nimmt schönes Meel / rühret selbiges mit Wasser so dick / als einen gemeinen Kleister an. Hernach thut man Schmaltz oder Butter in eine Pfanne / lässet es heiß / und allenthalben fein glatt werden / giesset das übrige Schmalz aus / und thut von obbesagtem Teig einen guten Löffel voll darein / lässet ihn ein wenig bachen / und wendet denselbigen auf beyden Seiten um.

Diesen Teig-Kuchen macht man unterschiedlich / je nachdem man viel oder wenig machen will; solchen arbeitet man alsdann wol mit der Hand / und befeuchtet denselbigen mit Eyern / davon das Weisse genommen / und hinweg gethan ist; damit sich der Teig fein verbindet / so lässet man zuvor die Eyer durch ein Sieb lauffen; von diesem Teige kan man alsdann machen was man will / als zum Exempel / man wälgert darvon runde Blättlein / in der Größe oder Weite eines gemeinen Trinck-Glases / leget sie hernach doppelt zusammen / und thut in die Mitten von kleinen Rosinlein / Pflaumen / Aepffel-Schnitze / oder dergleichen mit gutem Gewürtze / Citronat / Zimmet / Nägelein / und was man sonsten vermeynt gut zu seyn / umwickelt es allenthalben / daß im Bachen nichts herausfallen kan / so bekommt es die Form wie die gemeinen Aepffel-Kräpflein mit zwey Ekken oder Hörnern / kocht und prägelt sie alsdann in Schmaltz / streuet im Anrichten Zucker und Zimmet darüber.

NB. Will man diesen Teig nur schlecht machen / so nimmt man Eyer und sauern Trauben-Safft / auch Saltz; wann der Safft zu sauer / so thut man ein wenig Wasser daran; von diesem Teig kan man alsdann / wie aus vorigem / machen / was man will.

Die beiden folgenden Nonnenfürzchen-Rezepte zeigen, wie verschiedenartig die Zubereitungsart selbst in sehr nah beieinanderliegenden Orten ist.

Hausrezept von Frau Hildegard Frank,
Landfrauenverein Litzelbach-Boms
in Oberschwaben

$^1/_4$ l Wasser, 1 Prise Salz, 25 g Puderzucker, 50 g Butter, die abgeriebene Schale einer Zitrone zum Kochen bringen. 125 g gesiebtes Mehl und 25 g Stärkemehl in die kochende Flüssigkeit geben, rühren, bis sich die Masse vom Topf löst. 4 Eier nacheinander unterrühren. Mit dem Löffel kleine Krapfen abstechen und in schwimmendem Fett goldgelb ausbacken. Mit Puderzucker und Vanillezucker bestreuen.

Rezept der Landfrauen
Bad Waldsee

500 g Mehl, Salz, $^1/_4$ l Milch, 25 g Hefe verrühren und gehen lassen. Aus 140 g Butter, 4 Eigelb, 100 g Zucker und abgeriebener Zitronenschale eine Schaummasse herstellen und das Hefeteigle unterschlagen. Zuletzt 100 g gesäuberte Rosinen untermengen. Teig gehen lassen, mit einem Teelöffel kleine Bällchen abstechen und ins heiße Butterschmalz geben. Langsam von beiden Seiten braun backen. Mit Puderzucker bestreuen.
Im Rheinland heißt dieses Gebäck auch Nonnenbrötchen oder Kruepelsfutte.

Hasenöhrl

Schon 1534 kommen die Hasenöhrl im Tegernseer Kloster als Fastnachtsgericht vor. Es waren mit Quark versetzte, in Langohrform ausgeschnittene und in Schmalz gebackene Teiglappen, die zu Hasenragout und Sauerkraut gegessen wurden.

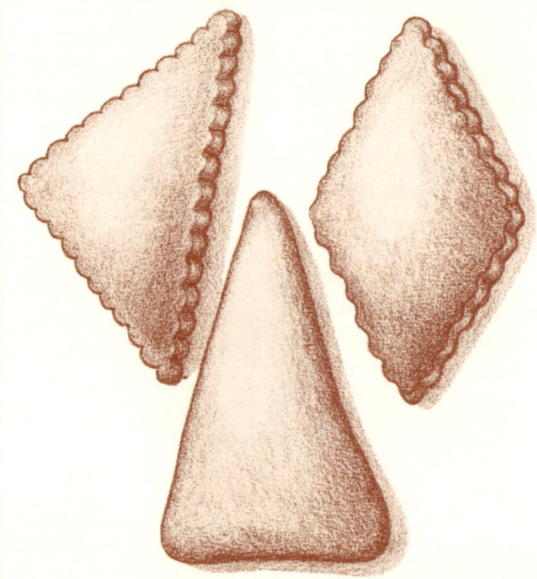

Wie so viele Gebäcke in Teiggestalt stehen auch die Hasenohren vielleicht stellvertretend für die blutigen Tieropfer heidnischer Zeiten. Vielleicht erinnern sie aber auch an den legendären und magischen Märzhasen, der in alten Zeiten außerordentlich beliebt war in der Volksmedizin, im Sympathiezauber und als Fruchtbarkeitssymbol. Ein Papst Zacharias soll im Jahr 755 sogar verboten

haben, Hasenfleisch zu essen, weil es angeb-
lich geil mache. So mußten die Klosterkö-
che wieder einmal ihre ganze Fantasie an-
strengen, um den verruchten Hasenbraten
in ein braves Hasenteiggebäck zu verwandeln. Von dem alten Fruchtbarkeitszauber
ist leider nicht viel übrig geblieben. Selbst
die Sitte, daß die Mädchen in manchen Gegenden der Schweiz ihrem Geliebten Hasen-
teiggebäcke zu Fastnacht schenken, ist ganz
verschwunden.

Am Konventstisch zu Benediktbeuren wurden die Hasenöhrl nach einem alten Bericht
aus dem Jahr 1714 auch am Aschermittwoch gegessen. In Österreich heißen sie
vielfach auch Polsterzipf oder Schneider-
fleck und werden ebenfalls an bestimmten
Fasttagen aufgetischt. In Kärnten gibt es
zum Beispiel am Karfreitag Krapfen, die Ha-
senwaschl heißen.

Als »hahzenor« sind die dreieckigen oder
rautenförmigen Flecken, die sich im heißen
Fett kissenartig aufblähen, in alten ober-
deutschen Kochbüchern erwähnt.

Rezepte
Aus der Tegernseer Klosterküche

Einen Hefeteig aus 40 g Hefe, ¼ l Milch,
500 g Mehl, 70 g Butter, 75 g Zucker, 1 Prise
Salz und 2 Eiern herstellen. Den Teig gehen
lassen. Wenn er ungefähr das doppelte Volumen hat, ausrollen. Dann wird der Teig in
ca. 10 cm große Rauten geschnitten und
muß, zugedeckt, nochmals gehen. Nach
etwa 10 Minuten in heißem Fett schwimmend ausbacken.

Aus Herrn von Hohbergs
»Des Adelichen Land- und Feld-Lebens«

Nimm zwey Seidel-Becher schön Mehl /
4. Eyer / einen Löffel voll Rosen-Wasser /
zwey Löffel voll Brandtwein / und ein
halb Seidlein süssen Ram / saltzs / und
mache daraus einen Taig / wälchere solchen / schlage ihn etlich mahl über /
streue Mehl darauf / und wälchere ihn
abermahl aus / dann schneide ihn in Form
eines Marzipans / und bachs aus
Schmaltz.

Hirschhörnle

Nur noch ein Geweih aus Teig ist von dem
hirschgeweihtragenden Keltengott Cerun-
nus übrig geblieben, der als Spender von
Fruchtbarkeit und Reichtum galt. Als
Hirschhörnli oder Kräweli wird dieses Gebäck in verschiedenen Formen in Süddeutschland und der Schweiz zur Fastnachtszeit gegessen.

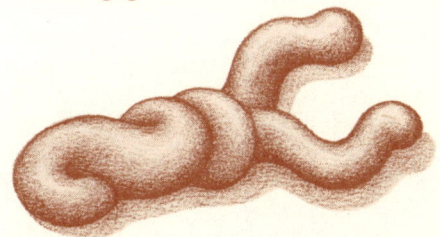

In Herrn von Hohbergs »Des Adelichen
Land- und Feld-Lebens« ist ein Gebäck angegeben, das auch wie ein Hirschgeweih

aussieht. Die Hirschhörnle, Kräbeli oder auch Schwabenbrötle von heute sind auf andere Weise ausgeformt.

Rezept
Hirsch-Geweih.

Machet von 6. zerklopfften Eyeren / ein wenig Schmaltz / vier Löffel voll Zucker, etwas Zimmet / Muscatenblüh und Meel einen Taig / würcket ihn ferner mit Meel schön glat / schneidet ein Stücklein nach dem andern herab / wälcherts länglicht / formirts wie ein gedoppelts Hirsch-Geweih / ritzets hie und dar mit einem Messer / bachts aus Schmaltz / helfft immerzu mit etwas spitziges / daß die Geweih voneinander bleiben / und nicht zusammen stossen / langsam heraus. Oder leget die verfertigte Geweih auf ein Blech / bestreichets mit dem zerklopfften Weissen vom Ey / lassets in einem Oefelein bachen / wann sie fertig / bestreichets auf der andern Seiten / wie oben / und lassets im Ofen ein wenig ertrocknen.

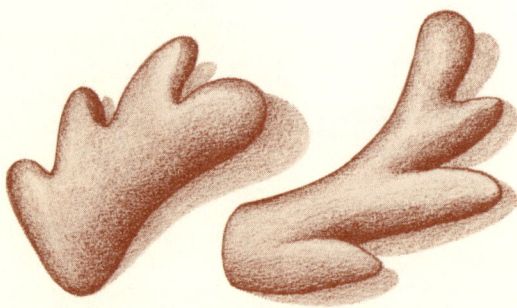

Hirschhörnle oder Kräbeli
Auch Schwabenbrötle genannt

Rezept

500 g Mehl, 250 g Zucker, 250 g Mandeln, ¹/₂ Tasse Sahne, ¹/₂ Tasse geschmolzene Butter und 4 Eier zu einem Teig verkneten. Den Teig zu fingerdicken Würstchen rollen, die in 8–9 cm lange Stücke geschnitten werden. In jedes Stück zwei oder drei Einschnitte machen, das Teigstück umbiegen und im Ofen backen.

Hamburger Krullkuchen

Der Hamburger Krullkuchen wurde ursprünglich Mitte des 17. Jahrhunderts als Hochzeitskuchen hergestellt. Das zylinderförmig aufgerollte Waffelgebäck war mit dem Hamburger Stadtwappen verziert und wurde vom Ratskuchenbäcker gebacken.

Rezepte

4 frische Eier werden in einen Topf geschlagen und zerquirlt, worauf man unter unausgesetztem Rühren oder Quirlen ¹/₄ l Milch, 125 g geschmolzene Butter, 250 g Zucker, 250 g feines Mehl, die auf Zucker abgeriebene Schale einer Zitrone, 1 reichlichen Kaffeelöffel Zimt und ein wenig Kardamom hinzufügt. Nachdem dieser Teig sehr gut untereinandergeschlagen wurde, erhitzt man ein rundes oder viereckiges flaches

Oblateneisen, streicht es mit wenig Butter aus, gießt 1 Löffel voll Teig hinein und backt die Kuchen darin über glühenden Kohlen auf beiden Seiten hellbraun, nimmt sie heraus, biegt sie über ein Nudelholz und bestreut sie mit Zucker.

Krollkuchen, aus »Neues Kochbuch« von Sophie Armster

Man nimmt 250 g gestoßenen Zucker, 250 g Mehl, 125 g geschmolzene Butter, 4 ganze Eier und rührt nun so viel Milch hinzu, daß es wie ein Eierkuchenteig wird. Man backt ihn alsdann in einer Krollkuchenform.

Fastnachtsprilleken

Im Hannoveraner und Braunschweiger Land wurden an Fastnacht Unmengen von Fastnachtsprilleken gebacken. Am Fastnachtsabend versorgten sich die Kinder mit Tannenreisern und sangen vor den Häusern:

Fun, fun, Fasselnacht,
Wat will je geben?
Appel oder Beeren?
Geld nehmt wi gern.
Lat ösch nicht tau lange stahn,
Denn wi wilt noch wider gahn.

Wer sich dann nicht mit Prilleken oder Geld loskaufte, wurde so lange »gefunt«, gekitzelt und geschlagen, bis er etwas anderes Gutes herausrückte.

Rezepte

Aus Hefeteig formt man Kugeln, die gut auseinandergezogen werden und dann auf einem Blech aufgehen müssen. Anschließend werden sie in heißem Fett gebacken.

Prilken auf andere Art

Zu 1 l süßer Sahne oder Milch, 4 Eigelb und 2 ganzen Eiern, 150 g Butter und 4 EL Hefe so viel Mehl kneten, daß es ein guter Kuchenteig wird, fingerdick ausrollen. Beliebige Figuren daraus schneiden, an einem warmen Ort aufgehen lassen und in Schmalz oder Backbutter backen.

Prilken, aus »Neues Kochbuch« von Sophie Armster

Man gibt zu $^3/_8$ l süßem Rahm 100 g frische Butter, 2 EL Hefe, 1 EL Rosenwasser, 1 EL Franzbranntwein, 150 g gestoßenen Zucker, die abgeriebene Schale einer Zitrone, etwas gestoßenen Canehl (Zimt) und Kardamom. Diese Mischung läßt man lauwarm werden und gibt dann 250 g gewaschene und abgetrocknete Korinthen, 150 g süße Mandeln, 6 ganze Eier und 750 g gutes Spelzmehl hinzu. Man rollt die Masse einen halben Finger dick aus, schneidet daraus beliebige Figuren, läßt sie an einem warmen Ort aufgehen, backt sie in Backbutter gar und bestreut sie stark mit Zucker und Canehl.

Aschermittwoch

Die Kirche hat das Fasten nicht erfunden. Es gab schon immer Zeiten, in denen der Mensch freiwillig oder unfreiwillig gefastet hat. Unfreiwillig, wenn er kein Glück auf der Jagd hatte oder die Ernte mißriet. Freiwillig, wenn er sich überfressen hatte oder bei seinen Göttern durch Enthaltsamkeit ein bestimmtes Ziel erreichen wollte. Religionen und Philosophien übernahmen diese Fastenzeiten und gaben ihnen einen religiösen oder ethischen Hintergrund. So wurden sie auch von der christlichen Kirche ganz selbstverständlich als christlicher Brauch übernommen.

Eine der großen kirchlichen Fastenzeiten beginnt am Aschermittwoch und endet am Karsamstag. Seit dem 7. Jahrhundert ist der Fastenanfang im Gedenken an das 40tägige Fasten Christi auf diesen Mittwoch vor dem Sonntag Invocabit festgelegt worden. Wer mit der Zahl vierzig nicht zurechtkommt: sie entsteht dadurch, daß die Sonntage nicht mitgezählt werden.

Nachdem es also an den Fastnachtstagen noch einmal hochherging und alle Vorräte aufgezehrt waren, sollte nun die Abtötung des Fleisches beginnen. Doch die Nonnen und Mönche, die Erfahrung im Fasten hatten, sorgten dafür, daß man trotzdem nicht auf ein leckeres Essen verzichten mußte. Sie waren in langen Jahrhunderten geschickt genug darin geworden, (fast) alle Fastenvorschriften – die früher viel strenger waren als heute – einzuhalten und doch köstlich zu speisen. So wurden zum Beispiel das verbotene Fleisch und andere tierische Produkte durch raffinierte und fantasievolle Backwerke ersetzt, wie ein »Rehbraten für die Fastenzeit« aus Rosinen, Mandeln und Zukker. Mandelmilch ersetzte die verbotene Kuhmilch, und aus zermahlenen Mandeln und Nüssen wurden Tiere geformt.

Am Aschermittwoch verbrannte, vergrub, erschlug und ertränkte man an vielen Orten die Fastnacht und damit den Winterdämon und den Tod. Für die rachsüchtigen Totengeister machte man sich unkenntlich, indem man sich mit Asche bestreute. Außerdem galt die Asche im Altertum als reinigend und kräftigend.

Wie an allen Festtagen, die auf heidnischen oder christlichen Hintergründen basieren, gibt es auch am Aschermittwoch und an den folgenden Fastentagen eine Menge Kultgebäcke und Volksbräuche. In vielen Orten besuchten die Kinder an diesem Tag ihre Paten, Verwandten und Bekannten und schlugen sie mit Reisern oder Tannenzweigen, um von ihnen ein Lösegeld (Brezeln, Krapfen, Heißwecken usw.) zu bekommen.
Die letzten Fastnachtsküchel wurden eingesammelt. Im Schwäbischen in Heukörben, in Sankt Margarethen im Burgenland auf einen langen Stock aufgespießt.

Spruch aus Sachsen:

Asch abkehren, Asch abkehren!
Ich wünsche dir ein langes Leben,
du mußt mir aber nen Dreier geben.

Brauchtumsgebäcke

Fastenbrot

Rezept

Nicht mehr ganz frisches Weißbrot in fingerdicke Scheiben schneiden, die man in mäßig lange Streifen zerteilt und in heißer Butter goldgelb backt. Man legt sie in eine tiefe, runde Schüssel und übergießt sie nach dem Erkalten mit Rotwein, der mit Zucker, ganzem Zimt und Korinthen einmal aufgekocht wurde. Heiß servieren.

Fastenkuchen

Rezept
Aus dem Hamburgischen Kochbuch
von 1809

Man rührt ein halb Pfund Butter wohl, schlägt nach und nach sechs Eyer darin, nimmt drey Löffel voll gewässerte Bierhefen oder Gest, sechs Eyerschaalen voll oder auch etwas mehr warme Milch und dreiviertel Pfund des feinsten Mehls, auch etwas Salz dazu, rührt es untereinander und läßt es wohl gehen. Man bestreicht eine kupferne, verzinnte Schüssel mit Butter, schüttet den Teig darin, bestreicht ihn oben mit einem Ey, streut, anstatt des Specks, würflicht geschnittene Mandeln, etwas Fenchel und Zucker darauf und läßt es im Ofen backen.

G'walete Küchle

Wenn durch Wärme Süßrahm sauer geworden ist, so macht man daraus g'walete Küchle.

Rezept

250 g Mehl, etwas Zucker und Salz mit so viel sauer gewordenem Rahm vermengen, bis ein knetbarer Teig entsteht. Diesen Teig zu dünnen Fladen auswalken und zu beliebigen Formen ausschneiden. In Schmalz ausbacken und Hutzelbirnenmus dazu geben.

Rezept

Küchlein ohne Eyer / in der Fasten.

Küchlein-Teige in der Fasten / wann man keine Eyer isset / machet man von gutem Meel / Milchrahm oder heissem Wasser / darinnen Schmaltz oder Butter zerlassen / salzet und klopffet denselbigen wie einen Sträubleins-Teig gar wohl. Man mag weiß Brod-Schnitten / Hering / Aepffel / Birn oder andere Sachen darinnen wältzen / und im Schmaltz oder Butter bachen / wie oben schon offt gedacht worden. Man kan auch unter solchen Teig ein wenig Hönig / Ingwer und Pfeffer thun.

2. Oder / man bächet mit solchem Teige länglicht-geschnittene weiß Brod-Wecklein / und macht mit gebranntem Meel und süssen Wein ein Brühlein daran.

3. Oder / man macht solchen Teig dick / würcket selbigen gar wohl / macht Gewählte Küchlein daraus / schneidet es mit dem Kachel-Rädlein voneinander / und bächts / wie selbige Küchlein.

4. So man ein wenig Hefen oder Sauer-Teig / oder gesotten Hopffen-Wasser darunter würcket / so gehen solche auf wie Küchlein / giebt auch mit Sauer-Teig angemacht breite Pfannen-Zelten / in der Mitten dünn / und an den Orten dicklicht gewürcket.

5. Desgleichen kan man auch aus obengemeldten gewählten-Küchlein-Teig / Nudeln oder Kräpfflein machen / mit frischer Butter ausgewürcket / ist in der Fasten ein Pasteten- oder Tarten-Teig / die man hernach mit warmen Wasser / mit Schmaltz oder Butter / wenig Meel und Saffran vermischt / an statt der Eyer anstreichet.

Apfelküchlein

Apfelküchlein gibt es zu vielen bäuerlichen Festen des Jahres. Aber hauptsächlich sind sie eine Leckerei in der Fastenzeit, einer Zeit, in der die Äpfel schon knapp geworden sind. Auch an Allerseelen stellte man der Bercht Apfelküchlein hin.

Rezept

Backäpfel oder andere ganz mürbe Äpfel schälen, in runde Scheiben schneiden und das Kernhaus herausnehmen. 4 große Löffel voll Mehl mit Wein glattrühren, 3 Eiweiß und 1 nußgroßes siedendheiß gemachtes Stück Schmalz und noch so viel Wein dazugeben, bis der Teig nicht mehr zu dick, aber auch nicht zu dünn ist. Er muß noch an den Äpfeln hängen bleiben. In einer Pfanne Schmalz erhitzen, die Apfelscheiben in den Teig tauchen und dann im Schmalz ausbakken, wobei man das Schmalz öfters erneuern muß. Damit die Küchlein schön rösch werden, gibt man keinen Zucker in den Teig, sondern bestreut sie erst nach dem Backen damit.

In Österreich fügt man dem Teig Rum, in Bayern Bier zu. In Ulm gab es mit Apfelschnitzen gefüllte Wecken.

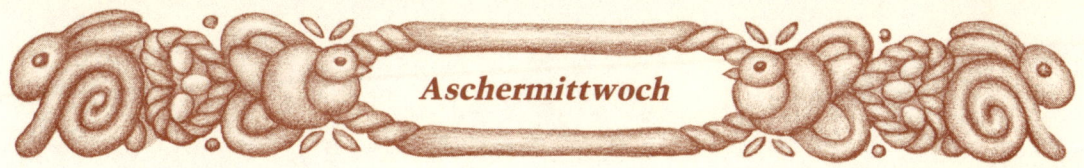

Aepffel zu bachen

Aus Herrn von Hohbergs
»Des Adelichen Land- und Feld-Lebens«

. . . nehmet Aepffel / die etwas säuerlicht seyn / die süssen taugen nicht hierzu / schälet und schneidet sie auf das dünste / daß man fast dardurch siehet / sie dörffen aber kein Loch haben / sonst lauffen sie nicht auf / dann giesset an ein schönes Meel kalt Wasser / daß das Meel nur damit angefeuchtet wird / rühret und klopffet den Taig recht wohl / daß er sich von der Schüssel und Löffel abledigt / je besser man ihn klopffet / je schöner die Küchlein auflauffen / hernach schlaget recht frische Eyer / eines nach dem andern daran / biß der Taig wird in der Dikken / wie ein Strauben-Taig / nehmet zu 4. gantzen Eyern von 3. Eyern das Weisse / saltzet ihn aber nicht / giesset ein klein wenig Wein daran / ziehet die Aepffel durch / leget nicht über 2. oder 3. auf einmal in heisses Schmaltz / begiessets stets mit einem Löffel / so lauffens schön auf / lassets auf geschnittenem Brod verseyhen / und bestreuts / beym Auftragen / mit Zucker.
Oder rühret mit warmen weissen Bier ein Meel an / giesset wein dazu / welcher gezuckert / daß der Taig eine rechte Dikken bekommt / haltet den Taig immerzu warm / tuncket die geschälte in 6. oder 8. Theil / auch nach Belieben / zu runden Plätzlein geschnittene Aepfel hinein / lassets in heissem Schmaltz gemach wohl ausbachen / so bleiben sie schön rösch. Man kan diesen Taig auch ohne Bier / von lautern Wein / anmachen.

Die Brezel

Ascher-Aschermittwoch,
Eine Brezel gib mir doch.
Tust du mich ne Brezel geben,
Wünsch ich dich 'n langes Leben.

Obwohl die Brezel an vielen Orten auch zu anderen Festen üblich ist, so ist ihr eigentlicher Bereich doch die Fastenzeit. Etwa seit Mitte des 10. Jahrhunderts erscheint sie in unseren Klöstern und wurde bei kirchlichen Festen und während der Fastenzeit an Arme und Kinder verteilt. Ihre Form wandelte sich im Lauf der Jahrhunderte ebenso vielfältig, wie die Deutungsversuche ihres Namens.
Dem Christen erschien sie als Ring mit einem Kreuz darin lange Zeit eindeutig als Symbol für den Strick, mit dem Jesus gefesselt war. Deshalb war die Salz- oder Laugenbrezel früher auch das einzige Gebäck, das man am Karfreitag verzehren durfte. Noch heute glauben viele, daß eine solche Karfreitagsbrezel (übrigens auch die vom Gründonnerstag) das ganze Jahr über vor Fieber schütze. Andere leiten den Namen von bracellum oder brachiolum ab, weil die Form der Brezel sie an verschlungene Ärmchen erinnert.
Die Brezel war nie ein Hausgebäck. Noch Anfang dieses Jahrhunderts war der »Brezel-

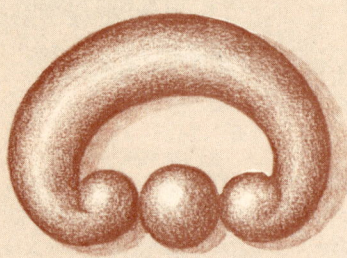

*Mahlzeit des Aeneas mit
der Dido, 5. Jhdt.*

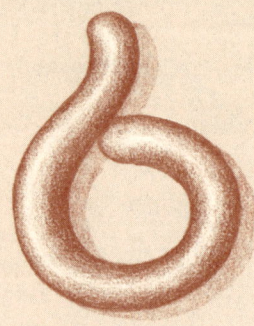

*Fürstliche Tafel
10. Jhdt.*

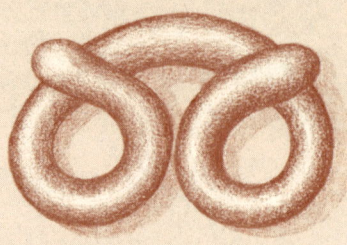

Abendmahl, 11.-12. Jhdt.

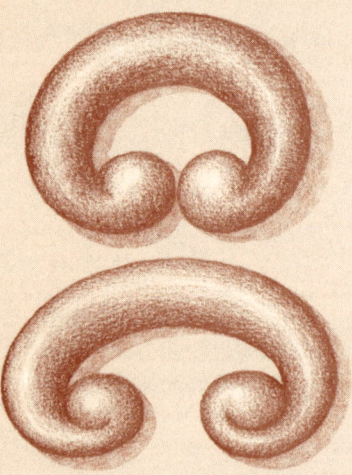

12. Jhdt.

*»Brätschellen«
Konstanzer Konzil*

Undatiert

15. Jhdt.

Königsmahl, 12. Jhdt.

Verschiedene
Brezelformen

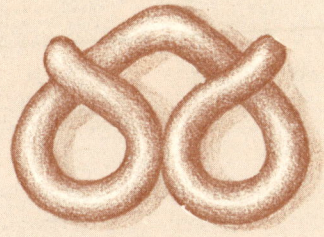

Hochzeitstafel Mainz, 1114

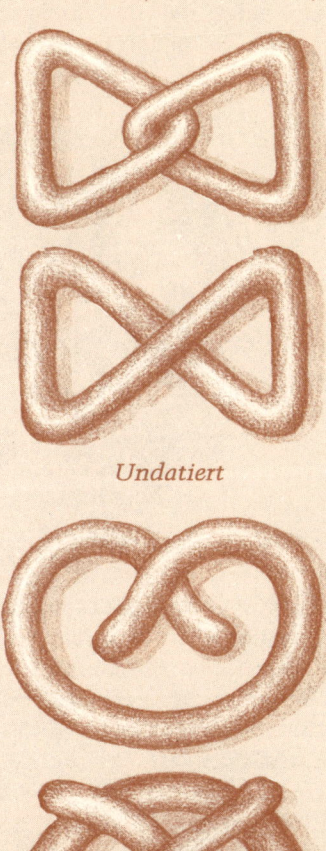

Undatiert

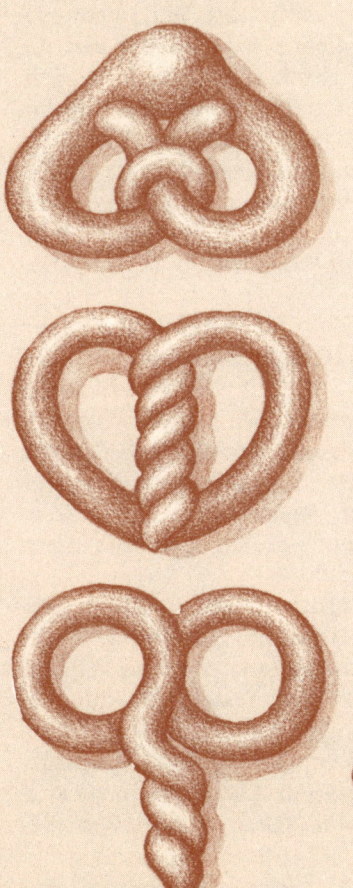

Biberach, 16. Jhdt. *Ansbach, 1795* *19. Jhdt.*

Nach Wiesinger, siehe Literaturverzeichnis

bäck« mit seiner langen Stange voller Brezeln ein typischer Straßenverkäufer Süddeutschlands. Und die Brezel im Bäckerwappen zeigt, daß das Brezelbacken nicht nur auf die Fastenzeit beschränkt war.

Zunftschild mit Bäckeremblem, 1831

Fastenbrezeln brachten nicht nur Glück und Gesundheit, sie waren auch – wie andere Kultgebäcke – Gegenstand vieler alter Volksbräuche, ganz besonders jetzt im beginnenden Frühling, wo trotz der gebotenen Enthaltsamkeit ziemlich derbe, eindeutige Fruchtbarkeitsgebräuche populär waren.
Erwachsene mußten sich mit Brezeln auslösen, wenn ihnen die Kinder in der Frühe des Aschermittwochs die »Asche abkehrten« oder sie mit grünen Ruten peitschten. Beim »Boissen« in der Oberpfalz trug ein Bursche eine Stange Brezeln mit sich. Seine Kameraden versuchten unterdessen, die Mädchen zu erwischen und ihnen mit einem Brettchen aufs Hinterteil zu schlagen. Die Getroffene bekam dann als Trostpflaster eine Brezel. Beim »Mädchenverschreiben« an der Mosel brachen die Paare nach einem alten Brauch die Brezel. Im Rheinland schenkten die Mädchen am Fastnachtsdienstag und an Laetare (4. Fastensonntag) den Burschen Brezeln und wurden dafür zum Würzwein eingeladen. Noch heute ist es Sitte, daß die jungen Männer ihren Mädchen an diesem Tag Brezeln kaufen. Lehnt ein Mädchen dieses Geschenk ab, so bedeutet das eine klare Absage. In manchen Gegenden Rheinhessens und der Pfalz finden an Laetare noch heute Sommertagsumzüge statt, bei denen an Stecken Sommertagsbrezeln herumgetragen werden.
Und falls irgendein Zahnarzt etwas gegen den alten Volksaberglauben hat, der sagt, daß Brezelessen vor Zahnweh schützt – vorausgesetzt, die Brezel wird an bestimmten Tagen nüchtern genossen –, so kann er sich deswegen nur mit der nicht eingetragenen Gesellschaft der Vegetationsgeister auseinandersetzen. Denn sie haben diesen Aberglauben aufgebracht.
Auch an Fastnacht war die Brezel üblich. Besonders im Rheinland gab es viele alte Bräuche: Beim Brezeltanz zogen in Wipperfürth Mädchen und Frauen geschlossen durch den Ort. Die Junggesellen, die dem Zug begegneten, mußten jeder Teilnehmerin eine Brezel stiften. Dafür durfte sie sich der ausgelassenen Schar anschließen. Beliebt war auch das Brezelschleudern der Bernkasteler am Fastnachtsmontag. Auf eine Schnur aufgereihte Brezeln warf man

vom Wirtshausfenster unter die jungen Leute, die sich um das Backwerk balgten. In vielen Orten am Niederrhein trat die Brezel sogar im Schulhaus ihr Regiment an. Am Sonntag nach Halbfasten brachte jedes Kind eine Brezel mit in die Schule und hielt sie dem Lehrer hin. Was er festhielt, durfte er behalten.

Die ursprünglichen Fastenbrezeln waren rohe Weißbrotrollen, die in Holzaschenlauge gesotten und dann in Brezelform gebracht und gebacken wurden.

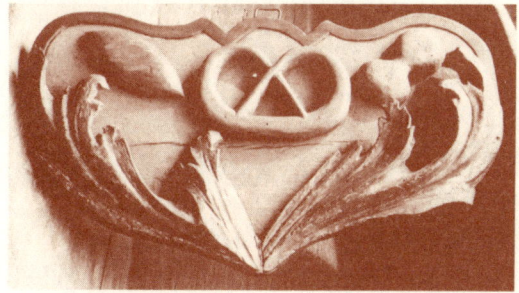

Holzschild eines Bäckers um 1730

Laugenbrezeln

Rezept

600 g Mehl, 12 g Salz, 20 g Malz, 60 g Fett, 60 g Hefe, gut ¼ l Wasser zu einem Weißbrotteig verarbeiten. Einen Topf aus Emaille oder Glas mit gut 1 l Wasser füllen und zum Kochen bringen. Aus dem fertigen Teig eine lange Rolle formen und in etwa 15 gleiche Stücke schneiden. Jedes Teigstück zu einem etwa 30 cm langen Strang rollen, der an den Enden dünn und in der Mitte dicker ist. Daraus Brezeln formen und die Teigenden fest andrücken. Bei Zimmertemperatur etwa 15–20 Minuten gehen lassen.

2 gehäufte EL Natrium-Carbonat (Na_2CO_2, aus der Apotheke) ins kochende Wasser geben. Wenn es sprudelnd kocht, die Brezeln einzeln auf einen Schaumlöffel für etwa 30 Sekunden ins Wasser halten. Herausheben, abtropfen lassen und mit Salz bestreuen. Wenn alle Brezeln abgekocht sind, schiebt man sie in den kalten Backofen, schaltet dann 200 Grad und backt sie in etwa 20 Minuten braun.

Fastenbrezeln mit Kümmel

Rezept

Einen einfachen Hefeteig aus 500 g Mehl, 30 g Hefe, ¼ l Milch, 1 Ei und 50–80 g Butter sehr gut verkneten und etwas Salz und gewiegten Kümmel darangeben. Den festen Teig nach dem ersten Gehen nochmals mit 80 g Butter durcharbeiten, eine große Rolle daraus formen und gleichmäßige Stückchen abschneiden. Aus diesen Stückchen dünne Walzen und daraus Brezeln formen, die man gut gehen läßt. Die Brezeln mit verklopftem Eigelb bestreichen, mit Salz und Kümmel bestreuen und schön goldgelb backen.
(Ein nützlicher Hinweis: Wenn man den Kümmel direkt vor dem Aufstreuen backt, ist er noch aromatischer).

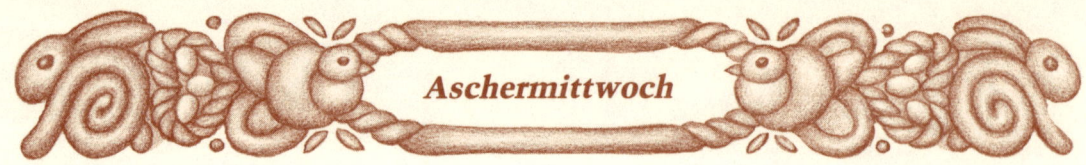

Precedella

Ein altes Brezelrezept aus
dem Jahr 1521

Nimm ein schönes Meel / lauter Eyerdotter / und ein wenig wein / Zucker und Aniß / mach einen Teig damit an / walg ihn fein länglicht und rundt mit saubern Händen / und mach kleine Brezel daraus / schiebs in ein warm Ofen / und backs / dass du es nit verbrennest / sondern fein austrocknest / so werden sie auch mürb und gut. / Du magst auch Zimt darunter nehmen oder nicht. / Und man nennt es Precedella.

Speise aus Fastenbrezeln

Rezept
Aus dem Jahr 1604

Nimb Brezel / weich sie in Milch eyn / thu sie in eine Turtenpfannen / und kleine schwarze Rosein darunter / thu frische Butter / die ungeschmältzt ist / darober / scheubs in Ofen / und lass backen / oder auff heisser Aschen / dass unten und oben heiss ist / und wens gebacken / so stürtz es umb in eine Schüssel / beträw es mit Zucker / und gibs warm auff ein Tisch.

Schlesische Brezeln

Rezept

³/₄ Pfund Mehl, ¹/₈ l Wasser, 1 TL Zimt, 1 Ei, ¹/₂ TL Salz zu einem Teig zusammenkneten und über Nacht kalt stellen. Am anderen Morgen den Teig zu Brezeln formen. Diese Brezeln zunächst in kochendes Wasser werfen, bis sie oben schwimmen, danach in kaltes Wasser, bis sie untergehen. Nach diesem Wechselbad backt man sie goldgelb.

Schaumbrezel

Bäckerrezept

180 g Zucker mit 12 Eiern schaumig rühren. ¹/₈ l Milch, etwas Zimt und Zitronenöl dazugeben und mit etwa 1¹/₄ kg Weizenmehl zu einem ziemlich festen Teig verarbeiten und davon Brezeln zu 1 und 2 Pfennig formen. Einen größeren Kessel Wasser aufs Feuer setzen. Wenn es ganz mäßig kocht, je nach Größe des Kessels eine Anzahl Brezeln hineinwerfen und sie, sobald sie hochkommen, mit einem Schaumlöffel herausnehmen und sofort in ein Gefäß mit kaltem Wasser legen. Sind alle Brezeln gekocht, so werden sie auf mit Tüchern belegten Brettern glatt nebeneinander gelegt, mit einem feuchten Tuch bedeckt an einen kühlen Ort gestellt und am anderen Tag nach der weißen Ware abgebakken. Das Wasser darf deshalb nur sehr leicht kochen, weil die Brezeln sonst eine schlechte Form bekommen.

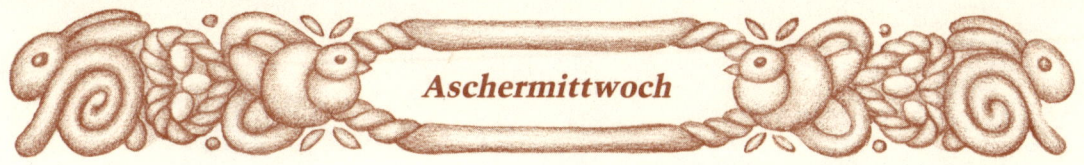

Brezelsuppe

Brezeln in heißem Wasser aufquellen lassen, Buttersoße darangießen und mit geriebenem Käse und geröstetem Käse bestreuen.

Baseler Fastenwähen

Rezept

500 g Weißmehl in eine Schüssel geben. 15 g Bierhefe mit 1 TL Zucker auflösen, 1 TL Salz darüberstreuen. In der Mitte des Mehls eine Mulde bilden, die aufgelöste Hefe hineingeben. 100 g Butter schmelzen, mit 2 1/2 dl Milch abkühlen, zum Mehl geben. 10 Minuten mit der Hand tüchtig durchkneten. Den Teig 1 Stunde lang zugedeckt an einem warmen Ort gehen lassen. Dann 1 1/2 cm dick ausrollen und in 10 cm lange Rauten schneiden (ovale, an beiden Enden spitz zulaufende Teigstücke). Die Teigflecken auf ein bebuttertes und bemehltes Blech legen und mit

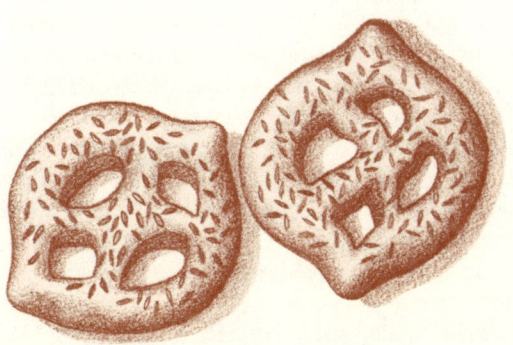

den Handrücken der Länge nach eine Vertiefung eindrücken. Mit einem Messer vier Einschnitte anbringen. Die Stücke so auseinanderziehen, daß vier Öffnungen entstehen. Nochmals gehen lassen. Mit Eigelb bestreichen und mit Kümmel bestreuen. Schön goldbraun backen.

Kölner Röggelchen

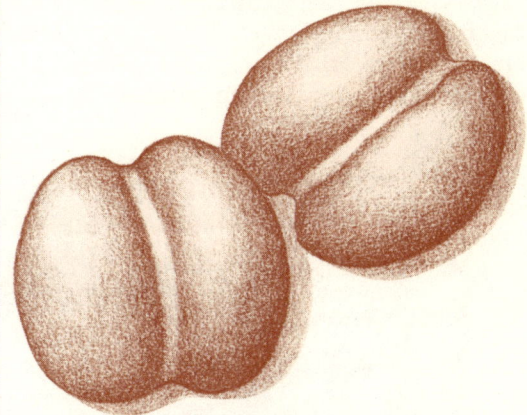

Rezept

500 g Roggenmehl in eine Schüssel geben, in die Mitte eine Vertiefung drücken, 35 g Hefe hineinbröckeln und mit Zucker, Salz und Milch zu einem Vorteig anrühren. Wenn das Hefestück ungefähr zur doppelten Größe aufgegangen ist, alle Zutaten zu einem Teig verarbeiten (insgesamt 1/4 l Wasser oder Milch). Von dem Teig runde Stücke abschneiden, diese zu Brötchen formen. Die Brötchen mit lauwarmer Milch oder Wasser bestreichen. Bei guter Mittelhitze backen.

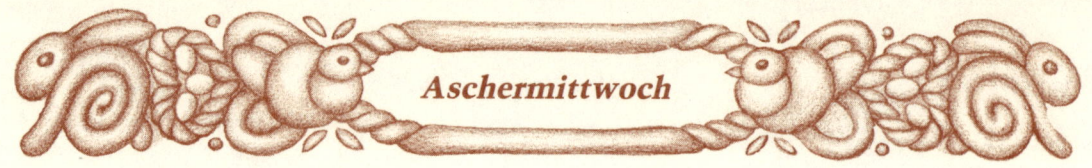
Kölner Göbbelchen

Wer de Jobbelcher nit mag,
Dä mag fasten de janze Dag!

hieß es früher im Rheinland. Die heute fast
vergessenen »Jöbbelscher met Fleutscher«
waren ein typisches Fastengebäck. Durch
das eingebackene Tonpfeifchen wurden sie
besonders von den Kindern geschätzt. Die
Göbbelchen waren ein mürbes Semmel-
backwerk aus Fett, Milch, Zucker und
Mehl. Aus einem langen Teigstrang wurde
ein etwa 8 cm langes Teigstück gedreht, in
das eine Flöte eingebacken wurde.

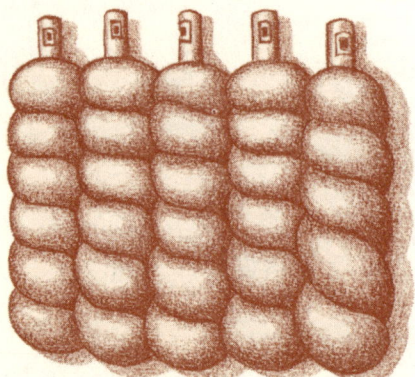

Heißwecken

Ob in Oldenburg, Hamburg oder Bremen,
Husum, Rügen, Braunschweig oder Westfalen: Überall im norddeutschen Raum wurden zur Fastenzeit Heißwecken gebacken
und gegessen. Sie waren früher so populär,
daß sie Armen und Behinderten aus öffentlichen Mitteln gespendet wurden.

Das Backen der Heißwecken war durchweg
eine Angelegenheit der Bäckereien. In An-
kum bei Bramsche sollen noch im vorigen
Jahrhundert maskierte Reiter am Fastnachtsmontag für die Heißwecken eines bestimmten Bäckers mit folgendem Spruch ge-
worben haben:

Hallop, hallop! N. N. heft Hedewegge to kop
Schmeckt so seute as Ferkenfeute.
Steck der ein betken Botter in,
Schmeckt no eis so seute.

In Hamburg ist der Hedeweggen schon im
15. Jahrhundert belegt. Man aß ihn dort vorwiegend mit heißer Milch und Butter ge-
tränkt. Im Stift Fröndenberg im Sauerland
verteilte um 1750 die Äbtissin »Auf den ersten Montag in der Fasten . . . die sogenannte Heissewecke an alle gegenwärtig seien-
den Kapitular-Fräuleins!«
Die meist handtellergroßen (10 cm) Rund-
laibchen aus gutem, süßem Kuchenteig oder
Milchbrotteig spielten bei den Fruchtbar-
keitsbräuchen im norddeutschen Raum eine
ebenso große Rolle wie die Küchel, Brezeln
und Krapfen im Süden.
Bei der sogenannten Heetweggen-Abstäu-
pung schlichen sich die jungen Burschen an
Fastnacht oder am Aschermittwoch ganz
früh in die Schlafzimmer der Mädchen und
Mägde und strichen sie so lange mit der
Rute, bis sie versprachen, Heetweggen zu
stiften. Ebenso eindeutig erotisch ist ein
Brauch, der früher in Hessen und im Braunschweigischen üblich war: Beim sogenannten »fuen«, d. i. die Fut bestreichen, versuchte man, die Genitalien der Mädchen

Aschermittwoch

mit einer Lebensrute aus Wacholder oder Stechpalmen zu schlagen. Dieser ebenso symbolische wie animalische Brauch sollte Fruchtbarkeit und Lebenskraft vermitteln. Daß es dabei manchmal zu ziemlichen Ausschreitungen gekommen ist, kann man sich vorstellen. Aus alten Unterlagen geht hervor, daß es sogar Prozesse deswegen gab.

In Westfalen gab es einen noch witzigeren Brauch. Dort bissen sich am Fastnachtsmontag Knechte und Mägde gegenseitig in die Zehen und beschenkten sich anschließend mit Weißbrot und Alkohol. Aber auch dann, wenn man sich – meistens unter kirchlichem Einfluß – nur darauf beschränkte, Finger, Waden oder Füße zu fitzeln, waren fast immer die Frauen die Opfer. Sie mußten sich durch ein in der Region übliches Zeitgebäck loskaufen. Später übernahmen dann die Kinder diese Bräuche. Sie peitschten voll Vergnügen Verwandte, Nachbarn und Freunde mit ihren Ruten und riefen dabei: »Stut up (Steht auf)! Hedwich!«

Im Rheinland kennt man den »Heißen Weck«, ein kleines Weißbrot, das in Reihen zusammengebacken ist, daher auch Reihen- oder Zeilenweck heißt. Er wird am Aschermittwoch früh gebacken und warm gegessen.

Aber auch an Fastnacht wurden fette, reichlich gewürzte Hedwigs gebacken. Man aß sie morgens zum Kaffee, mittags mit einer Fülle aus gehacktem Rauchfleisch, nachmittags mit einer Fülle aus Mandeln und Zukker in Eiermilch und abends wieder zum Tee. In den Wirtshäusern wurde um die Hedwigs gewürfelt oder Karten gespielt. In Rees verkaufte man die heißen Wecken am Fastnachtsmontag.

Der Vers dazu hieß:

> *Tut, tut, tut,*
> *Die wärme Wegge sin gut.*
> *We hät se gebacke?*
> *Jan ticke, Jan tacke,*
> *Jan tut.*

Rezept

Aus 500 g Mehl, 20 g Hefe, 250 g angewärmter Butter oder Margarine, 2 Eiern, 65 g Zukker, 1/4 l Milch, 125 g Korinten, etwas Salz, Zimt und Kardamom einen Hefeteig zubereiten. Warm gestellt 2 Stunden gehen lassen. Noch einmal durchkneten, 3 cm dick ausrollen und mit einem Glas runde Wekken ausstechen oder ihn in viereckige, handgroße Stücke schneiden und die 4 Ecken umbiegen. Auf ein gefettetes Backblech legen, nochmals 30 Minuten gehen lassen. Mit verquirltem Eigelb bestreichen und bei mittlerer Hitze goldgelb backen.

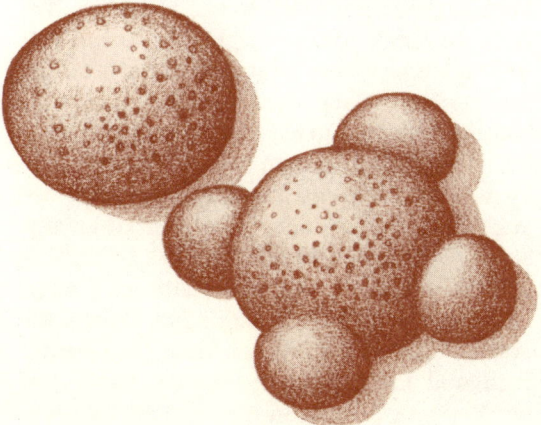

Funkensonntag oder Küchlisonntag

Erster Sonntag in der Fastenzeit
(Invocabit)

Am ersten Fastensonntag sieht man vom Schwarzwald bis ins Montafon überall die mächtigen Frühlingsfeuer, die angezündet werden, um den Winter und die Kälte zu vertreiben. Fackeln werden über die Felder getragen, um ihre Fruchtbarkeit zu wecken. Beim Scheibenschlagen rollt man glühende Holzscheiben ins Tal; beim Funkenschlagen wird eine Stange mit Stroh umwunden, angezündet und so lange geschwenkt, bis das Stroh abgebrannt ist.

Natürlich fehlen auch an diesem Tag die bei den Vegetationsdämonen so beliebten fetten und heißen Küchlein nicht. Alte Bräuche um diese Kultgebäcke haben sich bis auf den heutigen Tag gehalten und werden vielerorts noch vollzogen.

Im Allgäu bewirtet das Mädchen den Burschen, der es an den Fastnachtstagen zum Tanz geführt hat, mit Küchlein. Sie sollte sich allerdings davor hüten, die Küchlein selber zu essen. Es sei denn, sie wünscht sich einen ganzen Stall voll Kinder. Im Elsaß bekam jeder Wirtshausgast früher Funkenküchle. In Oberschwaben wird heute noch in allen Wirtshäusern um die vom Wirt gestifteten Funkenringe und Funkenküchlein gewürfelt.

Am »Kässamstag« (Samstag vor dem 1. Fastensonntag) gab es im Oberinntal abends Kasküchel aus Zigerkäse, der aus sauer gewordener Magermilch gewonnen wurde. »Sie lassen sich wie Kautschuk auseinanderziehen und sind eine recht liebliche Speise für einen, dessen Magen mit Leder ausgeschlagen ist«, heißt es darüber in einem volkskundlichen Buch. Wenn aber ein Mädchen so einen zähen Teigbatzen brühwarm dreimal ums Haus trägt und dann das Kasküchel übers Dach wirft, so erscheint ihr im Traum der zukünftige Bräutigam.

Im Altmühltal tragen die »Foastnatnigl« Hirtenpeitschen mit kurzen Stielen und langen Schnüren, an denen Brezeln aufgereiht sind. Wenn einem so ein Nigl die Peitschenschnur einladend hinhält, sollte man allerdings nur mit Vorsicht zugreifen. Denn meistens steht schon ein anderer Nigl hinter ihm und klopft dem gierigen Grabser mit der Peitsche auf die Finger.

Funkensonntag

Der »Hudelbätz« im Odenwald trägt einen Reisigbesen, auf dessen Ästen Fastenbrezeln aufgesteckt sind. Der Kinderspruch dazu heißt:

Härrle, Fräle, schnorigiglgag,
Geb mer e Breze nei in mei Sack!

Im Rheinland bringen die Burschen an diesem Tag ihren Mädchen aus einem benachbarten größeren Ort eine möglichst große Brezel als Geschenk mit. Deshalb heißt der Tag dort auch Brezelsonntag. Auch an der Saar ist es üblich, Brezeln zu verschenken. Frühlings- und Opferfeuer wurden um diese Zeit auch auf den nordfriesischen Inseln angezündet. Am Abend vor dem 22. Februar fand das »Biiken am Piadersdai« statt. Man tanzte um das Feuer und erbat den Schutz von Wöda oder Jupiter für Reisen auf dem Wasser. Denn am Tag darauf gingen alle Fischer der Inseln zum ersten Mal nach dem Winter wieder hinaus auf die See. Mit der Ausbreitung des Christentums hörten zwar die Feiern in ihrer ursprünglichen Bedeutung auf, aber die Biikfeuer brannten weiter und werden auch heute noch an vielen Orten angezündet.

In den alten Zeiten war dieser Petritag auch einer der jährlichen Thingtage oder Gerichtstage, an denen die Friesen zusammenkamen, um Recht zu sprechen. Nach dem Thing wurde üblicherweise ein großes Festessen veranstaltet und beim Karten- und Würfelspiel um Heißwecken und Zwieback gespielt.

Sprüche und Lieder zum Funkensonntag

Beim Einsammeln der Kücheln am Küchelsonntag sangen die Kinder im Elsaß und auch anderswo:

Maien, Rosen, Blümle.
Mir singen um das Küchle;
S'Küchle ist gebache,
Mir höre die Pfanne krache;
Mir höre die Schlüssele klinge,
D'Jungfrau wird bald Küchle bringe.
Küchle 'rus, Küchle 'rüs,
Mir wünschen üch Glück in öener Hüs.

Oder:

Do stehen mir auf dem kalten Stein,
Gebat üns a Küchle, no geh'n mir heim.

Oder:

Sidenfaden um das Hus,
S stieht e schieni Fröu im Hus.
Küchler rus, Küchler rus,
Oder i schlag a Loch ins Hus.

Blieb diese Aufforderung ohne den gewünschten Erfolg, so schimpften sie:

Feuerrote Dürrbire Gix.
D'riche Litt gebn nieme nix.
For de Fenster helf dir Gott.
Isch dies net e Schand unn e Spott!

In Schwaben zogen die Burschen nach dem Scheibenschlagen herum und sammelten Funkenküchlein, besonders bei den Mädchen, denen zu Ehren sie eine Scheibe geschlagen hatten. Dabei sangen sie:

I ha euer Tochter Schibe geschlage;
Ihr were mer's Küchli nit versage.
D'Schibe fahre hin und her,
Mer esse d'Küchle alli gern.
D'Küchle 'raus, d'Küchle 'raus,
S' is a schöni Tochter im Haus.

In Österreich schlug man die Scheiben mit
dem Ruf:

Wem soll die Scheib' sein?
Korn in der Wann,
Schmalz in der Pfann,
Pflug in der Erd',
Schau, wie die Scheib' ausse fährt.

Oder:

Flack us, flack us.
Über alle Spitz' und Berg' us!
Schmalz in der Pfanna,
Kara in der Wanna,
Küechli in der Schüssla,
Pflueg in der Erda;
Gott alls grote lot
Zwüschet alle Stega und Wega.

Brauchtumsgebäcke

Hänselmann und Hänselweible
aus Schwaben

Das sind Teigfiguren in Menschengestalt
(mit Rosinen), mit denen die Jugend sich
früher »gehänselt« haben soll. Sie wurden
aus Spott jungen Leuten geschenkt, die keinen Schatz oder keine Bekanntschaft hatten.
Paare durften sie gemeinsam verzehren.

Badener Kuchenstruss

Auch hier war es ein Zweig – diesmal vom
Derlitzkirschenbaum –, der als Symbol der
erwachenden Natur in Teig getaucht und in
Fett ausgebacken wurde.

Rosenkrapfen oder
Rosenküchlein

Die Rosenkrapfen können aus einem fettlo-
sen Nudelteig, Mürbteig oder Butterteig hergestellt werden. Oft wird in die Mitte der
Teigblätter noch ein rotes Herz gesteckt.

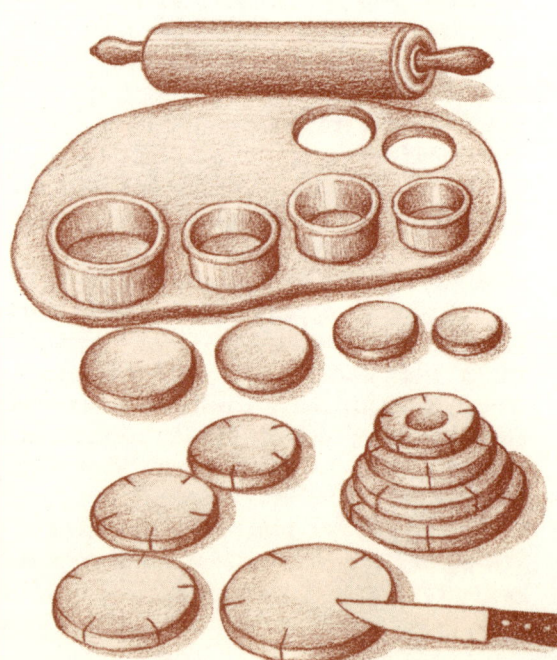

Rezept
Aus Österreich

Aus 15 dkg Mehl, 4 Eigelb, 1 EL Zucker, 2 EL Rahm und etwas Wein einen Teig kneten, bis sich Blasen bilden. ½ Stunde rasten lassen, Nudelflecken walken, mit rosettenförmigen Modeln verschiedener Größe ausstechen. Falls nicht vorhanden, runde Blättchen ausstechen und vom Rand gegen die Mitte zu fünf kurze Einschnitte machen. Die Blättchen in der Mitte mit Eiweiß betupfen und dann – das größte unten – zu drei bis fünf Stück aufeinanderschichten und in der Mitte mit der Fingerspitze zusammendrücken. Mit der kleinsten Rosette nach unten ins heiße Fett legen.

Vorarlberger Küchli

Ein flach ausgewalktes Schmalzgebäck, das auch zur Fastnacht und zur Ernte üblich ist.

Rezept

Mehl, Butter, Eier, Rahm und etwas kalte Milch zu einem nicht zu festen Teig kneten, bis er Bläschen wirft. Den Teig messerrückendick auswalken und in kleine, drei- oder viereckige Blättchen schneiden, die man schwimmend in Fett lichtgelb backt und mit Zucker bestreut.
Dazu gibt es Schnitzbrühe – aufgekochte getrocknete Apfel- und Birnenschnitze –, Latwerge (Holunderbeerensaft) oder »Kriasnmus« (Kirschenkompott).

Rosenchüechli
aus der Schweiz

Rezept

100 g Butter und 50 g Zucker schaumig rühren, ½ TL Salz, 5 Eigelb und 1 EL Kirschwasser beifügen. 450 g gesiebtes Mehl und 5 dl lauwarme Milch zugeben und rasch zu einem gleichmäßigen Teig rühren. Das Rosenchüechli-Eisen im heißen Öl erwärmen, dann so in den Teig tauchen, daß dieser nicht über dem Eisen zusammenfließt. Die Küchlein schwimmend ausbacken, vom Eisen abstoßen und abtropfen lassen.

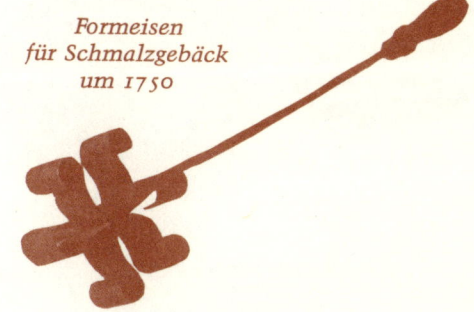

*Formeisen
für Schmalzgebäck
um 1750*

Küchlimaien
oder geküchelte Maien

Für diesen Funkensonntags-Strauß wurden Haselnußzweige in Herzform zusammengebogen und mit Küchelteig spiralig umwunden. Anschließend wurde das Ganze in Butter gebacken und mit Gold- und Silberpapier geschmückt.

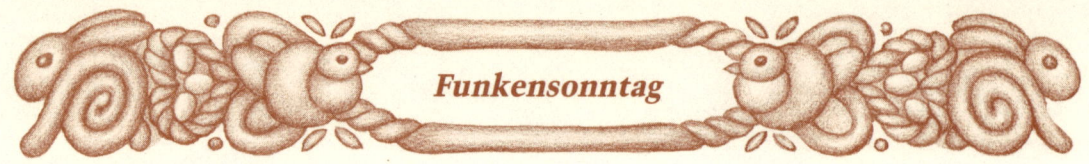
Ravensburger Funkenring

Rezept
Nach Bäckermeister Günter Miller,
Ravensburg

1 kg Weizenmehl, 15 g Salz, 100 g Zucker, 150 g Fett, 80 g Hefe, ½ l Milch zu einem Teig verarbeiten. Nachdem er zweimal je 15 Minuten geruht hat, zwei Stangen rollen und zum Ring schließen. Abbacken.

Allgäuer Funkenring

Ein entweder in Schmalz ausgebackener oder geflochtener Kranz oder eine sogenannte Laugenbrezel, die man nach dem Sieden in Lauge noch einmal mit frischem Teig überschüttete und dann erst in Schmalz backt. Durch die Hitze des Fetts wird der Brezelring noch größer, zerrissener, zackiger, flammender, ein echter Funkenring.

Toggenburger Dörrbirnenfladen

Dieser Fladen kam früher in Toggenburg am ersten Fastensonntag, auch Chüechlisunntig genannt, in allen Variationen auf den Tisch; so heißt es in der »Ächti Schwizer Chuchi«, aus der auch das folgende Rezept stammt. Nach alten Familienrezepten werden dem Birnenfladen noch gedörrte Apfelringli beigemischt, was die Masse saftiger macht.

Rezept

750 g Birnen in kaltem Wasser über Nacht aufweichen lassen. Im Einweichwasser weichkochen, abgießen und den Sud aufbewahren. Die gekochten Birnen durch den Fleischwolf treiben. Das Birnenmus mit 4 EL Zucker, 1 EL Birnbrotgewürz (in der Drogerie erhältlich), 100 g gewaschenen Rosinen und 100 g grobgehackten Nüssen vermischen. 4 EL Birnensud und 3 EL Kirsch beifügen.
400 g geriebenen Teig (aus 500 g Zucker, 1 kg Butter und 1,5 kg Mehl) 3 mm dick auswalken. Ein großes, bebuttertes Kuchenblech mit dem Teig auslegen, einen Rand hochziehen, die Birnenmasse darauf verteilen. 1 EL Mehl mit 2 Eiern und 5 dl Rahm verquirlen und darübergießen. Bei 220 Grad 30–35 Minuten backen. Der Fladen schmeckt lauwarm am besten.

Gründonnerstag

Am Gründonnerstag, dem Tag vor dem Kreuzestod Christi, fand die Versöhnung mit den am Aschermittwoch ausgeschlossenen öffentlichen Büßern statt. Was immer sie auch getan hatten, an diesem Ablaßtag hatten sie ihre Schuld gebüßt und konnten aufhören zu »greinen« (weinen). Deshalb war der Name dieses Tages im Mittelalter Greindonnerstag. Als die alte Sitte in Vergessenheit geriet, wurde daraus Gründonnerstag, ein Name, der ganz selbstverständlich mit dem ersten frischen Grün des Frühlings in Verbindung gebracht wurde.

Was an diesem Tag an Grünzeug zu bekommen ist, wird verarbeitet: zu Gemüse und Suppe aus möglichst siebenerlei oder neunerlei verschiedenen Frühlingskräutern; zu grünen Eierkuchen, grünen Krapfen usw. Es gibt ja schon genug davon um diese Zeit: Salat, Spinat, Lauch, Brunnenkresse, Huflattich, Kerbel, Löwenzahn, Sauerampfer, Schnittlauch, Schafgarbe und viele andere Wildgemüse und Kräuter mehr.

Im Volksglauben ist der Gründonnerstag einer der zauberkräftigsten Tage des Jahres.

Das Gründonnerstagsei, möglichst von einer schwarzen Henne gelegt, hat außerordentliche Zauberkraft. Wer es ißt, wird sich nie mehr verirren und kann sich unter bestimmten Voraussetzungen sogar unsichtbar machen. Natürlich ist auch eine Menge Aberglauben mit diesem Tag verbunden. In der Mark war es zum Beispiel verboten, am Gründonnerstag zu backen, weil man glaubte, daß es dann das ganze Jahr nicht regnen würde, da das Backen den Regen verbrenne. Andererseits sollen andere Gebäcke – wie zum Beispiel die rheinischen Mengelsbrötchen – gerade an diesem Tag gebacken werden. Wer am Gründonnerstag Kümmelbrötchen ißt, den beißt das ganze Jahr kein Floh. Auch der Verzehr von einem Honigbrot an diesem Tag soll zuverlässig vor Bienen-, Floh- und Wespenstichen schützen.

In Marbach sollen die Männer in der Gründonnerstagsnacht den Mädchen Laugenbrezeln ans Fenster gebracht haben. Wenn die Mädchen nüchtern davon aßen, bekamen sie kein Fieber, und solange die Brezel nicht schimmelte, blieb auch die Liebe frisch.

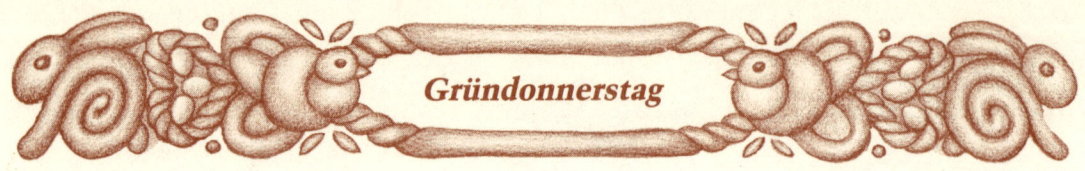

Brauchtumsgebäcke

Gründonnerstagstorte

Rezept

Zwei reichliche Handvoll Spinatblätter in siedendem Salzwasser blanchieren, in kaltem Wasser kühlen, abtropfen lassen und fein stampfen. 150 g gebrühte und geschälte Pistazienkerne mit etwas Orangenblütenwasser anfeuchten und fein stoßen. Die Schale einer noch grünen, bitteren Pomeranze auf 250 g Zuckerwürfel abreiben, den Zucker stoßen und ihn eine halbe Stunde lang mit 2 ganzen Eiern und 5 Eigelb rühren. 200 g geriebene Semmel, den Spinat, die Pistazien und den Schnee der 5 Eiweiß untermischen, alles in eine gut gebutterte Form füllen und die Torte bei mäßiger Hitze bakken. Man kann sie anschließend noch mit einer grünen Glasur überziehen und mit Fruchtgelee verzieren.

Grüne Krapfen

Rezept

Einen einfachen Nudelteig aus Mehl, 1 Ei, etwas Wasser und Salz dünn auswalken und große Vierecke ausradeln. Spinat mit einer Mehlschwitze oder 1–2 Eiern oder Semmelbröseln dicklich machen und mit Salz, Muskat und etwas Suppenwürze würzen. Je 1–2 TL davon auf die Teigflecke geben, die Ränder mit zerklopftem Eiweiß bestreichen und die Taschen übereinanderklappen. Sie werden in Salzwasser gekocht und mit brauner Butter mit Bröseln und Zwiebelringen übergossen.

Kräuter- und Mangolt-Dortten

Rezept
Aus Herrn von Hohbergs
»Des Adelichen Land- und Feld-Lebens«

Hacket allerley gesunde / frische / grüne Kräuter / oder ein so genanntes Mayen-Kraut klein / druckets aus / giest ein frisch Wasser daran / druckts nochmalen aus / mischet ausgekörnte Zibeben / Weinbeer / gehackte Mandeln / Muscatenblüh / Pfeffer / Zimmet / ein gut Theil Zucker / Semmel-Meel und so viel Eyer / als genug / darunter / bachets wie andere Dortten / vermittelst eines Taigs in einer Schart.
Einige rösten das Mayenkraut / wann es das erste mal ausgedruckt / in ein wenig Butter.
Der Mangolt wird / nachdem er sauber geklaubt / in Wasser gebrüht / biß er weich / hernach wohl ausgedruckt / gehackt / in Butter geröst / folgends mit Parmasan-Käß / Semmel-Meel / Weinbeer / Zucker / Eyer / und Kern oder süssen Ram vermenget / und wie der Kräuter-Dortten gebachen.

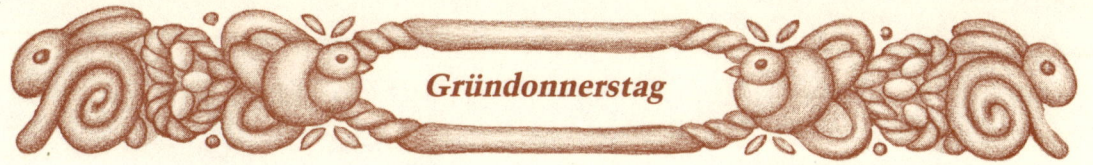
Grüner Kuchen oder Speckkuchen aus Hessen

Rezept

1 Pfund Sauerteig auf einem Blech ausrollen. 6–10 Brötchen in Milch einweichen und ausdrücken. 2 Becher saure Sahne mit 6 Eiern, 8 EL Öl und etwas Salz mit einem Schneebesen gut durchschlagen. Gelber Porree, Schalotten, etwas Pimpernelle, Petersilie, Salat, Spinat, Sauerampfer und anderes Frühlingsgrün waschen, klein schneiden und mit den Brötchen und dem Durchgeschlagenen verrühren. Die Masse auf den ausgerollten Teig geben. Speckscheiben in gerösteten Brötchenkrumen wälzen und auf den Kuchen legen. Einen Rest Brötchenkrumen mit kleingeschnittener Petersilie vermischen und darüberstreuen, damit eine schöne Kruste erreicht wird. Bei guter Hitze etwa 45–60 Minuten backen und warm essen.

Erst in neuerer Zeit ist man dazu übergegangen, für die verschiedenen Krautkuchen am Gründonnerstag Gartenkräuter zu verwenden. In der alten Zeit sammelte man dafür die würzigen Wildkräuter:
Löwenzahn, Gundermann, Mutterkraut oder Römische Kamille, Rainfarn, Ziegenfuß oder Giersch, Kresse, Löffelkraut, Wermut, Salbei, Kerbel, Erdbeerblätter, Röhren von Zwiebeln, Sauerampfer, Spitzen von grünem Holunder, Schnittlauch, Spitzen von jungen Nesseln, Spitzen von Maulbeeren und Blätter von Schlüsselblumen.

Berner Krautkuchen

Rezept

1 kg Spinat und Mangold waschen und gut abtropfen lassen. 1 Zwiebel fein hacken und mit 2 EL gehackter Petersilie und 2 EL Butter 2–3 Minuten dünsten. Die Spinatblätter zufügen und ganz kurz mitdünsten. 300 g Mürbteig dünn auswalken, ein bebuttertes Blech damit auslegen. Den Teigboden mehrmals mit einer Gabel einstechen und mit 2 EL geriebenem Käse bestreuen. 3 Eier mit 5 EL süßer Sahne verquirlen, den gut ausgepreßten Spinat beifügen. Mit Salz, Pfeffer und Muskat würzen und 1 EL frischen, gehackten Majoran und Kerbel daruntermischen. Die Masse auf dem Teig verteilen. 100 g Magerspeck in ganz feine Scheibchen schneiden und über die Füllung streuen. 45–50 Minuten bei 230 Grad backen.

Schweizer Kräuter-Küchli

Rezept

Man spült Pfefferminz-Zweigelchen, Borretschblätter, Spinat- und Salbeiblätter in kaltem Wasser ab, läßt sie trocken ablaufen, taucht sie nacheinander in einen ziemlich dicken Teig von 750 g Mehl, 5 Eiern, etwas Salz und lauwarmer Milch und backt sie in siedender Butter gelb, wobei sie mit dem Schaumlöffel gut in die Butter niedergedrückt werden müssen. Sie werden warm gegessen.

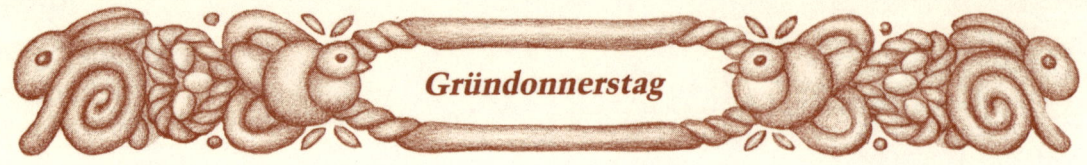
Eierkuchen mit Kräutern

Rezept

Eine gute Handvoll verschiedener Kräuter, wie Petersilie, Kerbel, Spinat, Sauerampfer, Schnittlauch und Majoran, fein hacken und mit 1 EL Mehl in 125 g Butter kurz durchschwitzen. Dann vom Feuer nehmen und nach dem Erkalten mit etwas Salz, Muskatnuß und 6 ganzen Eiern verrühren und in Butter backen.

Brennesselnigl

Fein zusammengehackte, rohe, junge Brennnesseln werden in einem Eierkuchenteig verrührt und gebacken.

Der Gründonnerstagskringel

Der ursprünglich in Ostpreußen heimische Gründonnerstagskringel hat sich im Laufe der Jahrhunderte in ganz Deutschland verbreitet. Er war in alten Zeiten kein Hausgebäck, sondern wurde von Bäckern gebacken. Städtische Bäcker schickten an diesem Tag Frauen mit großen Körben selbst in die entlegensten Dörfer, um die Kringel zu verkaufen. Natürlich variierten je nach Landschaft Formen und Zutaten. Meistens war der Kringel eine Brezel von unterschiedlicher Größe mit Zusätzen von Anis, Rosenwasser oder Marzipan, überzogen mit Zuckerguß oder bestreut mit gehackten Mandeln. Es konnten aber – wie das untenstehende Rezept zeigt – auch gefüllte Teigplätzchen oder Kringel aus Plunderteig sein.

In Braunschweig wird er als »Gnabbe Krengel« heute noch von einem Bäcker gebakken, und zwar als ovale Brezel aus Hefeteig, etwa 15–20 cm groß, mit Hagelzucker bestreut. Nach einer Beschreibung aus dem Ende des 18. Jahrhunderts wurde der Kringel an manchen Orten auch mit »allerlei kleinen, von demselben Teig geformten Bildern belegt.«

Der Gründonnerstagskringel galt überall als zauberkräftig und als Sympathiemittel gegen Durchfall und Fieber. Man mußte ihn dafür nur ein Jahr lang aufheben und dann kleine Stückchen davon abschaben und einnehmen. Auf dem Lande konnte man deshalb früher öfters solche Kringel hinter der Speisekammertür hängen sehen.

Kringelverkäufer, 1596

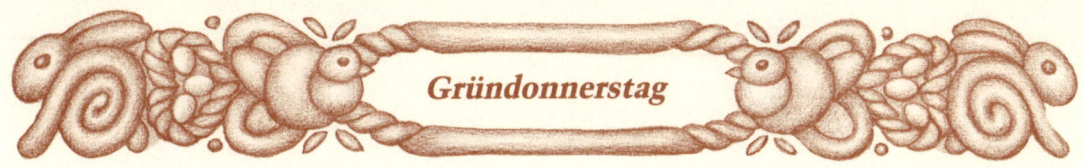
Rezept

Aus 500 g gesiebtem Mehl, ⅛ l lauwarmer Milch, 40 g zerbröckelter Frischhefe, 2 Eiern, 150 g Zucker, 1 Prise Salz und der abgeriebenen Schale einer Zitrone einen Hefeteig herstellen. Den Teig zu einer Kugel formen und zugedeckt aufgehen lassen. Zu einem Rechteck ausrollen, eine Hälfte mit Scheiben von gut gekühlter Butter belegen, die freie Teighälfte überklappen, wieder ausrollen, diesen Vorgang noch zweimal wiederholen, bis insgesamt 250 g Butter in drei Lagen eingerollt sind. Nun den Teig noch einmal ausrollen, ihn in 10–12 cm breite Streifen schneiden, die mit 250 g aufgeweichten Sultaninen und 125 g süßen Mandelsplittern belegt werden. Die Streifen zu einer Rolle drehen, von der Scheiben abgeschnitten werden. Die so erhaltenen Kringel auf ein bebuttertes Backblech legen. Die Oberseiten mit Eigelb bestreichen, mit gehobelten Mandeln bestreuen und bei mäßiger Hitze im vorgeheizten Ofen goldbraun backen.

Mändelbrot oder Mengelbrot

Auch im Rheinland gab es am Gründonnerstag ein Mandatbrot, das als Abgabe der Klöster verteilt wurde. Es waren die Mändel- oder Mengelbrote oder auch Mengelbrötchen. Der Gründonnerstag wurde deshalb im Mittelalter auch als Mändel- oder Mengeltag bezeichnet.

Man ließ Brötchen und Brot in der Kirche weihen und verteilte das Gebäck an die Armen. In Wiedenbrück verschenkte noch bis zum Ende des vorigen Jahrhunderts der Pfarrdechant solche Mengelbrote – es waren hier große Semmeln aus ungesäuertem Teig – an Schulkinder, Lehrer und Bürgermeister.

Mandatbrot

In der Schweiz und in Österreich verteilte man früher am Gründonnerstag nach der religiösen Fußwaschung Mandatbrote. In Wien wurden sie von einem speziellen Mandatenbäcker hergestellt. Die Domherren erhielten noch spanischen Wein dazu. In Beromünster enthielt das Sauerteigbrot eine Münze und wurde ebenfalls an Mitglieder der Kirchengemeinde verteilt.

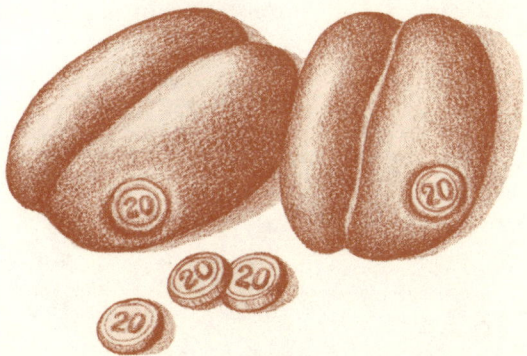

Dieses Rezept, das sich durch den Spalt in der Mitte als echtes Frühlingsgebäck ausweist, war lange verloren und wurde erst vor wenigen Jahren in der Klosterbibliothek Sankt Gallen wieder entdeckt.

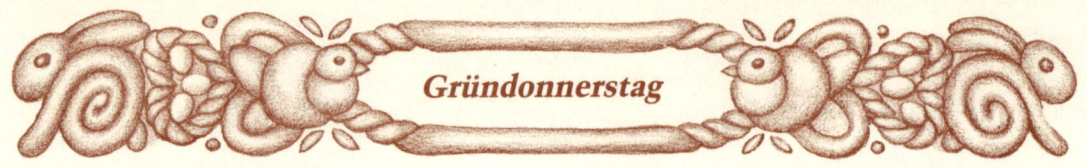

Apostelkuchen

Rezept
Nach Erna Horn

25 g Hefe mit ⅓ EL Zucker in 4 EL lauwarmer Milch auflösen und in der Grube von 100 g gesiebtem und erwärmtem Mehl gehen lassen. Dann aus 400 g Mehl mit 30 g blättrig geschnittener Butter, 3 Eiern, 3–5 EL saurem Rahm oder saurer Milch, 1 Prise Salz, 125 g Zucker und 1 Tasse Sultaninen einen Teig wirken. Das Mehl mit der Hefe dazugeben und den Teig so lange kneten, bis er sich zart anfühlt und weder am Brett noch an der Hand kleben bleibt. Den Teig in eine vorgewärmte Schüssel legen, zudecken und mehrere Stunden – am besten über Nacht – warm stellen. Ein faustgroßes Stück Teig wegnehmen. Aus dem verbliebenen Teig einen runden Laib formen und in die Mitte eine Vertiefung eindrücken, die mit Ei bestrichen wird. Das weggenommene Teigstück eiförmig formen und mit der Spitze nach oben in die Vertiefung setzen. Den Kuchen mit Ei bestreichen und in den unteren Teil seitlich schräge Schnitte anbringen. Nachdem er nochmals kürzere Zeit gegangen ist, bei mittlerer Hitze lichtbraun backken. Der Kuchen muß sehr leicht sein. Er wird außenherum dicht mit Zucker bestreut.

Appenzeller Mutschellen

Die Mutschellen wurden früher nur im Dorf Appenzell am Gründonnerstag gebacken. Die würfelförmigen Verzierungen des Gebäcks sollen an das Würfelspiel um Jesu Gewand erinnern.

Rezept
Aus »Schweizer Familie« Nr. 13/83

Aus 4 dl Milch, 2 Eiern, 20 g Salz, 50 g Hefe, 1 kg Weizenmehl, 1 TL Zucker einen plastischen Teig kneten. Zum Schluß 150 g Kochbutter beigeben (sie darf nicht zu kalt sein) und den Teig nochmals gut kneten. 20 Minuten bei Zimmertemperatur ruhen lassen, dann runde Brötli aus dem Teig formen. Mit dem Messer kreuzweise so einschneiden, daß während des Backens ein schachbrettartiges Muster entsteht. Mit einem Tuch bedeckt, bei Zimmertemperatur gehen lassen. Mit Eiguß anstreichen und im vorgeheizten Ofen bei 200–220 Grad backen.

Karfreitag

Der Karfreitag steht als Todestag Christi mit strengem Fasten ganz im Zeichen der Trauer. Tanz und ähnliche Vergnügungen fallen weitgehend aus. Selbst die Kirchenglocken schweigen. Sie sind zur Segnung nach Rom geflogen, sagt der Volksmund. Statt Glockengeläut gab es einen anderen Weckdienst: Die Ratscher- und Klapperbuben liefen frühmorgens mit ihren hölzernen Kasten- und Handratschen durchs Dorf und machten einen ohrenbetäubenden Lärm. Im Rheinland riefen sie dabei:

Morjensglock, Morjensglock,
Wer noch nit op is, es ne Schlofskopp.

Oder:

Dachglock, Dachglock, Bonneblatt,
Üwwermorje es Osterdach!

In vielen Bauernhöfen und Häusern wurde der Karfreitag so streng gehalten, daß man außer einer Karfreitagsbrezel nichts zu sich nahm und auch kein Feuer anzündete.
Im Volksglauben haben das Karfreitagsei und das Karfreitagsbrot große Zauber- und Heilkraft. Ein Karfreitagsbrot schimmelt erst dann, wenn der, der es geschenkt hat, untreu oder unaufrichtig wird. Im Allgäu glaubte man, daß jemand, der am Karfreitag gar nicht trinkt, den ganzen folgenden Sommer niemals Durst haben wird.

Ganz besonders wirksam ist das Karfreitagsei, also das Ei, das die Hühner an diesem Tag legen, für Schulkinder und Ehemänner. Den Schulkindern, die im Frühjahr zur Schule kommen sollten, wurde es, hart gekocht und fein gewiegt, unter gebackene, zerschnittene Buchstaben des Alphabets gemischt. Das sollte ihnen das Lernen erleichtern und sie klug machen. Brachte dagegen die Bäuerin auf der Alb ihrem Mann am Ostermorgen einen Eierkuchen aus Karfreitagseiern, so tat sie das in der eindeutigen Absicht, seine Liebeskraft zu stärken.
An diesem Tag häuften sich die volksmedizinischen Mittel gegen angehexte Vieh- und Menschenkrankheiten. Auch männliche Fruchtbarkeit, weibliche Schönheit und das Wachstum der Saat sollten vom Zauber dieses Tages beeinflußt werden.

Brauchtumsgebäcke

Bad Tölzer Karfreitagshaut

In Oberbayern hat man früher an manchen Orten dickhäutige, runde, kleine Zelten oder Fladen gebacken, deren oberste Rinde sich blasenartig aufbuckelte. Schon die Bezeichnung Haut sagt, wie zäh sie waren.

Rezept

Ein Brei aus geschrotetem Weizen oder Roggen, mit Mehl und etwas Sauerteig vermischt – oder auch einfach nur Wasser, Roggenmehl und Salz –, wurde fladenartig ausgegossen, dann in der Asche gebacken, anschließend mit Öl oder Butter bestrichen und mit Salz oder Kümmel bestreut.

Thurgauer Eierring

Rezept
Aus »Schweizer Familie« Nr. 13/1983

4 dl Milch, 2 Eier, 1 TL Zucker, 20 g Salz, 50 g Hefe und 1 kg Weißmehl zu einem plastischen Teig verarbeiten. Zum Schluß 150 g Kochbutter beigeben (sie darf nicht zu kalt sein) und den Teig nochmals gut kneten. Etwa 20 Minuten bei Zimmertemperatur ruhen lassen. Einen großen, runden Zopf formen. Mit einem Tuch bedeckt, bei Zim-

mertemperatur gehen lassen. Etwas Teig zurückbehalten, aus dem vier Blüten zur Verzierung geformt werden. 2 Eier in dem runden Zopf plazieren, daß sie zusammen mit einem Teigband eine Kreuzform ergeben.

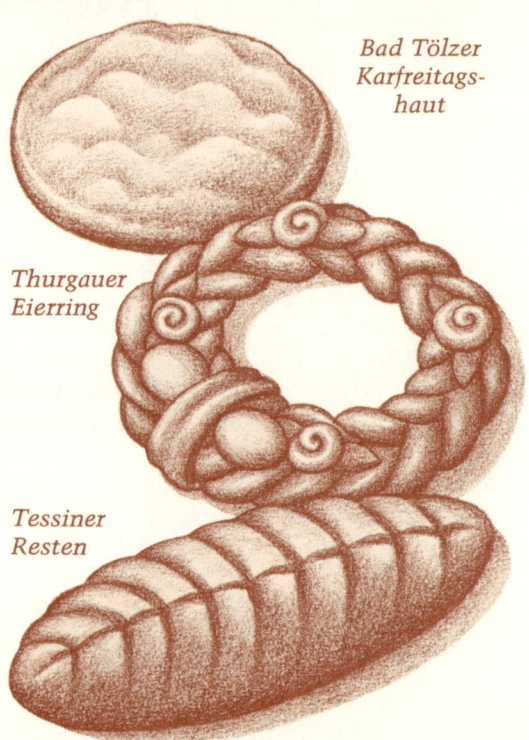

Bad Tölzer Karfreitagshaut

Thurgauer Eierring

Tessiner Resten

Tessiner Resten

Im Tessin gibt es zum Karfreitag die Resten, ein Brot, auf dessen Rücken ein Fischgrätmuster eingeritzt ist. Früher soll dieses Gebäck auch als »pane di pesce« (Fischbrot) bekannt gewesen sein. Der Überlieferung

nach soll dieser Name darauf zurückgehen, daß im Griechischen das Wort für Fisch »ichthis« dasselbe bedeutet wie »Jesus Christus, Gottes Sohn, Retter«.

Rezept
Aus »Schweizer Familie« Nr. 13/1983

5 dl Milch, 20 g Hefe und 50 g Mehl verrühren. 350 g Mehl über diesen Teig streuen. 20 Minuten bei Zimmertemperatur aufgehen lassen. 2 verklopfte Eier, 1 dl Milch, 80 g Zucker, 1 TL Salz, die abgeriebene Schale einer Zitrone, 120 g Margarine oder Butter zum Vorteig geben. Zugedeckt bei Zimmertemperatur 2 Stunden aufgehen lassen. Je 100 g gewürfeltes Orangeat, Zitronat und Sultaninen unter den Teig mischen, zugedeckt im Kühlschrank aufgehen lassen. Ein längliches Brot formen, nochmals 2–3 Stunden bei Zimmertemperatur aufgehen lassen. Mit einem Messer ein Fischgrätmuster in den Laib drücken. Etwa 5 Minuten auf der untersten Schiene des auf 180 Grad vorgeheizten Ofens backen. Gut auskühlen lassen, bevor die Resten angeschnitten wird.

Kreuzbrote

Kreuzbrote sollen ursprünglich Weizenbrote der griechischen und römischen Frühlingsfeste gewesen sein. Man hob sie das ganze Jahr über auf, weil man glaubte, dadurch vor Krankheiten und Feuersgefahr geschützt zu sein. Heute wird diesen Gebildbroten natürlich eine christliche Bedeutung unterstellt.

Kreuzbrote sind meistens Hefebrötchen mit sehr verschiedenen Gewürzzusätzen, deren Oberfläche ein Kreuz zeigt. Es entsteht entweder dadurch, daß man die Oberfläche kreuzweise einschneidet oder daß man Teig zu dünnen Streifen rollt und diese kreuzweise auf die Brötchen legt oder Zipfel so aus dem Teig herauszieht, daß sich die Form eines Kreuzes ergibt.

Rezept

Einen einfachen Hefeteig, den man nach Belieben mit etwas Zucker oder Vanillezucker oder Zitronensaft würzen kann, zu kleinen Bällchen formen, die gut zugedeckt gehen müssen. Die Teigkugeln an zwei Seiten etwas einschneiden und die nun abstehenden Zipfel ein wenig länger und so nach außen biegen, daß Kreuze entstehen. Mit zerklopftem Ei bestreichen, mit etwas Zucker bestreuen und nach nochmaligem Gehen goldbraun backen.

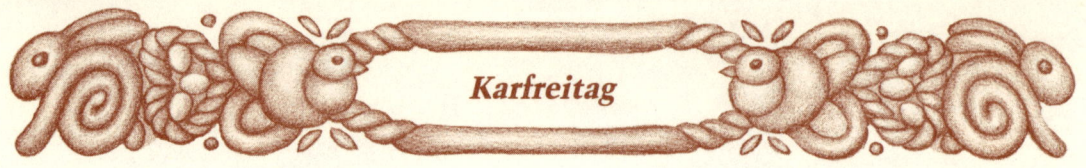

Warme Bollen oder heiße Korinthenbrötchen

Dieses Gebäck wird von den Bäckern von Nordhorn, Bentheim und Schüttorf heute nur noch zur Fastnachtszeit angeboten. Nach älteren volkskundlichen Unterlagen sollen die warmen Bollen oder Heeteweggen in Bentheim am Karfreitag, anderswo am Aschermittwoch gebacken worden sein.

Rezept
Nach Konditormeister Theodor Moeken, Nordhorn

Aus 1 l Milch, 30 g Salz, 100 g Zucker, 100 g Fett (Margarine oder Butter), 1750 g Weizenmehl, 100 g Hefe einen Hefeteig kneten. Nach 30 Minuten Teigruhe 600 g Rosinen und 100 g Succade unterarbeiten. Runde Teigstücke von 40–60 g auf ein Blech dicht aneinandersetzen, damit ein viereckiges, kissenartiges Gebäckstück von aneinanderhaftenden Brötchen entsteht.

Judas aus der Rhön

Ein Hefegebäck in Form eines gedrehten Stricks. Er soll den Strick symbolisieren, an dem Judas sich aufgehängt hat.

Karfreitagskrapfen

Im Bayerischen Wald wurden große Karfreitagskrapfen aufgetragen. Es mußten immer zwölf Stück sein, für jeden Apostel einen.

Westfälische Struwen

Dieses Karfreitagsgebäck wurde zum ersten Mal 1090 in einer Verfügung des Bischofs Erpho von Münster für das Kloster Freckenhorst erwähnt.

Rezept

Aus 20 g Hefe, 250 g Buchweizenmehl, 1 TL Salz, 30 g Korinthen, 20 g aufgelöster warmer Butter und so viel Wasser wie nötig einen geschmeidigen Hefeteig herstellen. Den Teig 20 Minuten an einen warmen Ort stellen. Fett in einer Pfanne erhitzen, den Teig löffelweise hineingeben und etwas flach drücken. Die Plätzchen auf beiden Seiten braun und knusprig backen.
Sie werden mit Butter und Marmelade oder mit Zucker und Zimt gegessen.

Karfreitagsbrezeln

Sie sind Symbol der Fesseln Christi.
Es war in Süddeutschland Sitte, daß der Bräutigam der Braut an diesem Tag bis zu vier Dutzend Brezeln brachte, die auf einem Stecken aufgefädelt waren.

Karfreitagsstrudel

Auf ausgezogenen Strudelteig kommen geriebener Mohn, getrocknete, gekochte Kirschen, Birnen, Zucker und etwas Öl.

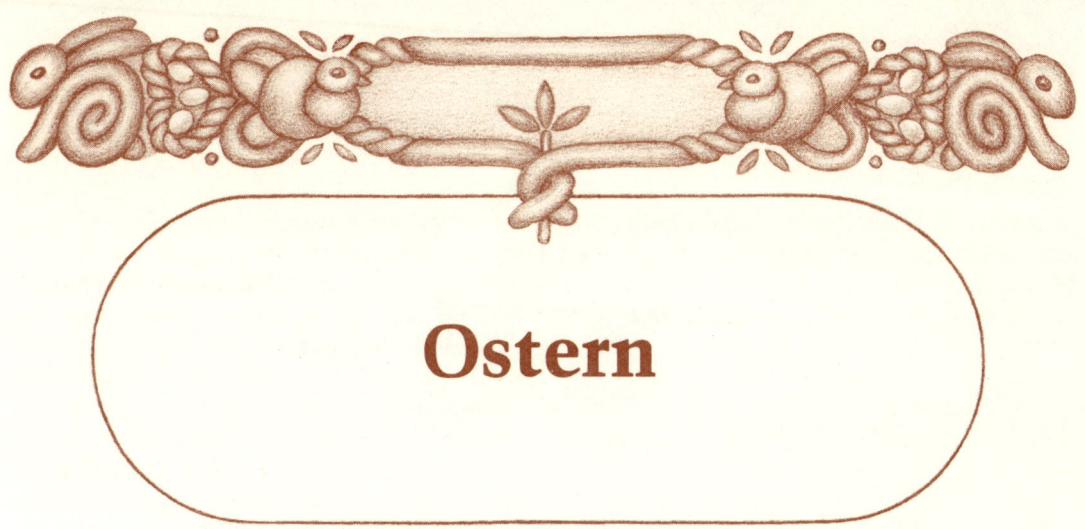

Ostern

Ostern ist eines unserer ältesten Feste und geht auf das jüdische Passahfest zurück, das zur Erinnerung an den Würgeengel gefeiert wird, der die Kinder Israels verschonte. Die Christen feiern es aus Freude über die Auferstehung Christi. Als bewegliches Fest hängt Ostern vom Frühlingsanfang und vom Vollmond ab. Es wird jedes Jahr nach dem ersten Vollmond nach Frühlingsanfang (21. März) begangen. Der Name wird auf verschiedene Weise gedeutet. Viele leiten ihn von der altdeutschen Gottheit Ostara ab, andere bringen das althochdeutsche Wort »ostar« (östlich) mit Ostern in Verbindung. Es bezeichnet die Zeit, in der die Sonne wieder genau im Osten aufgeht. Die Karwoche, die Woche der Trauer um Christi Tod, beginnt am Palmsonntag und endet am Karsamstag. Wie bei allen Festen innerhalb des Jahreskreises mischen sich auch bei den unzähligen Bräuchen rund um das Osterfest christliche und heidnische Elemente. Auf jeden Fall wird an den Ostertagen nach der langen Fastenzeit wieder üppig gebacken und gekocht.

Ostersamstag

Schon kurz vor fünf Uhr früh waren in Bayern die Ratschenbuben unterwegs und kündeten den letzten Tag der Karwoche an. Unter ohrenbetäubendem Lärm sagten sie ihren Spruch auf und verschwanden erst einmal wieder. Erst am späten Vormittag holten sie dann Küchel, Krapfen, Lämmchen und natürlich auch Ostereier als Dank für ihren Weckdienst.
Auch die rheinischen Klapperbuben waren nicht nur am Karfreitag unterwegs, sondern auch am Ostersamstag. Sie forderten ihre Ostergabe mit folgenden Versen:

> *Hier kommen die Jungen,*
> *die geklappert haben,*
> *die hätten auch gern ein Osterei.*
> *Eins oder zwei, eins oder drei*
> *und einen tüchtigen Wecken dabei.*

Am Karsamstag werden auch die Eier gefärbt und die verschiedenen Osterkuchen und Ostergebildbrote gebacken. In Nord-

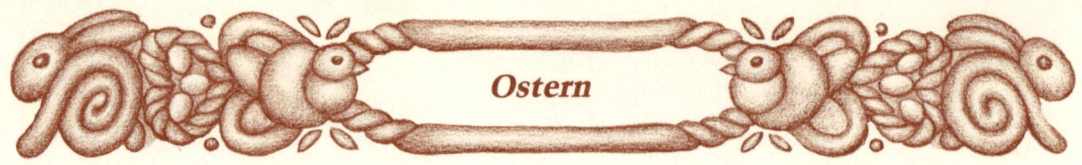

deutschland heißt dieser Tag deshalb auch der Kaukenbackensamstag. Ordentliche Hausfrauen machen Karsamstag den schon sprichwörtlich gewordenen Osterputz.

Ostersonntag

An diesem Tag macht die Sonne nach altem Volksglauben einen dreifachen Freudensprung. Wer früh genug aufsteht und auf einen Hügel steigt, kann es selber sehen. Die Mädchen holten früher schweigend das berühmte Osterwasser aus Flüssen und Quellen, das ihnen der Legende nach Schönheit verleihen sollte. Die Ostereier wurden versteckt oder verschenkt. Entstanden sein soll dieser Brauch aus den Naturalzinsen, die früher zum Ostertermin fällig waren. Nach altdeutschem Gesetz mußte damals ein großer Teil des fälligen Grund- und Bodenzinses in Form von Eiern erbracht werden. Und da Eier empfindlich waren und leicht verdarben, kochte man sie vor dem Transport ab. In vielen Gegenden gab es Osterumzüge. Denn Ostern war rundum ein Freudentag.

> Eia! Eia!
> Ostern ist da!
> Fasten ist vorüber,
> das ist mir lieber.
> Eier und Wecken
> viel besser schmecken.
> Fasten ist vorüber,
> das ist mir lieber.
> Eia! Eia!
> Ostern ist da!

An manchen Orten wurden die eingesammelten Eier gleich zum Eiertatsch (Eier in Schmalz) verkocht. Ob dieser Tatsch aus rohen oder gekochten Eiern zubereitet wurde, war nicht herauszufinden. Auf jeden Fall soll es spezielle Tatschenbäcker mit flachen Blechpfannen gegeben haben.

Die alten Osterbräuche sind überall weitgehend verschwunden. In Tirol bekamen die Aussätzigen zur Stärkung einen Ostereierkuchen. Und in Langenei bei Lennestadt im Sauerland backte man am Ostersonntag Pfannkuchen und trug die mit Weihwasser gefüllten Eierschalen ins Feld, um so das Getreide gegen Wetterschaden zu schützen. Schmackostern war ein Brauch, bei dem man sich am Ostermorgen im Bett überraschte und mit Lebensruten schlug. Man benutzte dazu kleine Peitschen aus abgeschälten Weiden, die neunmal mit bunten Bändern durchflochten oder umwunden waren, oder auch junge, grüne Birkenzweige. Auf Föhr holten sich die Kinder am Ostermorgen das Ostergebäck von ihren Verwandten und knüpften es in vorsorglich mitgebrachte große Taschentücher ein.

Ostermontag

Der Ostermontag war allgemeiner Besuchstag bei Verwandten und Bekannten, bei dem auf keinem Kaffeetisch der Gugelhupf fehlen durfte. Brachte man Geschenke mit, so mußte man darauf achten, daß sie nicht paa-

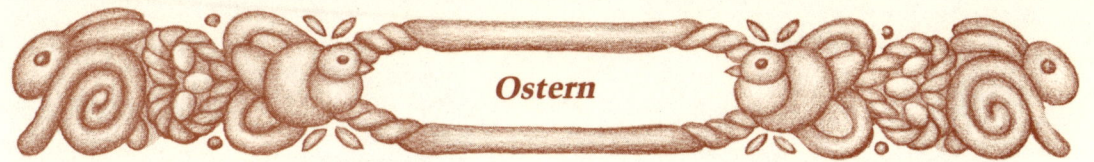
rig, also nicht in gerader Anzahl, sondern unpaarig geschenkt wurden. Denn jeder wußte, daß paarige Geschenke die Freundschaft aufkündigen.

Brauchtumsgebäcke

Osterfladen und Osterbrot

Wie gebräuchlich Osterfladen schon in alten Zeiten gewesen sind, zeigt folgende kleine Legende:

Ein Graf wallfahrtete nach Rom und durfte sich dort vom Papst eine Gnade ausbitten. Er bat den Heiligen Vater darum, die Osterfladen schon am Ostersamstag essen zu dürfen. Seine Begründung war, am Ostersonntag seien sie, wenn abgekühlt, nicht halb so gut wie noch warm am Samstag. Der Papst lachte zwar, schlug aber die Bitte ab und soll sinngemäß gesagt haben: Wenn ihr die ganze Fastenzeit nur darauf wartet, den Osterfladen zu essen, dann könnt ihr es auch aushalten, noch eine Nacht darauf zu warten.

Die älteste Form des Osterbrotes war der ungesäuerte, in der heißen Herdasche gebakkene Fladen. Er bekam tiefe Einkerbungen, damit sich der aufgestrichene Fruchtsaft oder der Honig besser darauf hielt. Besonders wirksam als Schutz gegen Dämonen war das mit den Fingerspitzen »gepipte« Brot. Die Waldweiblein warnten sich untereinander davor:

Pip kein Brot, schäl keinen Baum,
Erzähl keinen Traum,
Back keinen Kümmel ins Brot,
So wird dir geholfen in jeder Not.

Obwohl die Zutaten des Osterfladens immer feiner wurden, behielt er an vielen Orten seine flache Form. Dem Fladen folgte der erhöhte runde oder längliche Laib, der Triebmittel brauchte: Sauerteig für Roggenmehl, Hefe für Weizenmehl. Fast jeder Ort, jede Landschaft entwickelte ihr eigenes Osterbrot in den verschiedensten Formen und Zubereitungsarten.

Wichtig war es seit jeher, daß dieses Osterbrot in der Kirche geweiht wurde und dadurch seine große Heil- und Zauberkraft bekam. Dieses geweihte Brot sollte nicht nur zuverlässig gegen Unglück schützen, sondern war auch besonders wirksam gegen Hexerei.

Wenn man im Allgäu von einer geweihten Brotrinde drei Kreuze schnitt und sie unter die Stalltür legte, konnten kein Teufel und keine Hexe dem Vieh etwas antun. Und falls man befürchtete, daß das Unglück schon geschehen war, dann mußte man nur ein Messer in die Stalltürschwelle stecken, auf dessen Klinge man Osterbrot legte: War der ganze Stall behext, so fiel das Brot herunter und die Klinge brach ab; waren erst ein paar Stück Vieh verzaubert, so drehte sich das Brot nur einmal herum.

Das alte Rezept aus dem »Des Adelichen Land- und Feld-Lebens« des Herrn von Hohberg zeigt, daß schon damals die gleiche Art Fladen gebacken wurde wie heute.

Osterfladen

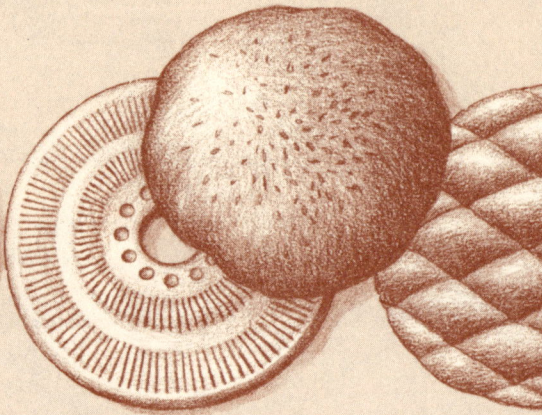

| Passau | Backteller mit Fladen (Schleswig um 2000 v. Chr.) | Lindau |

Passau   *Backteller mit Fladen*   *Lindau*
                          (Schleswig um 2000 v. Chr.)

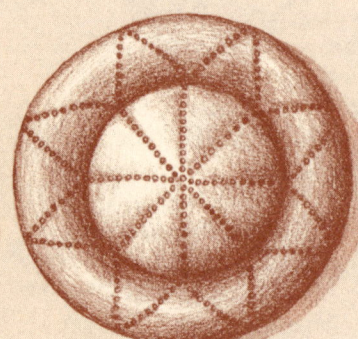
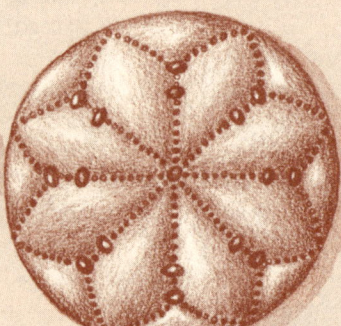

Typische Stichelungen auf Osterfladen
bzw. Osterflecken

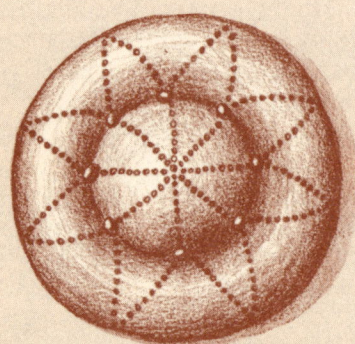
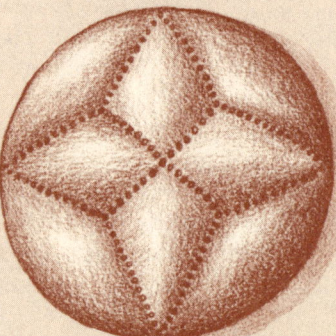
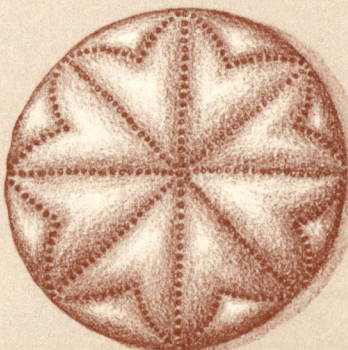

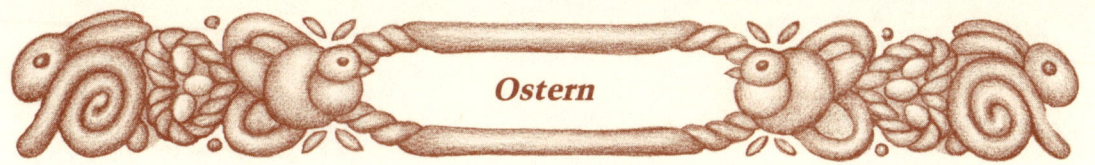

Rezept
Einen Oster-Fladen

Verfertiget einen Eyer-Käß / auf die bekannte Art / schüttet solchen in einen Seiher / daß das dünne oder die Milch / auf das genaueste davon komme. Dann rühret Semmel-Mehl / Weinbeer / oder Corinthen / ausgekörnte Rosinen / Zucker / Zimmet / ein wenig zerlassene Butter / auch nach Belieben / klein-geschnittene Mandeln darunter / schlaget so viel Eyer daran / daß es eine mittelmäßige Dicken bekommt / bereitet in einem Dorten-Schart einen Butter-Teig / giesset das Angerührte hinein / bestreuets oben mit Zucker und Zimmet / oder belegets mit zierlich-ausgeschnittenem Taig / und bachets in einem Ofen.
Oder rühret unter besagtem Eyer-Käß so viel klein-gestossene Mandeln / Zimmet / Zucker / Weinbeer / ein wenig Malvasier / und bachets / wie erst erwähnt.

Schweizer Osterfladen

Rezept

$^1\!/_2$ l saure Milch mit 1 EL Mehl und 2 Eiern anrühren. $^3\!/_4$ l Milch zum Kochen bringen. Die gerührte Masse mit dem Saft einer halben Zitrone zugießen und alles über dem Feuer rühren, bis die Milch völlig geronnen ist. Eine Serviette über ein Sieb legen, die geronnene Milch hineinschütten, die Serviette zusammenbinden und die Molke über

Nacht abtropfen lassen. Am folgenden Morgen den Käse mit 3 Eiern, 70 g Zucker, 125 g geriebenen süßen Mandeln und etwas süßem Rahm vermischen. Die Masse auf ein mit feinem Hefeteig belegtes Tortenblech füllen und den Kuchen im mäßig warmen Ofen backen. Mit Zucker bestreuen.

Berner Osterfladen

Rezept
Oster-Fladen aus Eyern.

Reiß sauber gewaschen / in Wasser dick und wohl gesotten / mit rein zerstossenen Mandeln / Eyern / wenig Saltz / Zucker / Rosinlein und Saffran vermischet / auf Fladen von Torten-Teig gemachet / angesetztet / und recht gebachen. Man mag auch den Reiß wohl in Milch sieden / alsdann nur mit Eyern / Saffran und Rosinlein den Fladen anmachen.
Oder / man nimmt / an statt des Reisses / Hirsen / in Milch gesotten / zu solchen Fladen.

Das neue Rezept

250 g Reis brühen, in frischem Wasser kühlen, mit 70 g Butter, 1 guten Prise Salz und $1^1\!/_2$ l Milch dick ausquellen. Abgekühlt mit 250 g gestoßenen Mandeln, der abgeriebenen Schale einer Zitrone, 8 Eigelb, 300 g Zucker, 125 g Rosinen, 125 g Korinthen verrühren und den steifen Schnee der 8 Eiweiß darunterheben. Dann ein Kuchenblech mit

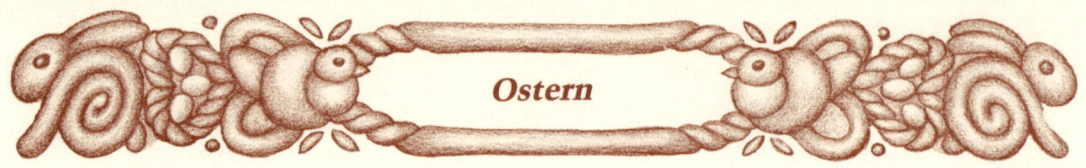

nicht zu dünn ausgerolltem Blätterteig belegen, die Reismasse daraufstreichen und den Kuchen bei mittlerer Hitze backen. Er wird, mit Zucker bestreut, lauwarm gegessen.
Früher nahm man anstelle von Reis auch oft in Scheiben geschnittenes, in siedender Milch eingeweichtes Mundbrot, aus dem ein steifer Brei gerührt wurde.

Baseler Osterfladen

Rezept

Aus 1 l Milch und 250 g Grieß einen dicken Brei kochen. Den Brei in eine Schüssel gießen und nach dem Erkalten mit 250 g süßen und 30 g bitteren geschälten und geriebenen Mandeln, 8 Eigelb, etwas Salz, 300 g Zucker, 125 g Rosinen, 125 g Korinthen und dem Eischnee vermischen. Diese Masse auf ein mit Butterteig belegtes Kuchenblech streichen und ³/₄ Stunden bei gleichmäßiger Hitze backen.

Inntaler Osterfladen

Rezept
Nach Erna Horn

25–30 g Hefe mit etwas Milch, Mehl und 1 TL Zucker zu ein-em »Dampfl« ansetzen. Dann 150 g Butter mit 3–4 Eigelb und 150 g Zucker schaumig rühren und 500 g gesiebtes und erwärmtes Mehl, 50 g kleingeschnittenes Zitronat, 1 TL gewiegten Anis, 1 Prise Salz, etwas Mandelöl und Arrak sowie das Dampfl darangeben. Den Teig kneten, bis er zart und fein ist und sich glatt von den Händen löst. Einen runden Laib daraus formen, mit verklopftem Eigelb bestreichen und gut gehen lassen. Dann kreuzweise einen tiefen Schnitt machen und den Fladen bei Mittelhitze goldbraun backen. Die Ränder mit Zucker bestäuben oder mit Zuckerguß unregelmäßig bestreichen. In die Mitte ein hartgekochtes, bemaltes Ei setzen.
In einigen Gegenden der Schweiz heißt der Ostersonntag auch Fladensonntag. Die Fladen wurden von Fladenbäckern gebacken.

Osterfleck aus Roggenmehl

Rezept

150 g Roggenmehl und 30 g Hefe vermischen und mit fast kaltem Wasser zu einem festen, glatten Teig kneten. Über Nacht bei Küchentemperatur stehen lassen. Dann das Dampfl mit 500 g Roggenmehl und 500 g Weizenmehl, Salz, Kümmel und Fenchel vermengen und mit lauwarmem Wasser zu einem festen Teig kneten. Nach kurzem Rasten gut fingerdick auswalken, auf ein Backblech legen und mit einem Messerrücken kleine Quadrate einkerben. Die Fläche mit Wasser leicht befeuchten, mit grobem Salz, Kümmel und Fenchel bestreuen. Wenn der Teigfleck um die Hälfte höher gegangen ist, 35–45 Minuten backen. Der Osterfleck wird frisch, aber ausgekühlt, zu Butter und Weinkäse gegessen.

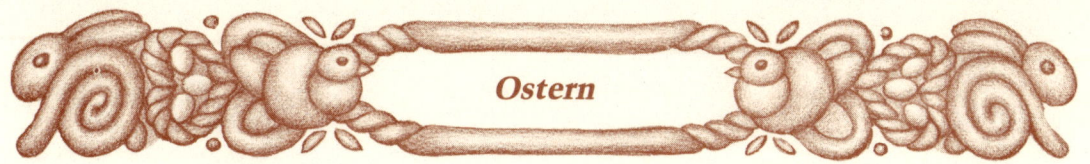

Osterfleck
aus Österreich

Diesen Osterfleck, für den es in Österreich unzählige verschiedene Namen gibt, bekamen die Kinder früher von ihren Paten mit einem Geschenk, das entweder gleich mit eingebacken war oder in den tellerartigen Osterfleck hineingelegt wurde. Manchmal ist das Gebäck so groß wie ein Pflugrad und trägt zusätzlich ein Lämmchen aus Teig oder Butter in der Mitte, das in Oberschwaben bis zu 2 Pfund schwer sein kann.

Rezept

Aus 500 g Mehl, 60 g Zucker, 80 g Butter, 8 g Salz, 70 g Hefe, 2–3 Eiern, 0,2 l Milch, 200 g Rosinen, etwas Vanille einen Hefeteig kneten. Der zu einer Kugel »aufgeschliffene« Teig wird mit einem Mehlbeutel von der Mitte her eingedrückt, bis durch ständiges Reiben die Gestalt eines flachen Tellers von durchschnittlich 30–35 cm Größe mit aufgerolltem Rand entsteht. Unmittelbar vor dem Backen bringt man auf dem mit Fett bestrichenen Gebäck die Stichelungen an. In Österreich benutzt man dafür einen eigenen Kamm, den »Osterfleck-« oder »Flettenkamm« aus Holz oder Horn. Man kann auch einen neuen Haarkamm verwenden. Benutzt man ihn später weiter, schützt er nach dem Volksglauben Menschen und Tiere zuverlässig vor Läusen. Aber auch mit einer Gabel, einer Nadel oder einem Teigrädchen lassen sich die Verzierungen anbringen, die im wesentlichen den Zweck haben, daß sich das Gebäck nach der Speisenweihe leichter in Stücke brechen und verteilen läßt.

Meistens bestehen die Stichelungen aus einfachen Punktreihen, die von der Mitte des Gebäcks ausgehen und zu geometrischen Figuren zusammengeschlossen werden. Das können Kreuze mit einfachen oder doppelten Linien sein, Kreise, Gitter, Sterne mit fünf, sechs oder acht Strahlen, Dreiecke, auf die Spitze gestellte Quadrate oder aus Rhomben zusammengesetzte Sechs- oder Achtsterne. Zusätzlich werden Rosinen entweder unregelmäßig über das Gebäck verteilt oder als Markierung der Eck- und Schnittpunkte der eingestichelten Figuren verwendet.

Oberbayrisches Osterbrot

Rezept
Nach Erna Horn

In 1 Glas Südwein (Malaga oder Madeira) 1 EL Anis geben. 20 g Hefe in etwas lauwarmer Milch ansetzen, in 500 g warmes Mehl geben. 50 g flüssige Butter, 2–4 EL Zucker, 3–4 Eier, 1 Prise Salz, 80 g feingehacktes Zitronat und zuletzt den durchgeseihten Aniswein dazugeben. Den halbfesten Teig gut verkneten und zu einem langen Striezel oder Stollen formen, der langsam über Nacht gehen muß. Einige schräge Querschnitte in den Laib schneiden, ihn mit Eigelb bepinseln, nach Belieben noch mit Mandelsplittern bestreuen und goldbraun backen. Zum Schluß mit Staubzucker besieben.

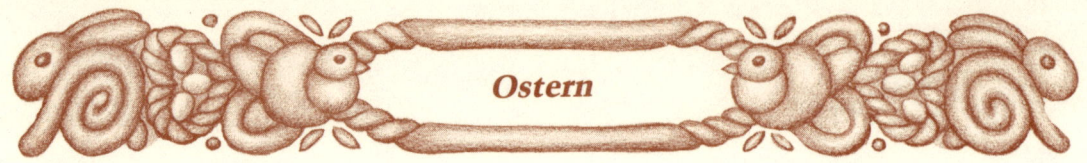

Bremer Klaben oder Klöben

Der norddeutsche Klöben, der auch bunter Stuten heißt, ist im Lauf der Zeit bis ins Rheinland vorgedrungen. Er wurde dort nicht nur zu bestimmten Terminen, sondern zu allen Festen zwischen Weihnachten und Pfingsten gebacken.

Rezept

Aus 1 kg Mehl, 60 g Hefe, 10 g Zucker, etwas Salz, ½ l lauwarmer Milch, 300 g Butter und der abgeriebenen Schale einer Zitrone einen Hefeteig herstellen. Gehen lassen und anschließend tüchtig schlagen, bis der Teig Blasen wirft und sich vom Kochlöffel löst. Je 350 g Rosinen, Korinthen und Succade (oder auch etwas Orangeat), Macis, Kardamom, Nelkengewürz und Zimt einmengen und zugedeckt gehen lassen. Einen Stollen formen, auf dem Backblech nochmals gehen lassen, mit Milch bestreichen und im gut vorgeheizten Backrohr bei Mittelhitze 2 Stunden backen. Den fertigen Klaben mit Puderzucker bestreuen.

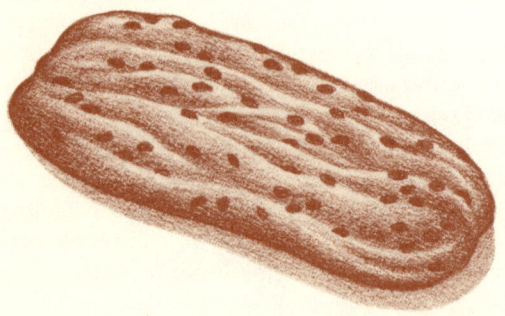

Harzer Osterlaib

Rezept

25 g Hefe mit sehr wenig lauwarmem Wasser auflösen und mit 190 g Mehl verrühren. Die Masse aufgehen lassen. Dann 250 g Mehl, 65 g Zucker, 30 g Butter, 1 Eigelb, 1 Ei gut vermengen und unter den gegangenen Vorteig kneten. Die beiden zusammengekneteten Teige wieder aufgehen lassen. Einen dritten Teig aus 500 g Mehl, 175 g Zucker, 65 g Butter, 8 Eigelb, 2 Eiern, etwas Salz zubereiten. Diesen Teig unter die beiden ersten Teige kneten. Zwei Laibe formen und auf gefettete Bleche legen. Mit einem spitzen Messer einen Stern auf jeden Laib ritzen, aufgehen lassen. Etwa 1–1½ Stunden bakken, dann mit Staubzucker besieben.

Das Osterlamm

In vielen Haushalten gibt es heute wieder die zweiteiligen Formen, die man einmal im Jahr zum Backen der Osterlämmer aus Rühr- oder Biskuitteig braucht. Auch die Auslagen der Bäcker sind in den Tagen vor Ostern gefüllt mit Osterlämmern, die mehr oder weniger kunstvolle Zuckerschaum-Schnörkel anstelle des wolligen Fells haben. Osterlämmer mit diesen Verzierungen stammen aus der Zeit des Rokoko. Doch als Gebildbrot ist das Osterlamm nicht erst seit dieser Zeit bekannt. Schon 1265 erhielten zum Beispiel die Klosterfrauen des Aargauer Städtchens Klingnau das Recht, Oblaten zu backen, auf denen unter anderem auch das Bild eines Lämmchens mit einem Backeisen aufgeprägt war. In Ansbach war ein Osterlammgebäck unter dem Namen »Bätzela« ein ortsübliches Ostergeschenk für Gesinde und Dienstboten.

Besonders vielfältig sind die Namen und Formen des Osterlamms in der Schweiz. In Wollerau bei Zürich gab es »Schaufböckle«, mit Butter bestrichene Brotklößchen aus grobem Mehl. Im Berner Land war der »Schlabbe« oder »Tölpel« ein weicher Pfefferkuchen in Lammform. Das »Häli-Mutteli« erhielt sein dichtes Vlies durch die Struktur des Waffeleisens. Anstelle des Schwanzes wurde ihm – wie beim Kölner Göbbelchen – ein Pfeifchen aus rotgebranntem Ton eingebacken.

Einsiedler-Schafböcke

Die Schafböcke aus dem Kloster Einsiedeln zeigen das christliche Opferlamm. Das Gebäck wird 1631 zum ersten Mal erwähnt, ist aber wahrscheinlich älter. Zwischen 1691 und 1724 soll es schon 5–10 »Schäfli-Läden« in Einsiedeln gegeben haben.

Die Schafböcke sind scheibenartige, runde Honigkuchen, die einen Rasenplatz mit einem ruhenden Lamm darstellen. Sie werden aus Mehl und Honig mit einem Model hergestellt und bei Oberhitze so gebacken, daß die vorspringenden Teile bräunen und das Innere des Gebäcks weiß und weich bleibt.

Bayrisches Osterlamm

<u>Rezept</u>
Nach Erna Horn

75 g Butter mit 220 g Zucker und 3 Eiern schaumig rühren und mit 2 Päckchen Vanillezucker, ganz wenig Muskat und 1–2 EL Rum oder etwas Rum-Aroma würzen. Dazu 300 g mit 1 Päckchen Backpulver vermischtes und gesiebtes Mehl und ½ Tasse Milch geben. Je nach Größe der Eier mehr oder weniger Milch nehmen. Der Teig muß dickschaumig sein. Man füllt ihn dreiviertel voll in eine sehr gut gefettete, zweiteilige Lammform, backt das Lamm – auf dem Kopf stehend – bei Mittelhitze etwa ¾ Stunden und schneidet es nach dem Erkalten unten glatt. Es wird mit Zucker überpudert oder mit Schnecken aus Zuckerguß bespritzt.

Ostermänner

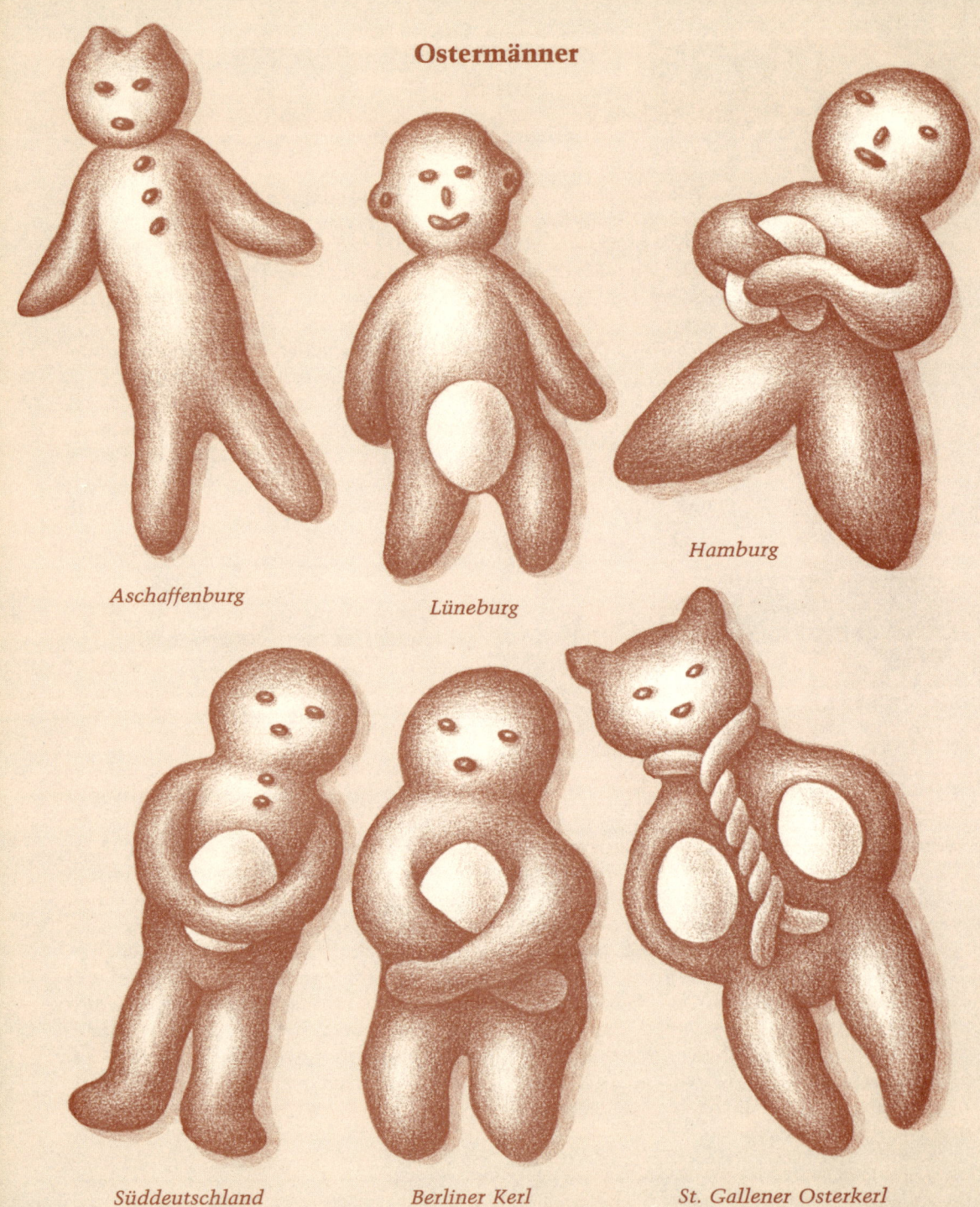

Aschaffenburg

Lüneburg

Hamburg

Süddeutschland

Berliner Kerl

St. Gallener Osterkerl

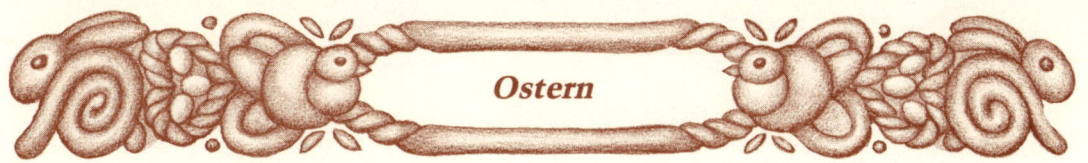

Ostermänner

Ob Eiermann, gebackener Mann, Osterpuppe oder Ostermandl: Überall gab es früher Gebildbrote in Menschenform, in die oft ein buntes oder rotes Ei eingebacken war. Meistens hielten sie es im Arm oder vor dem Bauch. Es gab aber auch Ostermänner – wie z. B. der aus Lüneburg – bei denen das Ei das Geschlechtsteil symbolisierte. Auch Osterpärchen waren in manchen Gegenden Süddeutschlands üblich.

Rezept

Aus 500 g Mehl, 25 g Hefe, 80 g Zucker, 80 g Butter oder Margarine, 1 gestrichenen TL Salz, $^1/_8$–$^1/_4$ l Milch, der Schale einer halben Zitrone einen Hefeteig herstellen, kräftig schlagen und zweimal gehen lassen. Teigstücke von etwa 100 g abteilen, aus jedem einen Ostermann formen und ihm ein hartgekochtes Ei eindrücken. Mit Eigelb bestreichen, auf gefettetem Backblech nochmals gehen lassen und backen.

Frankfurter Igel

Jahrhundertelang, bis zum Jahr 1806, gab es zur Osterzeit beim Stadtrat der Reichsstadt Frankfurt ein »Igelgebäck«. Diese mit zugespitzten Mandelstiftchen stachelartig besetzten Semmel wurde beim »Igelmahl« serviert, einem Essen, daß jedes Jahr stattfand, wenn die Gemeinderechnung abgelegt wurde.

Rezept

Die äußere Rinde von feinen, runden Milchbrötchen abreiben und die Brötchen in Rahm, der mit 2–3 Eiern verquirlt wurde, einweichen. Dann auf ein Sieb zum Abtropfen legen, in geschlagenes Ei und geriebene Semmel tauchen und über und über mit Mandelstiftchen bestecken. Den Igel langsam in heißer Butter ausbacken, bis die Mandeln sich hellgelb gefärbt haben. Auf Küchenpapier das Fett ablaufen lassen und die Igel mit einer Obstsoße servieren.

Pumpernickel

Jeder kennt den Pumpernickel, wie er in Westfalen schon seit Jahrhunderten gebacken wird. Ein nahrhaftes, derbes und sättigendes Brot, von dem viele behaupteten, es sei gerade gut genug für den Schimmel von Sankt Nikolaus.

Im Gegensatz zu diesem Pumpernickelbrot hat man früher in der Oberpfalz und in Oberfranken, aber auch im äußersten Norden Deutschlands eine ganz andere Art von Pumpernickel gebacken. Es war ein gewürzreicher Lebkuchen aus Roggenmehl und Honig, der an Ostern und Weihnachten von den Paten an die Patenkinder verschenkt wurde.

Ein altes Pumpernickelrezept aus dem Jahr 1861 wurde vom Konditormeister und Lebküchner Gustav Riedel in Marktredwitz übernommen. Noch heute wird es in einer nun über hundert Jahre alten Tradition von Konditormeister Helmut Schultheiss ver-

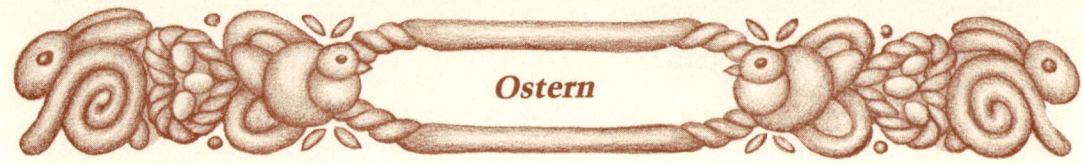

wendet. Diese Pumpernickel sollen ihre
zarte Konsistenz am besten in Gemein-
schaft mit einem Lagerapfel in einer Blech-
dose behalten und monatelang haltbar sein.

Bäckerrezept
Marktredwitzer Pumpernickel

12 ℔ Farin Zucker, 2 ℔ Honig, 1 ℔ ge-
schnitenen Citronat, 1 ℔ geschnitene
Pommeranzen, 14–15 ℔ Weisses Mehl,
¹/₂ ℔ gemischtes Gewürz, Nelken und
Zimt, 3 Lth. Cartamom, 3 Lth. Muskat-
nüße, 4 Citronen, 16 Eyer, 4 ℔ geschnittene Mandeln und 8 Lth. Pottasche. Den
Farin Zucker und das Honig thut man in
einen Kessel und gießt 1³/₄ Maas Wasser
hinein, rührt in durcheinander, setzt in
auf das Feuer, läßt in kochen, bis er steigt,
setze in ab und laße in ein wenig auskü-
len. Dann rühre die Maße durcheinander.
Diese werden ausgewochen zu 6 × 6 Lth.
zu 3 × 3 Lth.

Sylter Pumpernickel mit Zucker

Rezept

1 Pfund Mehl, 1 Pfund Zucker, 5 Eier, 100 g
Butter, 60 g geriebene Mandeln und etwas
Nelkenpfeffer zu einem Teig verkneten.
Den Teig in Rollen auf ein gefettetes Blech
legen, flach drücken und nach dem Backen
sofort in Stücke schneiden und trocknen.

Schanfigger Eiertätsch

Rezept

2 dl (200 g) Sauerrahm, 4 verquirlte Eier,
¹/₂ TL Salz, 200 g gesiebtes Mehl gut mischen. 1 Stunde stehen lassen. Den Teig in
Butter zu vier dicken Omeletten ausbacken.
Diese in grobe Stücke schneiden und noch
warm mit Zucker und Zimt bestreuen.

Schweizer Osterbohnen

Rezept
Aus »Schweizer Familie« Nr. 13/1983

50 g Butter schaumig rühren, 125 g Zucker,
2 Eier, 1 EL Kirsch, die abgeriebene Schale
einer Zitrone beigeben. 250 g Weißmehl dazurühren und zu einem Teig kneten. Etwa
3 Stunden ruhen lassen. Den Teig zu fingerdicken Rollen formen. In etwa 1 cm breite
Abschnitte teilen, dabei die Rolle jedesmal
drehen, damit die Schnitte einmal hoch und
einmal quer kommen. Schwimmend in
nicht zu heißem Fett backen, bis die Kugeln
kreuzförmig springen.

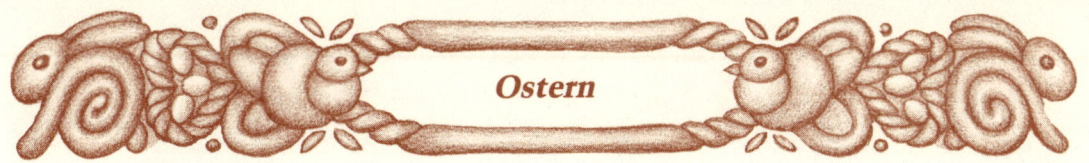

Der Osterhase

Erst seit dem 18. Jahrhundert hat man den Osterhasen erfunden, der allerdings am Anfang vorwiegend in der Stadt als Ostereierbringer eingesetzt wurde. Denn die Kinder auf dem Land waren zunächst schwer davon zu überzeugen, daß ein Hase plötzlich Eier legen konnte. In den alten Zeiten hatte der Hase an Ostern auch eine ganze Menge Konkurrenten: In Holstein legte der Hahn die Ostereier, im Elsaß der Storch, in Hessen der Fuchs und in der Schweiz der Kuckuck. Der gebackene Hase, der ein Osterei bei sich trägt, wurde mit seiner wachsenden Popularität ein beliebtes Paten- und Dienstbotengeschenk.

In der Pfalz erhielten die Jungen von ihren Paten außer sechs farbigen Ostereiern noch einen großen Osterhasen aus Teig, auf dessen Rücken ein kleiner Reiter saß. Die Mädchen bekamen eine aus dem gleichen Teig gebackene große Puppe, die in der Regel ein kleines Püppchen auf jedem Arm hielt. Auch in Tirol erhielten die Jungen einen gebackenen Osterhasen, während die Mädchen eine Osterhenne bekamen.

Rezept
Nach Bäckermeister Günter Miller

2000 g Weizenmehl, 100 g Milchpulver, 40 g Malz, 40 g Salz, 100 g Fett, 100 g Zucker, 30 g Hefe und 0,9 l Wasser – nach Belieben verschiedene Gewürze – zu einem Hefeteig verarbeiten, die Tiere (Seite 90/91) formen und abbacken.

Brothenne aus dem Pustertal

Rezept

1 kg glattes Mehl, 18 dkg (180 g) Butter, 18 dkg (180 g) Zucker, 2 Eier, 40 g Hefe, $^1/_8$–$^1/_4$ l Milch, Salz, etwas Rum, Abreibsel von 1 Zitrone zu einem sehr festen Teig kneten, gehen lassen. Die Henne formen und ziemlich rasch backen.

Um die Henne zu formen, werden drei gleichmäßig dünner werdende Teigstränge von den dünnen Enden aus zu zwei Drittel zu einem Zopf geflochten. Das schmale Ende bildet den Kopf der Henne, der in den dickeren Körper übergeht. Die drei dicken, offenen Enden bilden, in ihrer Lage wieder den seitlichen Umriß der Henne folgend und glatt nebeneinander gelegt, den aufwärts gerichteten Federnstoß. Als Auge wird eine Rosine eingesetzt.

Dillingen

Stuttgart

Karlsruhe

Oberbayern

Taunus

Süddeutschland

Donauwörth

Freiburg

Schweizer Osterhasen

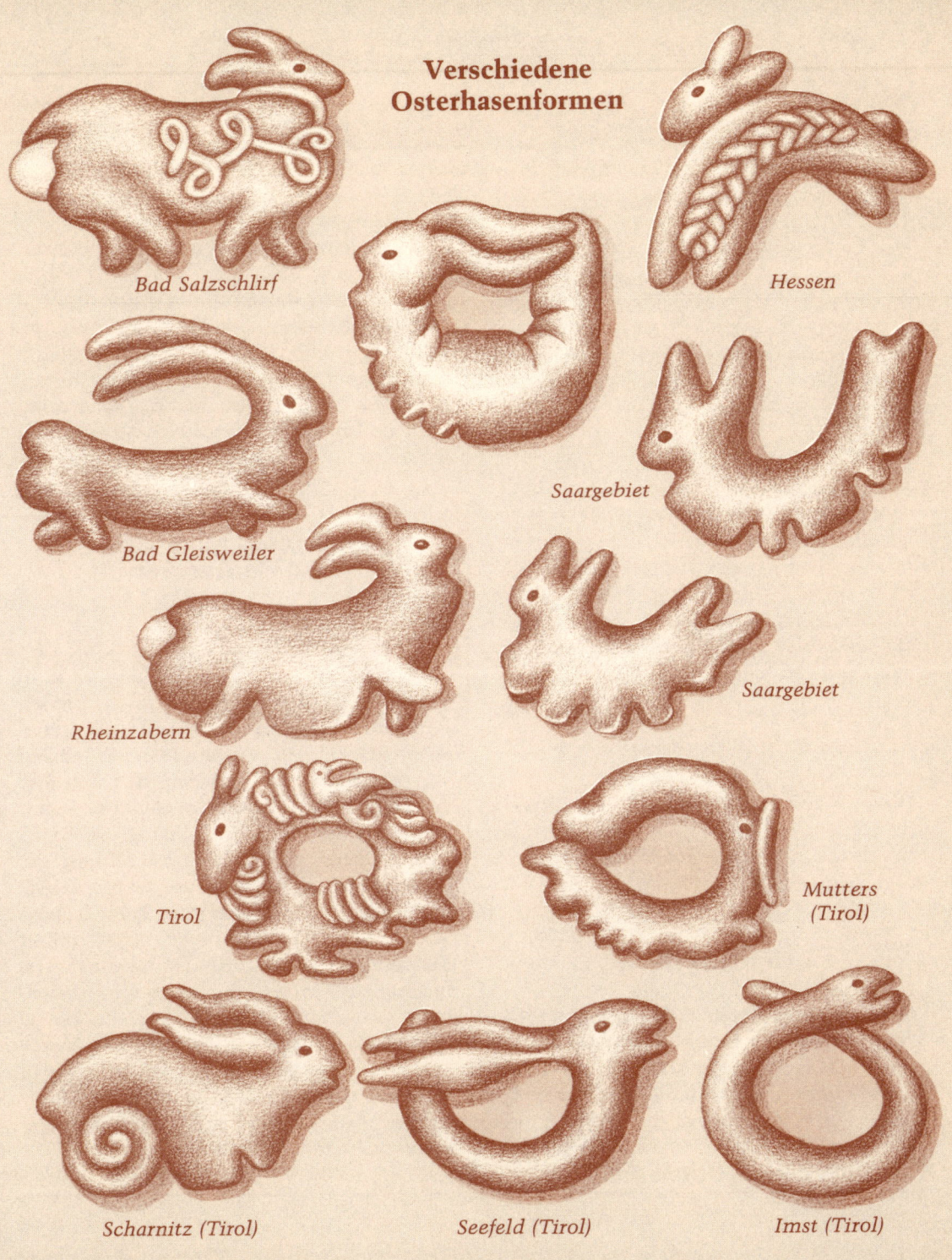

Verschiedene Osterhasenformen

Bad Salzschlirf

Hessen

Bad Gleisweiler

Saargebiet

Rheinzabern

Saargebiet

Tirol

Mutters (Tirol)

Scharnitz (Tirol)

Seefeld (Tirol)

Imst (Tirol)

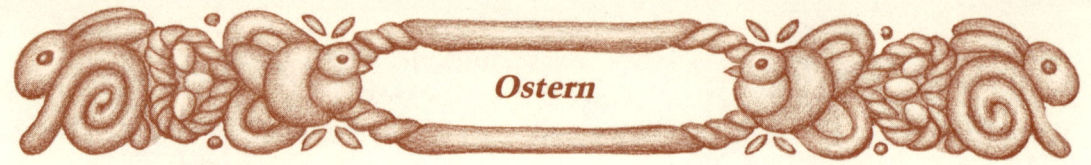
Verwendbrot

Das Verwendbrot ist eine der vielen Möglichkeiten, mit dem Überangebot an Eiern im Frühjahr fertig zu werden. Der Rottenburger Spitalschreiber Christian Alt, der während des 30jährigen Krieges lebte, beschreibt für seine Gegend ein ähnliches Gericht, das »Eierplatz« heißt.

Rezept

Große Schnitten von selbstgebackenen Stuten oder Weißbrot in Milch aufweichen und in eine Pfanne mit heißer Butter legen. Dann 4–5 mit Milch und Salz verquirlte Eier darübergießen, so daß ein runder Pfannkuchen entsteht, der nun von beiden Seiten hell gebacken wird.

Guggusbrot

Dieser Schweizer Osterfladen aus Fricktal bei Laufenburg hat einen schnabelförmigen Vogelkopf mit Augen aus Wacholderbeeren oder Rosinen.

Der Gugelhopf

Der Gugelhopf ist ein überall gebräuchlicher Napfkuchen, der in der glatten oder gerieften Kuchenform gebacken wird. In Vorarlberg nennt man ihn auch Ofenkatze, weil seine Form an eine auf dem Ofen zusammengerollte, schlafende Katze erinnert.

Rezept

Aus 500 g Mehl, 1–2 Eiern, 150 g Butter, 100 g Zucker, 20 g Hefe und $\frac{1}{8}$–$\frac{1}{4}$ l Milch einen Hefeteig herstellen. 75 g Rosinen und 1 EL Kirschwasser oder Weinbrand zufügen. Den Teig in eine gefettete, mit Kristallzucker ausgestreute Gugelhopfform füllen. Nachdem der Teig eine Weile gegangen ist, wird er bei guter Hitze etwa 60 Minuten gebacken.

Gugelhopf ohne Hefe und Backpulver

Rezept

13 ganze Eier und 5 Eigelb schlage man in einen recht trocknen, ziemlich großen Bunzlauer Topf, füge $\frac{3}{4}$ Pfund (375 g) geriebenen Zucker, auf welchen man die Schalen von $2\frac{1}{2}$ Zitronen abgerieben, und den Saft derselben hinzu, quirle alles gut durcheinander, stelle den Topf mit Inhalt in ein Gefäß mit kochendem Wasser und schlage die Masse mit dem Schneebesen 1 Stunde lang nach einer Seite. Es darf aber kein Tropfen Wasser in die Eier kommen, sonst mißrät das Gebäck. Nach $\frac{3}{4}$ Stunden lang ununterbrochenem Schlagen fügt man, ohne dasselbe zu unterbrechen, noch $12\frac{1}{2}$ Loth (208 g) Kartoffelmehl hinzu und schlägt die Masse noch $\frac{1}{4}$ Stunde lang. Dann bäckt man sie in einer schon vorher mit ungesalzener Butter ausgeschmierten und mit Semmel ausgestreuten Form $\frac{3}{4}$ Stunden lang.

Verschiedene Gugelhopfformen aus dem 17. und 18. Jhdt.

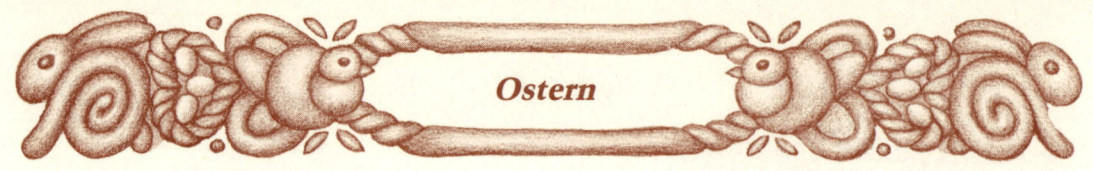

Rezept
Gogel-Hopffen.

Machet ein halb Seidlein weisse Bier-Heffen / und eben so viel Kern / oder gantze Milch / untereinander warm / rühret ein Diethäufflein Meel darein an / rühret ferner darein ein halb Pfund zerschlichenes Schmaltz / 8. gantze Eyer und 4. Dötterlein / Saltz / ausgekörnte kleingeschnittene Rosinen / Weinbeer / abgezogen-zerschnittene Mandeln / Zukker und Rosen-Wasser / schlaget den Taig wohl ab / biß er Blasen bekommt / lasset in einem darzu behörigen Beck / oder Model / ein gut Theil Schmaltz zergehen / thut den Taig darein / lasset ihn bey der Wärme gehen / hernach in einem Oefelein / bey anderthalb Stundenlang bachen. Weme das Süsse nicht beliebt / kan solches davon lassen.
Oder rühret ein Viertel Pfund frisch Schmaltz eine Stundlang ab / folgends 6. gantze Eyer / so zuvor im warmen Wasser gelegen / und 4. Dotterlein / eines nach dem andern / etwas Zucker / Rosen-Wasser / ein wenig Saltz / 3. Löffel voll weisse Bier-Heffen / 4. Löffel voll süssen Ram / und 10. biß 12. Löffel voll schönes Meel darein / schmieret das Beck / oder nur kleine Schärtlein / mit Butter / schüttet den Taig hinein / aber nicht voll / lassets bey der Wärme gehen / und bachets gantz gemach in einem Ofen / ohngefehr eine halbe Stunde-lang / dann streuet Zucker darauf.

Oder schlaget 8. Eyer in ein halb Pfund / zuvor wol abgerührtes Schmaltz / rühret ein halb Seidlein weisse Bier-Heffen / eben so viel dicken Milchram / und ein Diethäufflein Meel darein / saltzet ihn / lasset ein Viertel Pfund Schmaltz in dem Becken zergehen / und allenthalben herum lauffen / giesset den Taig hinein / lasset ihn in der Wärme gehen / dann bachet ihn in einem Oefelein schön hell.

Tiroler Lamplbrot

Das Tiroler Lampl- oder Lammbrot, das man auch in Bayern kennt, ist ein Blutbrot, das nach altem Volksglauben – dem besonders die Wildschützen anhängen – kugelfest und unverwundbar (gefroren) macht, wenn man es richtig zubereitet. Es wird aus dem Blut eines Lammes gebacken, das entweder genau während der Zeit des österlichen Hochamtes (oder der weihnachtlichen Christmette) geschlachtet wird. Auch das Mehl zu diesem Brot muß in eben dieser Zeit frisch gemahlen werden. Wenn man es schafft, das Lamplbrot innerhalb der Zeit, die diese Gottesdienste dauern, auch noch zu backen, dann erhält es unweigerlich die ihm zugeschriebenen zauberkräftigen Eigenschaften. In manchen Gegenden wurde dieses Blutbrot auch mit dem Blut eines frisch geschlachteten Hahnes gebacken.
Das folgende Rezept erhebt allerdings keinen Anspruch darauf, unverwundbar oder gar unsichtbar zu machen.

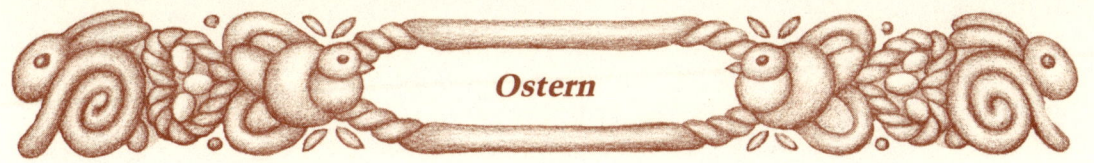

Blutkuchen

In Westfalen wird dieses Blutbrot hauptsächlich an Schlachtfesten gebacken. Man nennt es dort Möppchen oder Wöppchen.

Rezept

Aus 30 g in wenig lauwarmer Milch aufgelöster Hefe und etwas Mehl ein Dampfl anrühren. Mit Mehl bestäuben und reifen lassen, bis sich Sprünge an der Mehloberfläche zeigen. Etwa 500 g Mehl, 150 g würfelig geschnittener Filz, 3 in Milch eingeweichte, gut ausgedrückte Semmeln, 100 g Sultaninen, 100 g Zucker, 1 Schale Blut, etwa die gleiche Menge warme Milch mit dem Dampfl zu einem sehr weichen Hefeteig schlagen und salzen. Eine Auflaufform mit einem Schweinsnetz auslegen, den Hefeteig einfüllen, mit dem Netz zudecken und im heißen Rohr backen. Noch heiß essen.

Lüneburger Tellerbrot

Das Lüneburger Tellerbrot war ein fladenförmiges Brot aus Honigkuchenteig, dessen Rezept in Lüneburg nicht mehr bekannt ist. Im Lüneburger Museum soll es noch ein Model aus dem Jahr 1676 geben, auf dem mit einem Holzstempel als Zeichen des Jagdglückes die Bärentatze im Wappenbild aufgedrückt ist. Die Brote haben wahrscheinlich deshalb ihre flache Form, weil sie früher als Opferteller benutzt wurden. Sie wurden auch zu Weihnachten verschenkt.

Österliche Tanzkuchen

In manchen Gegenden – zum Beispiel bei Würzburg – wurden früher zu Ostern Tanzkuchen gebacken. Dieser Kuchen wurde meistens von den Mädchen mitgebracht, und man mußte tanzen oder um die Wette laufen, um ihn zu bekommen.
Meistens sind diesen Kuchen frische grüne Frühlingskräuter beigemischt, so daß er dadurch zum Heilbrot wird, das Vitalität vermittelt. Manchmal ist er auch mit weißen, gelben und roten Zuckerplätzchen musterartig bestreut.
Besonders populär ist der Tanzkuchen noch heute in England. Dort tanzt man nicht nur um den Tansy, den Rainfarnkuchen, sondern spielt auch Handball und Stuhlball, um ihn zu bekommen. Aber auch in Masuren kannte man einen Tanzkuchen unter dem Namen Mazurkakuchen. Dort wurde er zu Pfingsten gebacken. Selbst bei den alten Griechen war beim Dyonisosfestreigen schon ein Tanzkuchen bekannt.

Eiermond oder Eiermann

Hierbei handelt es sich um ein altes Ostergebäck aus Schleswig-Holstein oder Hamburg, das heute nicht mehr allgemein bekannt ist. Es war (oder ist) ein lockerteigiges, rundes, breitkringeliges Eierbrot aus Plunderteig, das ein Loch oder eine Vertiefung in der Mitte hatte, die mit frischen Früchten gefüllt wurde.

Johannistag, Sommersonnenwende

24. Juni

Die alten Germanen hatten ein ausgesprochen herzliches Verhältnis zur Sonne, die für sie zum Überleben so wichtig war. Um sie zu ehren und zu feiern, veranstalteten sie zur Zeit der Sommersonnenwende (ab dem 22. Juni = Sommeranfang), in der die Sonne am höchsten stand, riesige Feuerfeste. In der Hochzeit des Jahres feierten die Druiden die Vermählung des Himmels mit der Erde, und die jungen Paare sprangen Hand in Hand über das Feuer, das sie vor Unheil schützen sollte und von Krankheiten reinigte. Wie die Frühlingsfeuer sollten auch die Sonnwendfeuer die bösen Geister und Dämonen vertreiben, die in dieser Zeit unglaublich aktiv waren.

Wie bei vielen ursprünglich heidnischen Festen trat die Kirche auch in diesem Fall mit einem fertigen Plan vor die mehr oder weniger bekehrten Germanen. Sie legte in die Zeit des höchsten Sonnenstandes den Geburtstag des heiligen Johannes Baptist, auch unter dem Namen Johannes der Täufer bekannt. Doch der uralte Aberglaube, Zauber und Magie heidnischer Vergangenheit sind in diese Zeit eingefangen und leben auch heute noch in unzähligen alten Bräuchen weiter.

In der Mitsommernacht gehen die Dämonen um. Schätze steigen aus der Tiefe hervor und lassen sich mit dem Samen des Farns, der nur in dieser einzigen Nacht blüht, heben. Hexen halten ihre Gelage ab, bei denen sie weder Salz noch Brot essen dürfen, um ihre Hexenkraft nicht zu verlieren. Selbst die Kräuter, die in dieser Nacht wachsen, sollen besonders heil- und zauberkräftig sein.

Neben dem Feuer spielt an Johannis auch das Wasser eine große Rolle. Ein einziges Bad in der Johannisnacht nützt ebensoviel wie neun Bäder zu einer anderen Zeit. Um die zerstörende Kraft des Wassers zu besänftigen, brachte man ihm an vielen Orten Opfer: Brot, schwarze Hühner und – statt der früher sicher üblichen Menschenopfer – Kinderkleider.

Kuchen und Gebäcke des Sonnwendtages sind fast identisch mit denen des Gründonnerstages. Es gibt Brennessel-Pfannkuchen,

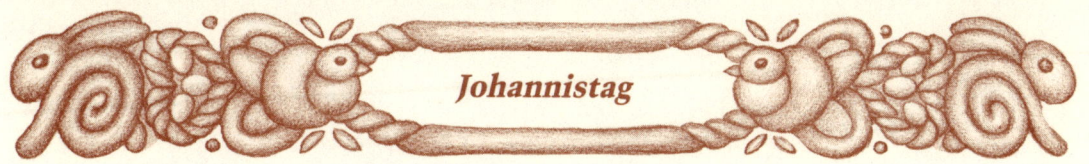

weil die Brennessel ein uraltes Mittel gegen Nixen- und Elfenzauber ist. In vielen Gegenden mengte man den Kücheln neun verschiedene Kräuter bei. Oder man aß neun verschiedenartige Krapfen: Hefekrapfen, Holunderkrapfen, Brennesselkrapfen, Kleekrapfen, Semmelkrapfen, Butterkrapfen, Schneeballen, Hasenöhrl, Strauben.

Sonnwendfeuer- und Johannislieder

Altbairisches Sonnwendfeuerlied:

> *Heiliga St. Veit,*
> *Schick uns a Scheit,*
> *Heiliga Sankt Wendl,*
> *Schick uns a Bengl,*
> *Heiliga Sankt Florio,*
> *Keint (zünd) uns des Fuiar o!*

Johannislied aus Fulda:

> *Da kommen wir hergegangen*
> *Mit Spießen und mit Stangen*
> *Und wollen die Eier langen.*
> *Feuerrote Blümelein,*
> *An der Erde springt der Wein.*
> *Gebt ihr uns der Eier ein*
> *Zum Johannisfeuer.*
> *Haberje, haberju! Fri fre frid!*
> *Gebt uns doch ein Schiet (Scheit)!*

Sonnwendfeuerlied aus Ansbach:
Eine Woche vor dem Johannistag zogen die Jungen mit einem geschmückten Baum durch die Straßen und sammelten Holz für das Johannisfeuer. Dabei sangen sie:

> *Da kommen drei Herren gegangen,*
> *Mit Spießen und mit Stangen!*
> *Florian! Florian! Florian!*
> *Zünd' dem Madel den Rocken an,*
> *Daß sie nimmer spinnen kann!*
> *Ist ein guter Herr im Haus,*
> *Langt ein Scheitle Holz heraus.*
> *Ei, du lieber Sixt,*
> *Gib uns fein ein dick's!*
> *Ei, du lieber Hanns,*
> *Gib uns fein ein lang's!*
> *Ei, du lieber Thuma (Thomas),*
> *Laß ein Scheitlein kumma.*
> *Wir hören drei Schlüsselein klingen*
> *Und uns ein Scheitlein bringen.*
> *Tür und Tor ist aufgegangen,*
> *Ein Scheitlein Holz raus,*
> *Oder wir schlagen ein Loch ins Haus!*

Bekamen die Jungen ihr Scheitlein, so dankten sie auf folgende Weise:

> *Wir danken für die Gabe,*
> *Die wir empfangen haben.*
> *Wenn wir übers Jahr wieder 'rumsingen,*
> *Wollen wir der Frau einen Pelz mitbringen.*

Brauchtumsgebäcke

Holunderküchlein

Der Holunderbaum, der im Juni blüht, ist nach altem Volksglauben heilig und unverletzlich. Er ist der Sitz guter Dämonen, die das Haus beschützen. Er heilt alle Krankheiten, und viele Krankheiten können auf ihn übertragen werden. Ganz besondere Wirkung hat der Holunder am Johannistag. Wer an diesem Tag um zwölf Uhr mittags unter der Feueresse (Sitz der Hausgeister) eine in Butter gebratene Holunderdolde ißt, bekommt das ganze folgende Jahr kein Fieber. Ebenso wird, wer am Johannistag gebackene Hollerküchlein ißt, das ganze Jahr nicht krank. Außerdem erhält er die Kraft, am höchsten über das Johannisfeuer zu springen.

Rezept

Dolden von blühendem Holunder leicht ausschütteln, damit die Käfer herausfallen. Einen feinen Ausbackteig wie einen Pfannkuchenteig anrühren, aber statt Milch Weißwein dazugeben. In diesen Teig die Holunderdolden eintauchen und sie dann in siedendem Schmalz goldbraun ausbacken. Mit Zimt und Zucker bestreuen und heiß essen.

Neunhäuptling oder Neunhäutelkrapfen aus Österreich

Die Krapfen sind so fett und mächtig, daß man sagt, selbst ein starker Esser könne nur einen einzigen bewältigen.

Rezept

Einen Krapfenteig zubereiten und jeden Krapfen mit einer getrockneten Feige füllen. Diesen Krapfen nun neunmal in einen Eierkuchenteig tauchen und ebensooft in Schmalz herausbacken.

Neunkräuterküchlein von Reichenhall

Die Neun ist neben der Sieben eine heilige Zahl, die große Zauberkraft besitzt.
Neunerlei Kräuter, besonders wenn sie an Johannis gesammelt werden, gelten als unfehlbarer Schutz gegen Hexen und Zauberei, gegen Blitzschlag und den bösen Blick.

Rezept

Brennessel, Gundermann, Holunder, Kukkucksklee, Raute, Sauerampfer, Beinwellblätter, Weinblätter und Löwenzahnblätter in Eierkuchenteig tunken und in heißem Fett ausbacken.
Im Salzburgischen heißen die herausgebakkenen Beinwellblätter »Grasschnitten«.

Erntefeste

Von Johanni bis Ägidii
24. Juni bis 1. September

Hopfenernte, Getreideernte, Obsternte, Weinernte, Tabakernte, Kartoffelernte: Die Bauern hatten immer einen Grund, ein Erntefest zu feiern. Da es eine Unmenge von Erntedämonen gab, die besänftigt und versöhnt werden mußten, weil man ihnen mit der Ernte die Nahrung wegnahm, waren auch überall andere Erntebräuche üblich.

Bei der Getreideernte spielte zum Beispiel die letzte Garbe eine besonders bedeutungsvolle Rolle. In ihr hatte sich nämlich nach dem Glauben der Landleute der Korngeist bei seiner Flucht vor den Sensen der Schnitter versteckt. Sein Name war überall anders: Habergeiss, Roggenhund, Kornhahn, Kornsau, Roggenbock, Herbsthahn, Erntehenne, Kornwolf, Bullkater, Kornkatze usw. Wer aber diese letzte Garbe mit auf den Hof nahm, hatte den Korndämon und damit die Fruchtbarkeit in seine Gewalt gebracht.

Das Wichtigste am Erntefest war natürlich der gewaltige Ernteschmaus, dessen Abschluß wie bei allen bäuerlichen Festen Berge von Kuchen und Gebäck bildeten: Zwetschgenbavesen, Hasenöhrl, Schneeballen, Springnudeln, Strauben, Topfenküchel, Storchennester, Nonnenfürzchen, Krapfen aller Art, Weizenstuten, Butterkuchen, Mohnstriezel und andere mehr.

Bei der Getreideernte, um 1880

Erntefeste

Erntesprüche

Ich wünsch Ihnen ein fröhliches, langes
Leben,
Bis der Has' den Hund jagt,
Und der Fisch im Wald lebt!
Dieser Kranz hält fest
Wie der Baum seine Äst',
Wie die Sonne ihren Schein.
Dies alles möchte dem Herrn gefällig sein!

Ich bring dem Herrn einen Kranz von Korn,
Er ist gewachsen unter Distel und Dorn,
Er hat ausgestanden Schnee, Hagel, Blitz
und Regen.
All' die Menschen wünschen viel Glück
und Segen,
Auf's Jahr viel zu vermehren.
So viel Ährchen,
So viel Pärchen,
So viel Hockchen,
So viel Schockchen,
So viel Körner,
So viel Scheffel,
So viel Lastchen –
Und alle, die davon essen,
Werden den Herrn und den lieben Gott
nicht vergessen!

Ich bringe Ihnen Brot für Sie und Ihr Gesinde,
Daß sie auch mögen viel Freud' an ihnen
finden!
Ich bringe Ihnen Futter für Ihr Vieh und
Pferde,
Gott gebe, daß es gesund und besser werde!
Ich wünsche Ihnen so viel Körner, so viel
Scheffel,
Der liebe Gott gebe, daß es auf's Jahr viel
besser wächst!

Brauchtumsgebäcke

Drahte Nudeln

Rezept
Nach Erna Horn

Aus 20 g Hefe mit etwas lauwarmer Milch und ganz wenig Zucker ein Dampferl machen. Dieses Dampferl nach dem Gehen an 500 g erwärmtes Mehl geben und 1 Ei, 25 g weiche Butter, 100 g Zucker, Salz und noch ein wenig Milch hinzufügen. Den halbfesten Teig schlagen, bis er Blasen wirft und sich von der Schüssel löst. Aus dem Teig kleine Nudeln formen, die man auf einem bemehlten Brett zugedeckt gehen läßt. In die Mitte dieser Nudeln steckt man nun den Zeigefinger und schleudert sie so um den Finger herum, daß ein Ring entsteht. Dann dreht man sie noch um sich selber, so daß sie als Achter daliegen. Die Nudeln dann in heißem Fett goldbraun backen und mit Zucker überstreuen.

Bayrische Springnudeln

Rezept
Nach Erna Horn

Den gleichen Teig herstellen, wie bei den »Drahten Nudeln«, zusätzlich noch mit etwas geriebener Zitronenschale würzen und eine Handvoll Rosinen dazugeben. Mit einem Löffel Nudeln vom Teig abstechen, die mit bemehlter Hand rund gedreht werden und auf einem bemehlten Brett zugedeckt schön gehen müssen, bis sie fast doppelt so groß sind. Die Nudeln nun kreuzweise tief einschneiden und sofort ins heiße Fett geben, wo die vier Zipfel aufspringen. Zum Schluß Zucker und Zimt oder nur Zucker darüberstreuen oder in die Mitte einen Klecks Marmelade setzen.

Mohnstollen oder Mohnstriezel

Rezept

Aus 1000 g feinem, erwärmtem Mehl, 250–300 g frischer, ausgewaschener Butter, 70 g Hefe, 125 g Zucker, $^1/_4$–$^3/_8$ l lauwarmer Milch, 1 reichlichen TL Salz, 90 g süßen und 16 g bitteren gestoßenen Mandeln einen geschmeidigen Hefeteig bereiten, den man nach dem Aufgehen des Hefestücks und gehörigem Abschlagen nochmals 1 Stunde gehen läßt, tüchtig durchwirkt, zu einem daumendicken, länglich-runden Kuchen aufrollt und wieder eine Viertelstunde an den Ofen stellt.
Für die Mohnfülle 750 g schwarzen, großkörnigen Mohn 12 Stunden wässern, brühen und trocknen und im Reibnapf mit ein wenig nach und nach zugegossenem Rahm zerreiben. Mit 200 g Zucker, einigen Löffeln Rosenwasser, 1 EL Zimt, 125 g süßen und 20 g bitteren gestoßenen Mandeln und 1 Prise Salz vermischen. Die Fülle auf dem Kuchenteig auftragen, wobei ein zwei Finger breiter Rand frei bleiben muß, damit die Fülle nicht herausläuft. Dann rollt man den Kuchen von dem schmalen Ende aus zusammen, läßt ihn noch ein wenig aufgehen, bestreicht ihn mit Butter und backt ihn in einem mäßig heißen Backofen.

Zwetschgen in drei Häuten

Rezept

Für dieses österreichische Erntegebäck taucht man gedörrte, vorgeweichte bzw. halbweich gekochte Zwetschgen (immer zwei zusammen) in einen Backteig und backt sie in heißem Schmalz aus. Anschließend verdünnt man den Backteig etwas und taucht die bereits einmal gebackenen Zwetschgen wieder hinein und backt sie zum zweiten Mal. Das Ganze wird mit einem nochmals mit etwas Milch verdünnten Backteig wiederholt.

Ernte-Schnapsbrot

Noch bis gegen Mitte des vorigen Jahrhunderts schickte man im Sauerland bei der Kartoffelernte den Arbeitern das Schnapsbrot aufs Feld. Es waren mit Schnaps getränkte Brotschnitten. Zum Mißvergnügen der Ernteleute fiel der hochprozentige Imbiß ab 1856 fort, als bei der ersten Volksmission ein Diözesan-Missionar namens Hillebrand dem Branntwein den Kampf ansagte.

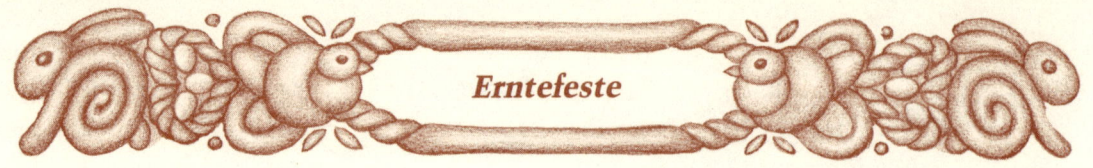
Fedtlkrapfen

Zum Weideschluß, zur Ernte und zum Herbstanfang gab es in der Steiermark als festliches Erntegebäck die Fedtlkrapfen, wobei »fedtln« heißt, daß man mit seinem ganzen Hab und Gut umzieht.

Rezepte

Einen Hefeteigfleck auswalken und auf die eine Hälfte kleine, quadratisch geschnittene Lebzeltstückchen, auf die andere Hälfte kleine Rosinenhäufchen legen. Das ganze mit einem zweiten Teigblatt zudecken und zwischen den einzelnen Füllhäufchen den Teig mit den Fingern eindrücken und auseinanderschneiden. Die eckigen oder runden Fedtlkrapfen in Butterschmalz ausbacken.

Ein ähnliches Rezept ist in Herrn von Hohbergs »Des Adelichen Land- und Feld-Lebens« unter anderem Namen zu finden:

Nonnen-Kräpfflein.

Rühret geriebene Leb-Kuchen / gehackte Mandeln / Zimmet und Pfeffer untereinander / feuchtets mit warmen Hönig an / machet einen Taig vom Mehl / Zucker / Rosen-Wasser / und Eyer-weiß / wälchert solchen dünn / leget von dem angemachten darauf / formirts wie einen halben Mond / und bachets in einem Oefelein. Oder füllet in Wein ein wenig weichgesottene / dann gehackt / mit Zucker und Zimmet vermischte Zwetschcken darein.

Mehlbüddel oder Großer Hans

Diesen Mehlkloß, der in Kochbüchern unter der Bezeichnung »Dithmarscher Mehlbeutel« zu finden ist, kochte man früher in Schleswig-Holstein – meistens zu Gelegenheiten, bei denen viele hungrige Personen satt werden sollten, wie zum Beispiel bei der Ernte, zu Hochzeiten, Kindstaufen und ähnlichen Familienfesten.

Weißer Mehlbeutel oder Serviettenkloß

Rezept

Für 6 Personen das Gelbe von 5 Eiern mit so viel Weizenmehl verrühren, daß man einen zähflüssigen Teig erhält. Diesen mit 1 Prise

Salz, etwas Kardamom und Butter abschmecken und zu Schaum geschlagenes Eiweiß unterziehen. Ein kalt ausgespültes Tuch (Serviette, Windel, Nesseltuch) in eine Schüssel legen, den dickflüssigen Teig hineingießen und das Tuch an den vier Enden so zusammenbinden, daß der Kloß noch Platz hat aufzugehen. Den Mehlbeutel in schwach gesalzenem, leicht kochendem Wasser etwa 2 Stunden kochen, wobei das Tuch den Topfboden nicht berühren darf.
Zu dem fertigen Kloß gibt es Kirsch-, Apfel- oder Stachelbeersoße.

Mehlbeutel mit Rosinen
Meelpöös mä Sinken

Rezept

Aus 500 g Mehl, 3 Eiern, ¼ l warmer Milch, 15 g Hefe, 1 EL Butter, 2 EL Zucker, 125 g Rosinen, etwas Salz einen Hefeteig bereiten, den man ordentlich durchknetet und an einem warmen Ort gehen läßt. Danach knetet man ihn kräftig und läßt ihn wieder gehen. Nun bindet man ihn in ein mit Butter ausgestrichenes und mit Mehl bestäubtes Kloßtuch, in dem Platz genug sein muß, daß er weiter aufgehen kann. Nachdem er noch eine Zeitlang warm gelegen hat, kocht man ihn in leicht gesalzenem Wasser 2 Stunden lang. Damit der Kloß nicht ansetzt, soll man unten in den Topf einen alten Teller umgekehrt hineinlegen.
Dazu gibt es Sirup oder gekochtes Obst.

Sack-Küchlein

Rezept
Aus Herrn von Hohbergs
»Des Adelichen Land- und Feld-Lebens«

Machet von schönem Meel / so viel Eyer / so viel guten Kern oder süssen Ram / und ein wenig Brandtwein einen Taig / in der Dicken wie ein Strauben-Taig / saltzet und schüttet ihn in ein von Leinwadt gemachtes Säcklein / hanget solches in ein siedendes Wasser / lassets bey einer Viertel Stunde / oder so lang sieden / biß der Taig dick wird / dann schneidet / wann er aus dem Säcklein genommen / vierekkichte Stücklein daraus / machet hin- und her Schnittlein darein / leget das geschnittene Theil untenwärts / in nicht allzu heisses Schmaltz / und bachets langsam ab / behaltet aber den Taig / biß er nach und nach gebachen / immerzu in einem warmen Wasser. Wer will / kan auch Weinbeer / oder Corinthen / in diesen Taig rühren.

Weggen

Sie wurden in Westfalen zu Hochzeiten, Kindstaufen und zum Ernteschmaus gebacken.

Rezept

Mäßig festen Kuchenteig in einem Stück auf ein Backblech legen und die Oberfläche durch Einschnitte oder Belegen mit Figuren aus dem gleichen Teig verzieren.

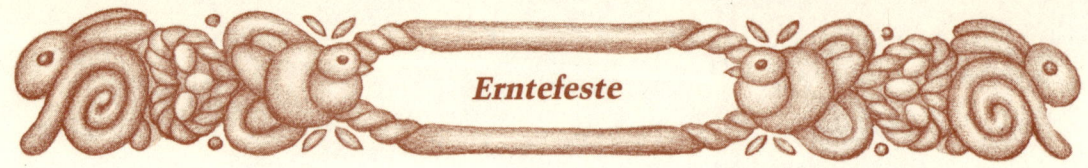

Pottstuten oder Topfpudding

Der Pottstuten ist eine westfälische Variante des Mehlbeutels.

Rezept

Etwa 2000 g Weizenmehl mit 3–4 Eiern, einer genügenden Portion Hefe (ca. 60 g) und lauwarmer Milch zu einem Teig vermengen. Dann die Masse in einen eisernen Kochtopf füllen, der mit Butter oder Schmalz ausgestrichen wurde, und aufs Feuer setzen. Damit der Pudding nicht so schnell gar und die untere Kruste nicht zu braun wurde, legte man früher auf den gutschließenden Deckel glühende Kohlen, so daß der Pudding gleichsam zwischen zwei Feuern stand.
Das fertige Gebäck ißt man warm mit einer Soße aus Milch und Zucker.

Aabenkater

In Schleswig-Holstein gehörte auch der »Aabenkater« oder der »Dicke Pfannkuchen« zu den Festessen in der Erntezeit.

Rezept

Ein Teig aus Mehl, Milch, Eiern und Salz wurde in eine mit Speckscheiben ausgelegte Schüssel gefüllt, mit Speckscheiben belegt und im Ofen (Aaben) gebacken. Mengte man geschälte und geschnittene Birnen hinein, so hieß das Gebäck »Birnen im Teig«.

Fehmarnsche Erntekröpel

Um das Jahr 1600 herum gab es nichts Besseres als den Fehmarnschen Weizen, und er wurde teuer bezahlt. Zur Erntezeit kamen deshalb viele Arbeiter vom Festland auf die Insel, die alle verpflegt werden mußten. Während des dreitägigen Weizenmähens war es üblich, daß sie an jedem Nachmittag Erntekröpel zur Stärkung bekamen. Am ersten Tag erhielt jede Person 6 Stück, am zweiten Tag 4 Stück und am dritten Tag nur noch 2 Kröpel. Da dieses Schmalzgebäck Korinthen enthielt, nannte man die Kröpel auch Korinthennudeln. Sie wurden später auch auf anderen Inseln, zum Beispiel auf Föhr, und auf dem Festland gebacken.

Rezept

$1/4$ l Milch, 250 g geschmolzene Butter, 125 g Korinthen, 4 EL Hefe, 2 Eier, 8 Eigelb, feines Mehl, Salz, Zucker und Kardamom werden zu einem steifen Teig gerührt. Nachdem er aufgegangen ist, formt man längliche Figuren daraus und backt sie in Schmalz aus.

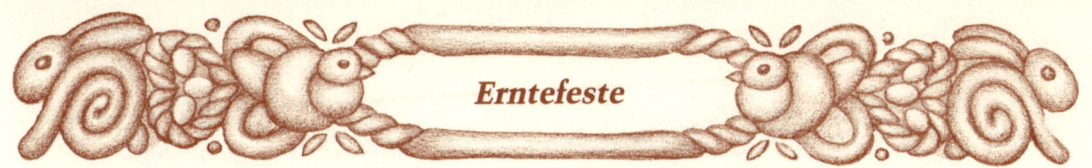

Westfälische Puffert

Bei Bentheim in Niedersachsen, nahe der holländischen Grenze, gab es in der sogenannten »Niedergrafschaft« abends nach der Kartoffelernte und zu Weihnachten einen etwa 1 cm dicken Pfannkuchen, den man Puffert nannte.

Rezept für 2 Stück
Nach Hanni Lefers, Neuenhaus

¹/₂ l Milch, 150 g Weizenmehl (früher nahm man Grütze oder Buchweizen), 1 TL Trockenhefe, 1 Prise Salz verrühren und etwa 1 Stunde stehen lassen. ¹/₈ l halb Milch, halb Wasser mit ordentlich Zucker aufkochen und als »süßes Natt« darübergießen. Man kann auch mit Wasser verdünnten Sirup nehmen.

Aniskringel oder Harte Kringel

Der Aniskringel ist eine sehr alte Opferspeise, die in Norddeutschland bei Gildegelagen, Erntefesten, beim Ringreiten und Frühlingsfesten ins süße Bier – oder noch früher in Met – eingebrockt wurde. Auch an ihrem Hochzeitstag teilte die Braut dieses Gebäck an bevorzugte Gäste aus. Wenn sie aus der Kirche kam, setzte sie sich vor »dat Hörnschapp« (Eckschrank). Jede Frau, die ihr ein Geschenk machte, bekam dafür aus einer zinnernen Schale einen Löffel voll süßes Bier mit eingebrockten Kringeln.

Rezept

375 g Mehl, ¹/₈ l Rahm, 1 EL Zucker, 2 Eier, 1 TL Zimt, etwas Salz zu einem Teig verkneten. Über Nacht an einem kühlen Platz ruhen lassen. Morgens nochmals durchkenten, danach ausrollen, dünne Streifen schneiden, daraus Kringel formen, die in Wasser aufgekocht werden, bis sie nach etwa 3 Minuten an die Oberfläche kommen. Anschließend kurz in kaltes Wasser tauchen. Die Kringel mit Anis bestreuen und dann auf gefettetem Blech bei milder Hitze backen. Die Kringel werden vor dem Backen manchmal auch mit Kümmel- oder Fenchelkörnern bestreut.

Der Duwaksweck

Auch der Duwaksweck ist ein Brauchtumsgebäck während der Erntezeit, hier während der Tabaksernte. Er ist ein mit Salz und Kümmel bestreutes Brötchen, das in Erlenbach bei Kandel vom Bäcker jeweils zur Tabaksverwiegung und -verladung gebacken wurde. Man verkaufte es vor der Verwiegehalle vor allem an die Schulkinder des Ortes, bzw. die Tabakpflanzer brachten diese Brötchen ihren Kindern mit.
Der Brauch wurde noch bis vor etwa 15 Jahren gepflegt. Da der Tabakanbau aber mit der Zeit immer mehr zurückging und die Landwirte sich größtenteils auf den Gemüseanbau umstellten, wurde dieser Brauch und damit auch die Herstellung des Duwakswecks vergessen.

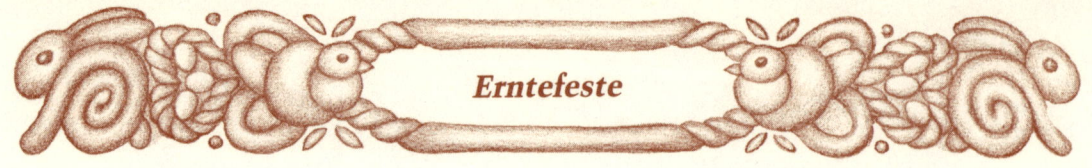

Fladden aus der Eifel

Die Fladden oder Fläden sind ein Kuchenge-
bäck, das an Festtagen und zur Ernte für die
Drescher gebacken wurde. Sie waren kreis-
rund mit einem erhöhten Rand. Die Innen-
fläche wurde mit Birnobstbrei bestrichen.

<u>Rezept für den Brei</u>

Im Ofen getrocknete Birnen aufkochen und
durch ein Sieb schlagen. Den Brei, der eine
kaffeebraune Farbe hat, mit Zucker und
Zimt mischen und bis zum Rand auf den
Fladden auftragen.

Kirchweih

Kirmes, Kirbe, Kirta, Kerwe, Kilbe, Kerb, Chilbi
Von Jakobi bis Martini
25. Juli bis 11. November

Wann's Kirmes is, wann's Kirmes is,
Dann schlacht't mein Vater 'n Bock.
Dann tanz mei Mutter rundenerum,
Dann flattchert er der Rock.

Kaum jemand weiß, daß die Kirchweihtage auf ganz reale Anlässe zurückgehen. Seit Konstantin dem Großen (280–337) war es üblich, die Einweihung neuerbauter Kirchen mit einem Fest zu feiern. Die Gemeinden, die sich eine Kirche leisten konnten, hatten solchen Spaß an dieser Einweihung, daß sie diesen Tag jährlich mit einem ebenso feuchtfröhlichen Gedenkfest wiederholten. So hatten jedes Dorf und jede Stadt ihren Spezial-Kirchweihtag, und wer es darauf anlegte, konnte das ganze Jahr hindurch von Kirchweih zu Kirchweih wandern und mitfeiern. Der Kirche war diese ununterbrochene Folge von Festen mit den damit verbundenen Ausschweifungen natürlich gar nicht recht. Deshalb versuchte man schon im Mittelalter, die Termine dieser Gedenkfeiern möglichst eng zusammenzulegen. So erreichte man mit der Zeit, daß die meisten Kirchweihfeste nach der Ernte stattfinden.

Die Kirchweih war früher ein Dorf- und Familienfest, das drei Tage (von Montag bis Mittwoch) dauerte und bei dem kräftig gegessen und getrunken wurde. Aus dem erntefrischen Mehl wurden nicht nur spezielle Kirchweihkuchen, sondern auch alle anderen – im Laufe des Jahres gebräuchlichen – Gebäcke gebacken.

Jede Bäuerin setzte ihren Ehrgeiz hinein, daß die zu diesem Fest angereiste Verwandtschaft, aber auch der Pfarrer, der Lehrer, die Erntearbeiter, Paten, Hirten und alle Bettler und sonstigen Schnorrer genügend Kuchen bekamen. Selbst an die armen Seelen wurde gedacht. Für sie wurde beim Küchelbacken der erste Löffel Schmalz bzw. das erste oder letzte Küchel ins Feuer geworfen.

Als feierliches Erdopfer wurde am Schluß des Kirchweihfestes an vielen Orten die »Kirwe vergraben«. Mitten im Dorf machte man ein Loch, in das man Wein, Kuchen, bunte Bänder und Lappen vergrub. Zum Zeichen der Trauer über das Ende der fröhlichen Feste weinten und wehklagten alle Dorfbewohner, was das Zeug hielt.

Lieder zur Kirchweih

Schlumperliedchen zur Kirwe:

> *Do drum aufn Bergla*
> *Do schtieht a rut's Haus,*
> *Do schaua drei Madla*
> *Zan Fensterla raus.*
> *Die aa, die is bucklet,*
> *Di anna is krumm,*
> *Die dritt, di is schieglat*
> *Und krigt an klan Bum.*

Kerwe-Lied:

> *Heint is Kerwe,*
> *Morng is Kerwe,*
> *Iebamorng is Wochatog.*
> *Tanzt da Hans mit seina Bärbl*
> *Drum na eban Taubnschlog.*

Brauchtumsgebäcke

Fränkischer Kirchweihplatz

Der Kirchweihplatz ist ein flach ausgerollter Fladen aus Hefe- oder Roggenteig, der etwa die Größe eines derben Bauernschuhs hat. Der Belag ist überall verschieden: Zwiebeln, Speck, Käse, saurer Rahm oder alles zusammen. Am besten schmeckt der Platz frisch aus dem Ofen. Man muß unbedingt so viele davon backen, daß man ohne Schwierigkeiten alle Gäste damit versorgen kann.

Schwäbischer Kirchweihknopf

Rezept

600 g Mehl und 300 g Semmelmehl in eine Schüssel geben. Ein Dämpfle aus etwas warmer Milch mit 40 g Hefe und etwas Zucker bereiten und es in die Mitte des Mehls geben. Nachdem das Dämpfle ½ Stunde gegangen ist, 4 Eier, 300 g Butter oder Schweinefett, Zucker nach Belieben, 500 g Sultaninen, 125 g Zitronat und Orangeat, geriebene Zitronenschale, Milch und 1 Prise Salz dazugeben. Das Ganze zu einem kräftigen Teig verkneten und ¼ Stunde schlagen. Den Teig 2 Stunden warm stellen und gehen lassen. Ihn dann in eine gebutterte, mit Semmelbröseln ausgetreute Form geben, noch etwas gehen lassen und dann bei mäßiger bis mittlerer Hitze 1½ Stunden backen. Der Knopf wird gestürzt, nicht weiter gezuckert und kalt gegessen.

Bayrische Kirchweihnudeln

Rezept

750 g erwärmtes feines Mehl in eine Schüssel sieben, 70 g Hefe in ¼ l lauwarmer Milch auflösen und in eine Vertiefung schütten, die man ins Mehl gedrückt hat. Das Hefestück aufgehen lassen und ¼ l süßen und ¼ l sauren Rahm, 2 EL Zucker, 200 g zerlassene Butter, 1 TL Salz, 3 ganze Eier und 2 Eigelb daruntermischen. Den Teig so lange schlagen, bis er Blasen wirft. 180 g Sultaninen

oder Korinthen daruntermengen und zugedeckt wieder 1 Stunde gehen lassen. Mit einem Löffel eigroße Stücke abstechen, sie länglich oder rund formen, aufgehen lassen und in jedes Stück mit einem in heiße Butter getauchten Messer einige kleine Einschnitte machen, die beim Backen aufspringen. Die Nudeln in heißem Schmalz ausbakken und mit Zucker und Zimt bestreuen. Oder man läßt in einem flachen, mit festschließendem Deckel versehenen Topf 1 kg geklärte Butter heiß werden, gießt ¼ l Wasser zu, läßt dies mit der Butter zum Kochen kommen, legt immer nur eine kleine Anzahl der aufgegangenen Nudeln zugleich hinein, deckt sie zu und kocht sie darin durch, bis sie auf beiden Seiten goldbraun sind. Man bestreut sie ebenfalls mit Zucker und Zimt und ißt sie warm.

Fränkischer Zwiebelkuchen

Rezept

Einen halbweichen, einfachen Hefeteig auf ein großes, gefettetes Backblech legen. 500 g aufgeschnittene Zwiebeln mit 2–3 EL Schweinefett und 200 g Speckwürfeln glasig schmoren, den Topf vom Feuer ziehen und 60 g Mehl, 2–3 Eier und ¼ l dicken sauren Rahm dazugeben. Diese Masse auf den Hefeteig streichen, der zweckmäßigerweise einen Rand haben sollte, damit nichts abläuft. Den Zwiebelkuchen im Backofen goldbraun backen und erst anschneiden, nachdem er ausgekühlt ist.

In Franken waren die Steinbacköfen sehr verbreitet. Es war Sitte, daß vor dem Brotbacken ein Zwiebelkuchen gebacken wurde.

In Franken haben die alten Steinbacköfen noch längst nicht ausgedient.

Rheinischer Kirmesplatz

Rezept

Aus 1000 g Mehl, 60 g Butter, 40 g Zucker, 1 Paket Hefe, ½ l Milch, je 1 Tasse Rosinen und Korinthen, etwas Muskatblüte und Salz einen normalen Hefeteig arbeiten, unter den zum Schluß die Rosinen und Korinthen geknetet werden. Er wird, zu einer Kugel gerollt, auf ein Backblech gelegt und muß dort noch einmal gehen. Oder man gibt ihn in eine längliche, gut eingefettete Kastenform, schneidet ihn oben der Länge nach ein und läßt ihn ebenfalls gehen. Vor dem Backen die Oberfläche mit Milch einpinseln. Bei guter Hitze backen.

Kirmesfladen aus dem Jülicher Land

Rezept

Aus einem guten Weißbrotteig oder einem Tortenteig, der erst gut aufgegangen und dann einen halben Finger dick ausgerollt ist, formt man etwa tellergroße, runde Böden, die mit Mus oder Kräutchen aus getrockneten Äpfeln, Birnen, Pflaumen usw. bestrichen und, nach nochmaligem Aufgehen, leicht braun gebacken werden. Dann werden die Fladen mit Zimt und Zucker bestreut. Für das Fladenkräutchen: Getrocknete Äpfel oder halb Äpfel, halb Birnen wäscht man gut und gibt sie einen Tag vor Gebrauch zum Weichen ins Wasser. Dann setzt man sie mit dem Weichwasser aufs Feuer und läßt sie unter Beigießen von kochendem Wasser weich kochen, passiert sie und fügt so viel Zucker wie nötig, außerdem Zimt und Anissamen zu. Bevor man das Kräutchen aufstreicht, sollte es einige Stunden stehen.

Ausgezogne Küchle zur Kirbe oder Fensterküchlein

In Österreich nennt man diese Küchle »Auszogne Krapfen«. Sie werden dort – und auch anderswo – nicht nur zur Kirchweih gebakken, sondern auch an Weihnachten, Fasching, Ostern, am Johannistag und zur Ernte. Beim Streumähen wurde in einen der Krapfen ein Blümchen eingebacken. Wer es erwischte, hatte besonderes Glück zu erwarten.

Hausrezept
Von E. Horlacher, Landfrauen Fronreute

Aus 500 g Mehl, knapp ¼ l Milch, 2 Eiern, Salz, 5 g Hefe, 1 EL Zucker, 40 g Butter einen weichen Hefeteig herstellen, sehr gut abschlagen, kleine Rohrnudeln formen, gehen lassen. Teigstücke mit gefetteten Fingern von der Mitte her ausziehen. Den Teigrand durch die Finger gleiten lassen, so daß innen ein dünnes Fenster entsteht. Ins heiße Fett geben, 1–2mal Fett aufgießen, wenn sie goldbraun sind, vorsichtig wenden, damit kein Fett in die Mitte des Küchle kommt. Fertig backen. Die Küchle müssen innen weiß bleiben. Mit Zucker bepudern.

Apfelkuchen

Rezept
Aus dem »Hamburgischen Kochbuch«
aus dem Jahre 1809

Man rührt von acht Eiern das Gelbe zu einem Viertelpfund zu Salbe gerührter Butter, dann ein halb Pfund Mehl dazu nebst etwas Salz und gestoßenem Cardemum, dann so viel verschlagene Milch dazu, daß es einem Pfannkuchenteig ähnlich wird. Das Weiße von den Eiern wird zu Schaum geschlagen, dazu ein paar Löffel von Weißbiergest oder Hefen und abgeschälte, ganz dünne Scheiben Äpfel. Wer will, kann auch Rosinen oder Korinthen daruntermengen. Alles zusammenmischen. Dann läßt man den Topf zugedeckt eine Stunde beim Feuer gehen. Dann schmelzt man halb Schweineschmalz, halb Butter und gibt in solche Äpfelkuchen-Pfanne in ein jedes Loch etwas davon, dann, ohne den Teig viel zu rühren, in jedes Loch einen kleinen hölzernen Löffel voll Teig. Wenn sie dann im Backen sind, wendet man sie um, sie gehen sehr hoch auf.

Salbeikuchen oder Salbei-Mäuserl

In ganz Deutschland sind die Salbeiküchlein nicht von ungefähr ein klassisches Gebäck für die Kirchweihtage. Ein Aufguß von Salbei soll selbst vor dem stärksten Rausch schützen. Schon 1701 stand folgendes Rezept zu lesen:

Rezept
Aus Herrn von Hohbergs
»Des Adelichen Land- und Feld-Lebens«

Salbey zu bachen.

Nimm ein schön Meel / saltz ein wenig / laß ein frisch Schmaltz recht heiß werden / gieß einen Löffel voll nach dem andern an das Meel / daß es damit angefeuchtet oder angebrandt werde / dann schlage Eyer daran / daß der Taig seine rechte Dicken bekommt / ziehe schöne breite Salbey-Blätter / so keine Löcher haben / durch / legts sie also in heiß Schmaltz / daß die Adern oben kommen / und bachts schön licht.

Oder rühre ein Meel mit frischem Wasser an / hernach rühre Eyerweis darunter / saltz und klopffe den Taig aber nicht / tuncke die Salbey-Blätter darein / und bachs.

Einige rösten ein schön Meel gantz trokken in Schmaltz / schlagen ein paar gantze / zuvor in warmen Wasser gelegene Eyer / das Ubrige aber nur Eyerweis daran / rühren ein wenig heissen Wein dazu / ziehen die Salbey durch / und bachens.

Oder mache einen Taig mit frischem Wasser an / rühr ihn eine halbe Stunde / thue einen Löffel weis Bier-Heffen / sammt 3. oder 4. Eyer daran / saltze und mache den Taig nicht zu dün / daß man den Salbey darein tuncken könne. Man kan ihn auch durch den Holder-Küchlen-Taig ziehen.

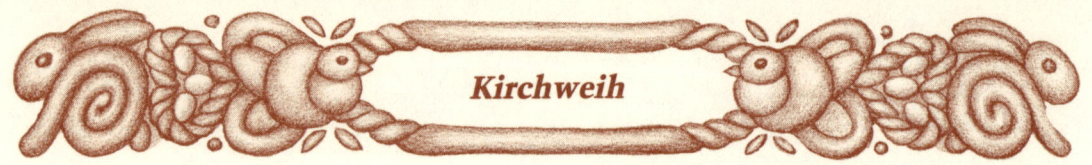

Die moderne Version

Salbeiblätter werden abgewaschen, gut abgetropft, auf einem Tuch getrocknet und in etwas Mehl gewendet. Inzwischen rührt man für den Ausbackteig 2 EL Mehl mit 1 Eigelb, Salz und so viel Bier oder Milch an, daß ein halbflüssiger Teig entsteht. Man fügt zuletzt den steifen Eischnee hinzu, taucht die Salbeiblätter an den Stielen hinein und backt sie in heißem Fett schön goldgelb aus.

Weichsel-Kuchen

Aus Herrn von Hohbergs
»Des Adelichen Land- und Feld-Lebens«

Nimm ohngefehr 3. Hand voll gerieben Semmel-Brosam / ein halb Seidlein Wein / 5. gantze Eyer /und das Weisse von 2. Eyern / Zucker / Zimmet und 3. Hand voll von Stielen gezupffte frische Weichseln / menge alles wohl untereinander / mache in einer flachen Dorten-Pfannen ein gut Theil Butter heiß / schütte das Angerichtete darein / gieb ihm rund herum Kohlen / wann er eine Weil gebachen / bestreiche ihn oben mit Eyer-Dottern / lege eine Stürtzen mit Kohlen darauf / und laß ihn gemach bachen. Man kan ihn auch in einem Oefelein bachen. Folgends wird er / mit länglicht geschnittenen Mandeln bezieret.

Dicker Kirschkuchen oder Kirschplotzer aus der Westpfalz

Rezept

8 trockene Brötchen vom Vortag fein schneiden, warme Milch darübergießen und einziehen lassen. 150 g Butter oder Margarine mit 120 g Zucker und dem Eigelb von 4–6 Eiern schaumig rühren, 1 EL Kirschwasser und ¹/₂ EL Zimt daruntermischen. Zusammen mit dem Eischnee und 1 kg Kirschen unter die zerdrückte Brötchenmasse heben. Die Masse in eine gefettete, mit Weckmehl ausgestreute Tortenform füllen und etwa 1 Stunde bei 180 Grad backen.

Pölleisen oder Kirchtag-Blattlstock aus dem Burgenland

Rezept

Aus einem Butterteig runde Blattln (Blätter) bzw. pfannkuchenartige Fladen auswalken und auf der Ofenplatte oder im Backofen backen. Diese Fladen werden dann, wie beim Kärntner oder Tiroler Blattlstock (siehe Weihnachten), in einer Schüssel aufgeschichtet. Jeder Fladen wird mit gedünsteten Apfelstücken, geriebenen Nußkernen und Mandeln, Zimt und Sultaninen, Zucker und Honig belegt, mit in Butter getränkten, gerösteten Semmelbröseln bestreut und reichlich mit Rahm begossen. Dann stellt man das Ganze eine Zeitlang in den warmen Ofen und ißt es warm.

Micken

Die Micke war früher am Niederrhein ein Herbstgebäck, das vor allem zur Kirmes gebacken oder an Erntearbeiter verteilt wurde.

Ein alter Kinderspruch in Krefeld heißt:

> *Morje Möller Mathis,*
> *mahl mich me Mähl,*
> *mi Motte möt mi morje*
> *Möhn Mecke make.*

Meistens bestanden die Micken aus einer runden Teigplatte, die zur Hälfte mit Äpfeln (Appelmeck) oder Pflaumen (Prommemeck) belegt, zugeklappt und am Rand eingedrückt wurde. Man kann sie etwa mit unserer Apfeltasche vergleichen. Micken waren an anderen Orten aber auch Feinbrötchen verschiedener Art, die früher (in Mönchen-Gladbach) am Gründonnerstag und (in Goch) am Fastnachts-Montag gebacken wurden.

Honigschnitten

Weißbrotschnitten in Küchelteig tauchen, in Schmalz herausbacken und mit Honig übergießen.

Kirmesweck

Dieses Gebäck, das im Rheinland auch Rosenweck genannt wurde, soll es früher zu jeder Kirmes gegeben haben. Als Beschreibung war nur zu finden, daß der Teig viel Zucker, Butter und Rosinen enthalten hatte und »bei halber Gare« Blumen und Blätter daraufgeschnitten wurden. Vor dem Abbakken wurde der Weck mit Ei bestrichen.

Gailtaler Kirchtagbrezen

Rezept

Aus einem gewöhnlichen Krapfenteig nach dem ersten Aufgehen etwa 25 cm lange Streifen ziehen oder auswalken, in der Mitte mit einer Fülle bestreichen und zu daumendicken Würsten zusammenrollen. Aus diesen formt man durch kreuzweises Zusammenlegen »Brezen«, die nach einigem Abrasten in tiefem Backfett beiderseits ausgebakken werden.

Die Fülle besteht aus eingekochten Heidelbeeren, die mit aufgetriebenem Schwarzbrot, Honig oder Zucker und etwas Zimt vermengt werden.

Allerheiligen und Allerseelen

1. und 2. November

Heute ist in allen vorwiegend katholischen Gegenden das Allerheiligenfest am 1. November ein gesetzlicher Feiertag, während Allerseelen am darauffolgenden Tag wieder ein gewöhnlicher Arbeitstag ist. Dabei ist Allerheiligen eigentlich nur der Vorabend zu Allerseelen, dem Tag, an dem die Christen das feierliche Andenken aller verstorbenen Seelen feiern. Am Abend von Allerheiligen und am Allerseelentag wurde für die Verstorbenen gebetet und ihre Gräber wurden geschmückt.

Beide Tage sollen im ersten Jahrtausend n. Chr. von Päpsten als christliche Familienfeste eingeführt worden sein, um alte, heidnische Bräuche zu christianisieren. Früher kehrten an diesen Tagen die jungen Leute in die Dörfer zurück, in denen sie geboren waren, und besuchten ihre Familie oder das Grab ihrer Eltern.

Trotz des christlichen Charakters der Totenehrung in diesen Tagen haben die alten Volksbräuche und Vorstellungen entschieden heidnische Züge. Denn das heidnische Fest des scheidenden Sommers, an dem das große Heer der Toten begrüßt, geehrt und für die Weiterreise gestärkt wurde, feierte man in den alten Zeiten ebenfalls in dieser Zeit. Wer sich in der Nacht von Allerheiligen auf Allerseelen auf den Friedhof stellte – und es überlebte –, konnte nach dem Volksglauben alle Toten des kommenden Jahres vorüberziehen sehen. Der ganze Seelenschwarm ist an diesem Tag auf Achse. Auf jedem Grashalm des Friedhofs sitzen sie, auf allen Feldern und Wegen. Sie schlüpfen in Kröten und Frösche hinein, die man deshalb auf keinen Fall töten darf, und fliegen mit dem Seelenwind durch die Luft.

Wie bei den alten Heiden verlangen auch die christlichen, aus ihren Gräbern aufsteigenden Toten die ihnen zustehenden Speiseopfer. Deshalb deckte man in ganz Deutschland und in den Alpenländern in der Nacht von Allerheiligen auf Allerseelen den Tisch für die Seelengeister. Wehe, ein armer, hungriger Mensch wagte es, den Geistern etwas wegzuessen. Entweder er wurde an Ort und Stelle von den aufgebrachten Toten zerrissen, oder er mußte innerhalb eines Jah-

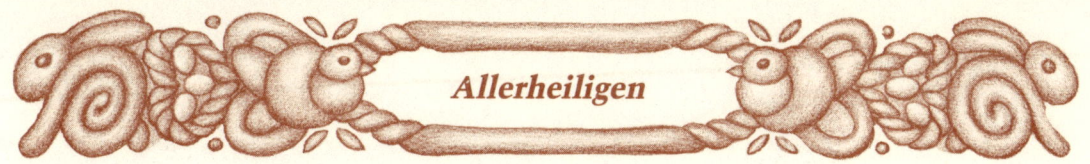

res sterben. Damit die frierenden Seelen sich einmal richtig durchwärmen konnten, wurde früher zu diesem Termin vielerorts auch zum ersten Mal der Ofen angeheizt.

Allerseelen ist ein allgemeiner Spendtag

Weil die von den Toten übriggelassenen Speisen als glückbringend galten, aß man sie am nächsten Tag mit Freunden oder Verwandten auf oder verschenkte sie. Aus den alten Familienbräuchen wurden mit der Zeit offizielle Brotspenden für Kinder, Schüler, Arme und Kranke, die noch heute an manchen Orten üblich sind. Auch die Brotbettelzüge, die von den armen Leuten am Allerseelentag veranstaltet wurden, sind nur Ablösungsformen des früheren Seelenopfers in der Familie. Obwohl der Bettelzug der »Brotheischer« oft zu einem förmlichen Wettbewerb ausartete, mochte niemand ernsthaft dagegen angehen, erlöste doch jeder verzehrte Allerseelenwecken nach dem Volksglauben eine arme Seele aus dem Fegefeuer. Auch der »Seelenspitzel« ist so ein Spendwecken. Deshalb riefen die Brotheischer in der Gegend von Cham:

> *Gelobt sei's Christus um a Spitzel,*
> *Mei Vater is a Kitzel,*
> *Mei Mutter is an Habersack.*
> *Gebt's her, was i tragen mag.*
> *Gebt's mer fei net z'viel und z'weng,*
> *Dass i mei Sackl net z'spreng.*

Während die Spendlaibe an die Armen oft nur einfache Brote waren, schenkten die Paten meist reiche Gebildbrote aus Roggen mit Speck oder Hefebrote mit reichlich Butter und Zucker, oft bis zu einem Meter lang.

Strafen für Brotverschwender

Viele Bräuche im Jahreslauf zeigen auch, daß die Landbevölkerung nicht nur an diesen beiden Tagen mit ihren Toten verbunden war. Bei Salzburg zum Beispiel warnte man die Kinder davor, Brotkrumen auf die Erde fallen zu lassen. Wenn man nämlich später starb und über »Distel und Dorn« ins Totenreich heimging, mußte man sie alle wieder auflesen. Mit einer noch schlimmeren Jenseitsstrafe drohte man in der Gegend von Olpe im Sauerland. Dort sagte man: Wenn jemand die Brosamen zur Erde fallen läßt, so sammelt sie der Teufel, backt einen Laib daraus und wirft ihn beim jüngsten Gericht in die Waagschale zu den Sünden. Oder noch schlimmer: Der Teufel backt aus den aufgesammelten Brosamen einen heißglühenden Brotlaib, den der Brotverschwender später in der Hölle verzehren muß. Glücklicherweise haben die Sauerländer einen Schutz gegen diese Strafe gefunden. Sie fordern bei jedem Brotkrümchen, das sie fallen lassen, die armen Seelen auf, es an sich zu nehmen:

> *Arme Seelen rappet,*
> *dass's der Teufel*
> *nicht dertappet.*

Futter für die armen Seelen

In anderen Gegenden sammelte man die Woche hindurch die Krümel vom Eßtisch und warf sie in der Samstagnacht ins Herdfeuer, damit die armen Seelen sonntags etwas zu essen hatten.

Wer Brot backte, warf eine Handvoll Mehl hinter sich oder ließ ein Stückchen Teig in den Backofen fallen. Beim Küchleinbacken wurde das erste Küchlein ins Feuer geworfen. Aus den Teigresten in der Brotmulde formte man kleine Brötchen – Mutschli, Multschärenwecklein, Scharrbaugel, Gotzlaibl, Schrappkuchen – und verschenkte sie an Arme und Fremde. Auch das Vorback war als Nahrung für die hungrigen Seelen gedacht. Dieses kleine Stück Teig, das mit den anderen Broten zugleich im Backofen gebakken wurde – und natürlich viel früher gar war –, durfte nicht angeschnitten oder auf den Tisch gelegt werden, solange die Brote noch im Backofen waren. Tat man es doch, so rächten sich die Seelengeister, indem sie das ganze Brot verdarben.

Noch bis vor einigen Jahren war es in Süddeutschland eine verbreitete Sitte, den Toten Seelenlaib oder Seelenstritzel, geweihtes Brot, Milch und Wein auf das Grab zu stellen. An die Grabsteine oder an das Kreuz hängte man Seelenbrezeln, die oft riesengroß waren.

Eine sehr seelenfreundliche Sitte gab es im Egerland. Um den armen Seelen Kühlung im Fegefeuer zu verschaffen, aß man knochenförmig geformte Semmeln mit kalter Milch. Was an Milch übrig blieb, spritzte die Bäuerin den Mägden ins Gesicht. Das bewirkte, daß sie im Sommer beim Heuen nicht schläfrig wurden.

In Österreich gehen die Kinder am Allerseelenabend mit Hämmern herum und klocken an die Haustüren. Man weiß dann, daß die Anklöckler da sind und richtet Krapfen zusammen, die den Kindern in die mitgebrachten Säcke geworfen werden.

Sprüche zu Allerheiligen und Allerseelen

Kletzn raus, Kletzn raus,
Oder mir schlagn a Loch ins Haus.
Wollt's uns nix geb'n,
Tean ma an Zaun umlegn,
D'Henna daschlagn
und an Gockl no vajagn.

In Österreich gingen am Allerseelentag die Krapfenschnapper um. Sie »schnappten« mit Stangen nach den Krapfen und sangen:

I bitt enk, gebts ma a Krapfl!
I bi soviel an arms Zapfl!
Gebts ma an Pfannafleck,
Sist geah i enk nimmer weg.
Gebts ma an Löffl voll Füll,
Na'r bi i wieda a Weilele still.
Wenn du miar kuans gibst,
So soll ma di überschi,
Unterschi in Rach anihänga
Und drunța a Suppn anbrenna!

Und als Dank:

I bedank mi für die Krapfn, für den guatn
                                    Willn!
Dös hätts schon besser gmörg fülln.
Da isch nischt wiars laare Feal,
Kua Oar dran und kua Meahl.
I bitt enk, Vater, leicht miar a Beil oder an
                          Zapi (Holzfällerwerkzeug),
Sünst bring i dö Dinger ninderscht hin.

Aus Bayern:

Wir bitten um einen Zelten,
Der Herrgott wird's vergelten.

Brauchtumsgebäcke

Der Allerheiligenstriezel

In Süddeutschland und in den Alpenländern ist es an manchen Orten immer noch üblich, daß die Kinder einen großen Allerheiligenstriezel von ihren Paten bekommen. Viele Jahrhunderte wurde dieser geflochtene Striezel am 1. November auch von den Bäckern an ihre Kunden verschenkt. Erst 1901 wurde dieser freundliche Brauch durch ein Übereinkommen der Bäcker abgeschafft.

Am Vorabend von Allerseelen zogen die Armen mit ihren Familien von Haus zu Haus mit Säcken und Körben und erbettelten einen Allerheiligenstriezel mit den Versen:

> Bitt gar schön um an Heiligenstriezel,
> Aber an weiss'n,
> An schwarz'n kann i net dabeiss'n,
> Aber an langa,
> An kurz'n kann i net daglanga!

Selbst der größte Geizhals gab diese Striezel freiwillig und in großen Mengen her, denn auf dem Land glaubte man, daß jeder verschenkte Striezel für das Gedeihen der Ernte im nächsten Jahr mehr wert sei als eine Fuhre voll Dünger. In der Steiermark forderten die jungen Mädchen den jungen Mann, den sie sich als Liebsten wünschten, auf, vom Striezel zu kosten. Schnitt sich der angesprochene Bursche ein tüchtiges Stück ab, so war die Liebeserklärung angenommen. Wie viele andere Brauchtumsgebäcke wird auch der Allerheiligenstriezel in den Gasthäusern mit Würfeln oder Karten beim sogenannten Striezelpaschen ausgespielt. Wenn ein im Haus hergestellter Striezel nicht aufgeht, so heißt das, daß man im nächsten Jahr sterben oder großes Unglück haben wird.

Rezept

Aus 1000 g Mehl, 20 g Salz, 1/2 l Milch, 150 g Zucker, 180 g Öl, 4 Eigelb, 40 g Hefe, 100 g Rosinen einen gewöhnlichen Hefeteig bereiten und gehen lassen. Dann aus dem Teig als unterste Lage einen viersträhnigen Zopf auflegen, darauf kommt ein dreisträhniger Teigzopf, obenauf legt man einen zweifach gedrehten Teigzopf. Mit zerklopftem Ei bestreichen, backen und mit Zucker bestreuen.

Seelenbrote

Im Süden Deutschlands ist das typische Totenbrot der Seelenzopf, der in manchen Gegenden auch Seelwecken oder Seelzelten heißt. Im Schwäbischen sind es die Seelen, Seelenprügel oder der Seelenstutz, in der Schweiz die auch an anderen Festen üblichen Züpfwecken.

Ursprünglich bedeutet das Wort »Seele« das überschüssige oder nicht richtig herausgebackene Brotinnere, von dem es in der Bäckersatzung heißt: Brezen sollen keine Seele haben. All diese Gebäcke werden als Zeitgebäck zu Allerseelen an die sogenannten Seelenleute, also Bedürftige, aber auch an Verwandte und Freunde verschenkt.

Allerheiligen- und Seelenbrote

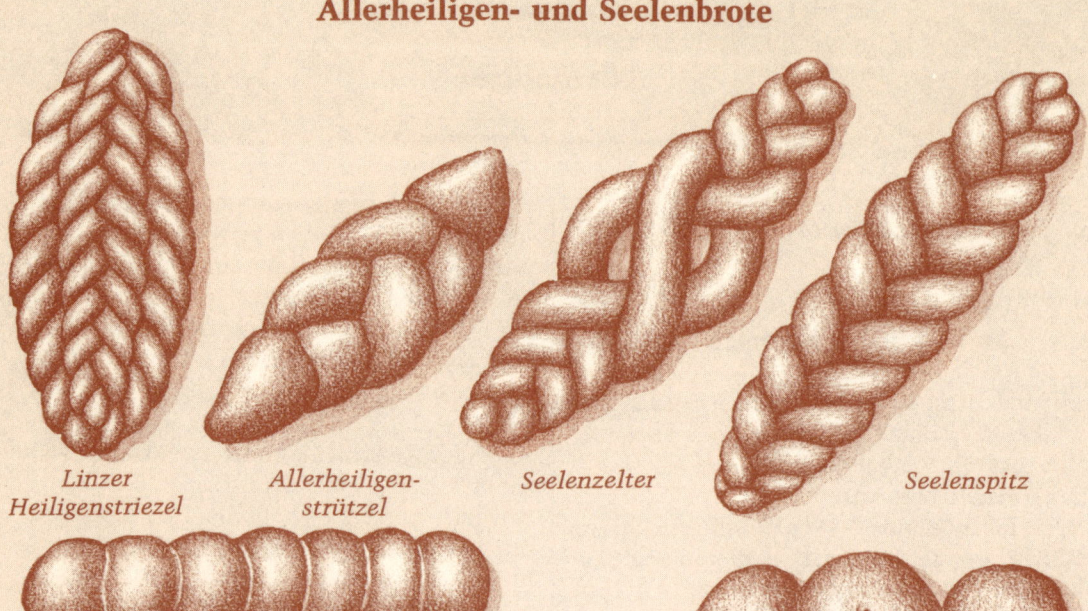

Linzer
Heiligenstriezel

Allerheiligen-
strützel

Seelenzelter

Seelenspitz

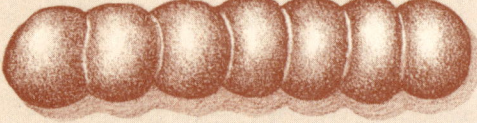

Allerseelen Büchel Oberbayern

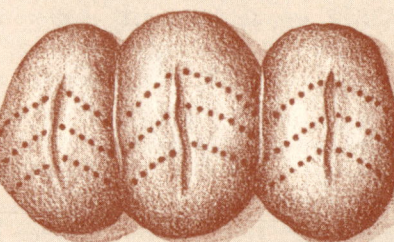

Allerseelenlaibl Oberbayern

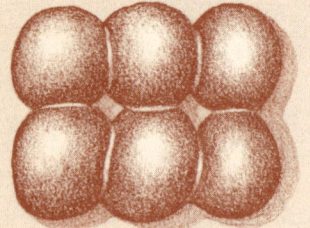

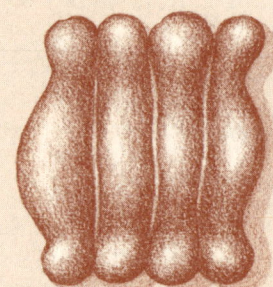

Passauer Allerseelenbrot

Berchtesgadener Seelenstuck

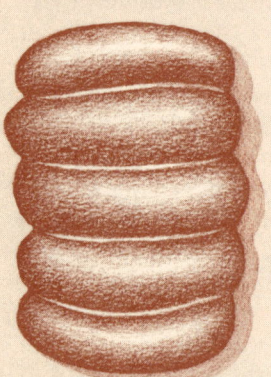

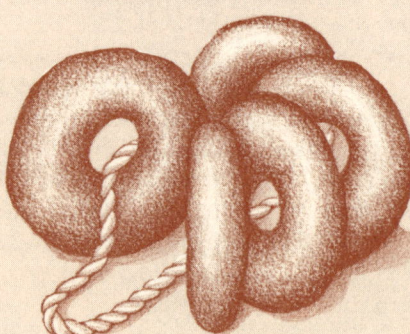

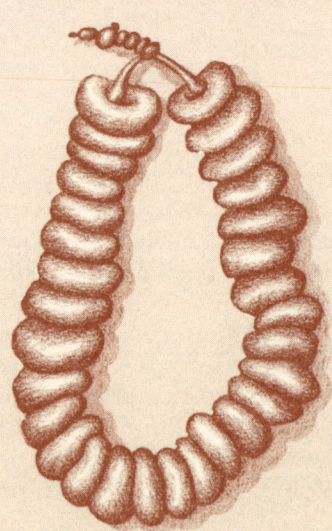

Zeilen (Innsbruck)

Schibletten

Bäugeln (Mähren)

Seelenzopf In München flicht man den Seelenzopf wie das Spitzl (aus einem kräftigen Semmelteig) aus drei Teigsträngen, die nur an den Enden geflochten sind und in der Mitte parallel laufen. Manchmal werden auch zwei oder drei Zöpfe wie beim Striezel aufeinandergesetzt. Stellt man diese Gebildbrote aus Roggenteig her, der sich nicht so leicht flechten läßt, so deutet man die Flechtenschlingen durch gekreuzte Linienstriche auf der Oberfläche des Brotes an oder drückt dem Spendenbrot mit einem Stempel die Figur eines Zopfes auf.

Teilbare Seelenbrote Weil die Seelenbrote in so großer Anzahl verteilt werden mußten, backte man sie oft in Reihen oder Zeilen zu fünf oder sechs Stück, damit sie sich besser abteilen ließen. In Berlin ist die Schrüppe ein solcher Wecken mit oberflächlich mehrfacher Teilung. In Köln und Bonn heißen sie Reihenweck oder Zeilenbrot. Auch die bayrischen Allerseelenbüchel oder Pfennigmuckerln sind solche Zeilenbrote.
Der Allerseelenstuck ist ebenfalls ein gewürztes Brauchtumsgebäck, das man leicht in Stücke brechen kann. Unter Seelenstuck versteht man in Tirol jedes Patengeschenk der Allerseelenzeit. Norddeutsche Formen des teilbaren Gebäcks sind die Braunschweiger Schibletten, ringförmige Gebäckstücke, die in Rollen an einer Schnur verkauft wurden. Auch die Bäugeln sind ein Allerseelengebäck, die wie Kringel, Brezeln oder gelochte Rundstücke aussehen und in alter Zeit auf einen Bindfaden oder Weidenstock aufgezogen wurden.

Armeseelen-Weckl

Gewöhnlicher Brotteig wird zu kleinen Weckerln geformt. Man läßt diese über Nacht in der warmen Küche stehen und gibt sie dann nebeneinander so in eine gut gefettete Reine, daß sie Platz haben, sich auszudehnen. Man kann sie mit Wasser bestreichen und mit Kümmel bestreuen. Sie werden nochmals warm gestellt und dann gebacken.

Oberschwäbische Seelen

Rezept
Von Bäckermeister Günter Miller,
Ravensburg

1000 g Weizenmehl, 20 g Salz, 30 g Malz, 40 g Hefe und 0,7 l Wasser verknetet man zu einem weichen Teig. Nach 1½ Stunden Ruhen formt man Stangen von 10 cm Länge und 3–4 cm Durchmesser, bestreut sie mit Kümmel und Salz und backt sie sofort ab.

Pfründebrote für die Totenmesse

Beispiele waren das Hamburger Pröbenbrot, das Praebend- oder Präbandbrot aus Westfalen, die Braunschweiger Timpensemmel und der Herforder Timpenstuten. Ebenfalls das ostfriesische Stutenbrot, das heute noch bei Begräbnissen verteilt wird. Es war ursprünglich ein großes, schenkelförmiges Weißbrot, das an den dicken Enden abgerundet (gestoßen = stoot) ist.

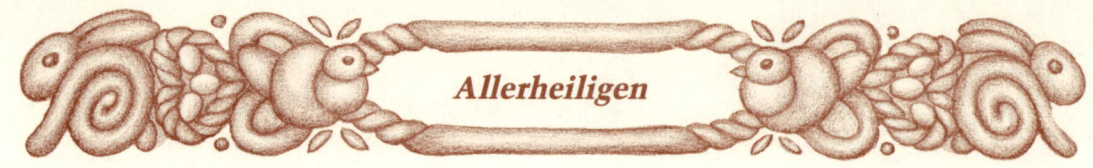
Seelengebäcke in Tierform

In Tirol erhalten die Mädchen als Patenspende das Hühnerbrot, eine aus Semmelteig gebackene Henne mit unter den Fitti-

chen versteckten, schneckenartig eingerollten Küchlein. Die Jungen bekommen den Allerseelenhasen oder Pferde, wie zum Beispiel das gebackene Roß aus Gossensaß, das mit Brezeln geschmückt ist. Je nach der wirtschaftlichen Lage des Spenders variierte

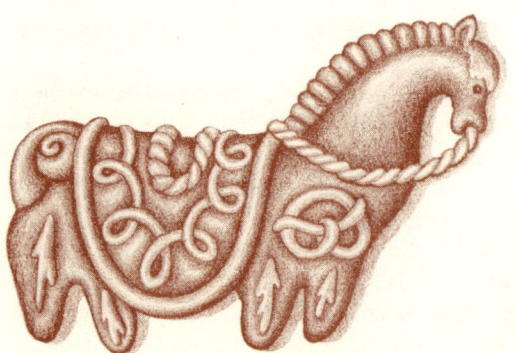

die Größe dieser Gebildbrote, die auch an allen anderen mit einem Seelenkult verbundenen Feiertagen wie Weihnachten, Ostern, Neujahr oder Nikolaus Glück und Segen bringen sollten.

Gebackene Seelen

Rezept

Wie man sie heute nicht mehr macht:
Von 250 g feinem, erwärmtem Mehl und 30 g aufgelöster Hefe ein Hefestück ansetzen. 200 g frische Butter in dünne Scheiben schneiden und auf den Teig legen, den man zum Aufgehen warm stellt. Ist er aufgegangen, so rührt man ihn mit den inzwischen erweichten Butterstückchen tüchtig durch, mengt noch 375 g Mehl, 1 ganzes Ei, 2 Eigelb, lauwarme Milch nach Bedarf, etwas Salz und 70 g Zucker zu und schlägt den Teig mit dem Löffel, bis er Blasen wirft und sich von der Schüssel ablöst. Nachdem er zum zweiten Mal aufgegangen ist, sticht man mit einem Löffel eigroße Klöße davon aus, die zu ovalen, an den Enden etwas zugespitzten Brötchen geformt werden. Sobald diese auf einem butterbestrichenen Blech nochmals aufgegangen sind, bestreicht man sie mit geschlagenem Ei, streut Zucker darauf und backt sie schön dunkelgelb.
Manchmal gibt man auch 2 EL Rosenwasser zu dem Teig. Oder man stellt gefüllte Seelen her, indem man den Teig zu einem Brötchen etwas flach drückt, mit beliebigem Obstmus bestreicht, dann ein zweites Teiglaibchen darauflegt und es backt.

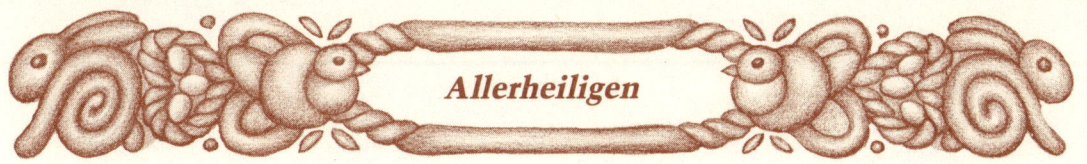
Koblenzer Dudebaincher

Viele Gebäcke der Allerseelenzeit haben auch die Form von Knochen, d. h. sie sind an den Enden knochenartig verdickt, so daß sie eine gewisse Ähnlichkeit mit dem menschlichen Schienbein mit seinen oberen und unteren Knäufen haben.

Das Koblenzer Totenbeinchen, ebenfalls eins dieser »Knaufgebäcke«, wurde früher am Allerseelentag in den Bäckereien verkauft. Aber auch als Neujahrsweck war es in manchen Orten am Mittelrhein bekannt. Es war dort Sitte, den Patenkindern am Neujahrstag einen solchen Wecken zu schenken.

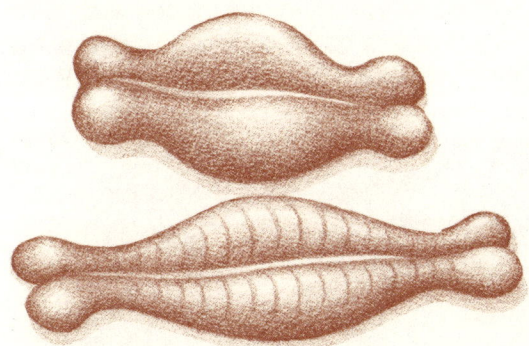

Der Koblenzer Clemens Brentano (1778–1842) hat dem Koblenzer Totenbeinchen in seinem Märchen »Gockel, Hinkel, Gackeleia« ein literarisches Denkmal gesetzt: »Ach«, rief der alte König aus, »meine liebe Gemahlin sagte mir soeben, daß sie vor ihr Leben gerne einmal Königsberger Marzipan und Thornischen Pfefferkuchen und Jauersche Bratwürste und Spandauer Zimtbrezeln und Nürnberger Honigkuchen und Frankfurter Brenten und Sachsenhauser Kugelhupfen und Mainzer Vitzen und Gelnhauser Bubenschenkel und Koblenzer Totenbeinchen und Liestaller Leckerli und Botzner Zelten und dergleichen patriotische Kuchen essen möge.«

Rezept
Nach Hans Moritz, Koblenz

Aus $1\frac{1}{2}$ kg Mehl, $\frac{1}{2}$ l Milch, 250 g Zucker, 250 g Butter oder Margarine, 25 g Salz und 75 g Hefe wird ein kalter Teig gemacht, d. h. die Milch wird nicht erwärmt. Das Eigelb von 5 Eiern gibt man zum Schluß einzeln in den Teig. Nach zweimaligem Gehen wird der Teig – je nach Größe der Totenbeinchen – in Stücke geteilt. Dann werden die Stücke etwa eine Handbreit lang gerollt, so daß an den Enden kleine Rundungen bleiben. Je zwei werden übereinandergelegt und im heißen Ofen goldgelb gebacken.

Präbendbrot

Der Name ist daraus entstanden, daß vor mehreren hundert Jahren Kurrendeschüler der Kirchen (Präbenden) an gewissen Tagen das Gebäck als Prämie erhielten.

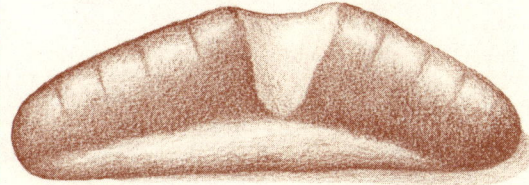

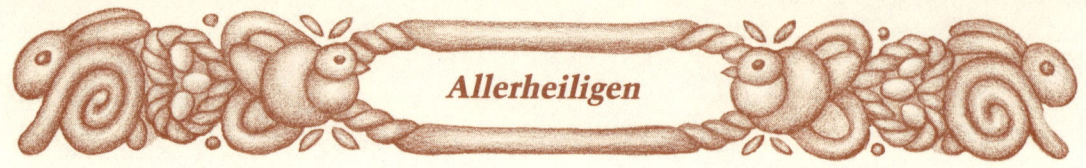
Vor etwa 100 Jahren wurde das Brot noch aus feingemahlenem, gelichtetem Roggenmehl hergestellt. Später nahm man fast nur noch Weizenmehl. Die Triebkraft war teils Säuerung, teils Hefe. In Zeiten, in denen die Milch billig war, wurde Milch zugesetzt, sonst Wasser.

Die Herstellung des Präbendbrotes war allein den Bäckern überlassen. Sie schoben den Teig in tönernen Formen zunächst in den Ofen und »gasselten« ihn dann vor dem eigentlichen Ausbacken, d. h. sie benetzten ihn mit Wasser und schoben ihn bei brennendem Holzfeuer für kurze Zeit wieder in den Ofen, so daß sich um den Teig eine Haut bildete. Durch Einschnitte in diese Haut entstand beim endgültigen Ausbacken, das etwa ³/₄ Stunden dauerte, ein aus den inneren weichen Teilen hervorquellender Kamm.

Dreitimpenbrot

Das Dreitimpenbrot ist ein handgeformtes Gebildbrot, dessen Ecken mehr oder weniger zipfelförmig ausgeprägt sind. Die älteste Darstellung des niedersächsischen Dreitimpenbrotes soll sich im Codex Gisle befinden, der 1304 in Osnabrück entstanden ist. In Ostfriesland heißt dieses Gebäck Kruiske und war ursprünglich ein Totengebäck, das sehr oft bei Beerdigungen gegessen wurde, und zwar in Bier getaucht oder eingebrockt. Auch zum Wein wurde es – mit Anis bestreut – angeboten.

Der Timpenstuten, der hauptsächlich südlich von Osnabrück zu Hause war, hatte eine Seitenlänge von etwa 40 cm und war ein Wappengebäck der norddeutschen Weißbäcker.

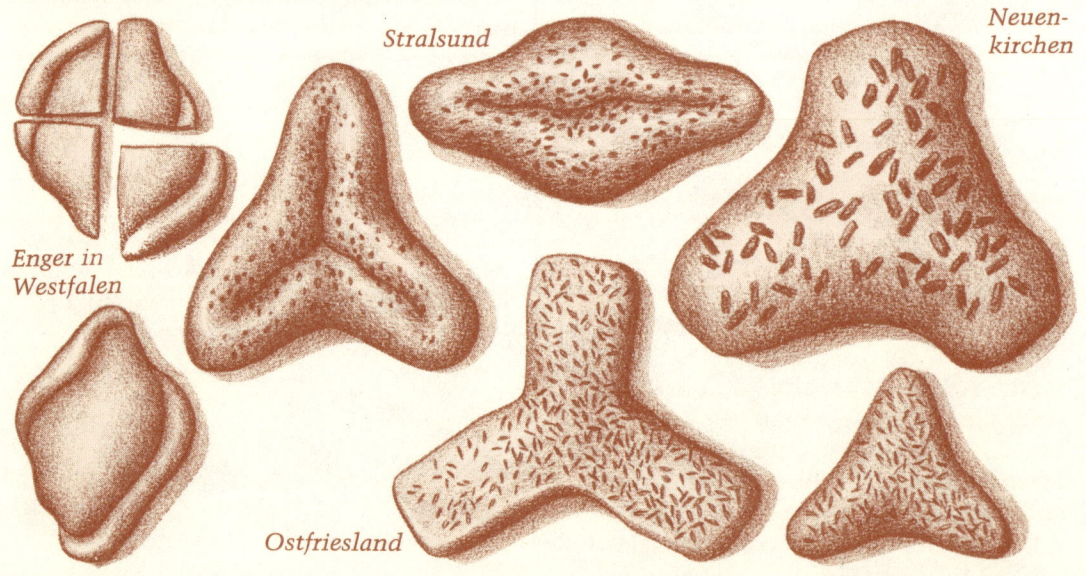

Stralsund

Neuenkirchen

Enger in Westfalen

Ostfriesland

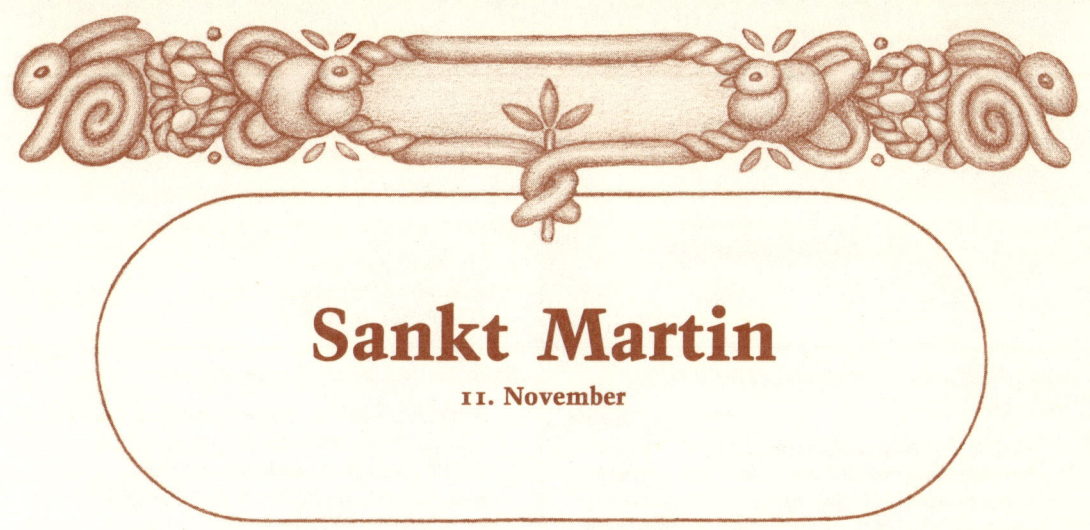

Sankt Martin

11. November

Der Legende nach hat Sankt Martin (316–397), als er noch einfacher Soldat war, am Stadttor von Amiens einem frierenden Bettler die Hälfte seines Mantels gegeben. Er wurde Bischof von Tours und – nachdem er heilig gesprochen war – der Schutzheilige der Armen, der Reiter und der Soldaten.

Martini war früher der Herbsttermin, an dem die Dienstboten ihre Stellungen wechselten, und ein wichtiger Tag für Zins, Pacht, Steuern, Abgaben und Verträge. Die Ernte war vorbei, man konnte die Rechnungen eintreiben. Die Martinsgans spielte dabei als Pacht- und Zinsvogel eine große Rolle in Klöstern und an Höfen. Auch die letzte Kirchweih im Jahr, der Martinimarkt, findet an diesem Tag statt. Man aß noch einmal gewaltig, und dann folgte das 40tägige Fasten bis Weihnachten, das in den alten Zeiten am Tag nach Martini begann und sechs Sonntage einschloß. Erst seit der gregorianischen Reform im 11. Jahrhundert dauert die sogenannte Adventszeit nur noch vier Wochen. Da sich das leibliche Fasten früher auf alle Gebiete erstreckte, war es in vielen Gegenden verboten, in dieser Zeit zu heiraten oder sich zu vergnügen. Deshalb wurden in Tirol in diesen Wochen »die Mädchen in den Rauch gehängt«.

Heute werden an Martini viele Kinderfeste veranstaltet, an denen die Kinder mit Laternen umherziehen und die alten Martinslieder singen. Aber ein Geschenkebringer ist Sankt Martin nicht mehr. In dieser Funktion wurde er vom Heiligen Nikolaus abgelöst.

Die Gebildbrote, die am Sankt Martinstag gebacken wurden, waren Glücksbringer und wurden an Freunde und Verwandte verteilt. Wenn ein junger Mann im Rheinland seinem Mädchen an Martini einen Martinswecken oder Martinsring aus Hefeteig verehrte, so konnte er von ihr dafür an Neujahr ein Geschenk erwarten. Je nachdem, wie dieses Geschenk ausfiel, wußte er, ob und wie sehr das Mädchen ihn leiden mochte.

In München soll der Stadtwächter früher große, lange Martiniwecken scheibchenweise an die in die Stadt einziehenden Bauern und Fuhrleute verteilt und dafür Geld, Butter, Schmalz und Eier bekommen haben.

Sankt Martin

Martinslieder

Ein Martinslied, das unter Mönchen
üblich war:

Herbei, herbei zur Martinsgans,
Herr Burkart mit den Brezeln – jubilemus!
Bruder Urban mit den Flaschen – cantemus!
Sankt Barthel mit den Würsten – gaudeamus!
Sind alle starke Patronen
Zur feisten Martinsgans.

Niedersächsisches Martinslied:

Marten, Marten, Heren
Appel un die beren
Nötte mag ik geren
Marten steht im garen
Hat wedr stock noch stefel
Frue geben sei mek vel
Geben sei mek ne ganze mette vull
De annern sült se beholen
Junge frue, olle frue
Laten sei mek nich tau lange stan
Ik mot noch 'n bedden wider gan.
Geben sei mek 'n stück van schinken
Da kann ik gut up drinken.
Geben sei mek 'n stück vom Kauken
Da kann ik gut up rauken.
Silberling, silberling
Wie schön is de Fru!

Wenn nichts gegeben wird,
singt man:

Marten, Marten trüll
De Kau schütt upn süll.
De Kau schütt up de fensterbank,
Dat stinket twintig jahre lang.

Oder:

Martens, Martens blaos,
Wenn ji mi nichs gäwen willn
Si lickt mi midden in Maors!

Martinslied vom Niederrhein:

Sankt Martin ritt durch Schnee und Wind,
sein Roß, das trug ihn fort geschwind.
Sankt Martin ritt mit frohem Mut,
Sein Mantel deckt ihn warm und gut.

Im Schnee, da saß ein armer Mann,
hat Kleider nicht, hat Lumpen an.
O, helft mir doch in meiner Not,
sonst ist der harte Frost mein Tod!

Sankt Martin hält die Zügel an,
sein Roß stand still beim armen Mann.
Sankt Martin mit dem Schwerte teilt
den warmen Mantel unverweilt.

Sankt Martin gibt den halben still,
der Bettler rasch ihm danken will.
Sankt Martin aber ritt in Eil
hinweg mit seinem Mantelteil.

Martinslied aus Bonn:

He Zinter Mä'te,
Dat waor ne gode Mann,
Da deelt singe Mantel
Met enem arme Mann.
Dä Dreifooß, we heesch da Fooß,
Do kaom ene Mann met Küchen herus,
Us des selvige Manns Hus.
Raohden dit, raohden dat
We jett hätt, dä schött dä Knappsack.
Mätensaovend, maache de Wihwer de
                            Würsch,
On wann se Wing em Keller han,
Dann drinken se, wann se dührsch,
Wingchen enn dä Fläsche,
Gellchen enn dä Täsche:

Sankt Martin

Wingche moß gedrunke senn,
Gellchen moß verzehrt senn.
Muus, Muus, komm erus,
Breng e gruß Stöck Holz erus.
O gett dem arme Mätesmänchen
doch e kleen Stökkelche Ho----lz!

Nach vergeblichem Warten
singt man:

Et setz en Schwalfter op dem Daach,
De driß der Mähden en Oog uus.

Göttinger Martinslied:

Marten, Marten, Märe,
Schenket se meh ne Beere,
Schenket se meh en Appel,
Den kann ek gut verknappel;
Schenket se meh ne Nuß,
Sau geb ek sei en Kuß.
Martens is en guten Mann,
De et wol vergellen kann.
Se Appel und de Beeren,
De Nöte mag ek geeren.
Dat Himmelrik is uppedan,
Da soll wir alle henin gohn,
Mit alle use Gäste.
De leiwe Gott is de beste.
Schönes grünes Lilienblatt,
Schönste Jungfer schenk meh wat!
Laten se meh nich so lange stahn,
Ek mot noch ümmer wieder gahn,
Ek mot noch hen nach Polen
Un noch twei Penninge holen;
Polen is ne grote Stadt,
Da gewet mek alle Lüte wat.

In Aurich sangen die kleinen Mädchen am Martinsabend auf den Straßen und trugen Papierlaternen, die Kipp-Kapp-Kögel genannt wurden, mit sich herum (ähnlich erfolgt es heute noch). Sie sangen:

Kipp-Kapp-Kögel
Sönder (Sankt) Martens Vögel.
Hol över de Rhin.
Hei ji Sönder Martens Vögel ook sien?
Der flogen twee Rubentjes (Raben) na't
Papenhuus (Puppenhaus) to
Dat Papenhuus wehr der verslaten,
De Himmel stunn sperrwiet apen.
As Joseph ut de Schole quam,
He har der geen Botter,
He har der geen Brod,
He legte sien Kopp in Maree hör Schoot.
Maree de har der en Rockje an,
Dar hungen wol tusend Klockjes an.
De Klockjes fungen an to pingeln (klingeln)
Leve Engels fungen an to singen,
Von hier an, von da an;
Baven (oben)wahnt en ricke Mann,
Dee uus mal wat gäven kann.
Rieke Mann to Pärre (Pferde),
Unse leeve Härre
De lett wassen (wachsen)
Good Koren un god Flassen (Korn und Flachs)
God Koren un god Liemsaat.
Frooke, is dat geen good Huusgerath (Hausrat)?

Martinslied aus Jever im Oldenburgischen:

Martens Martens Göse (Gänse),
Sünd ook all to böse.
Hier een Stohl und daar een Stohl,
Up jeden Stohl een Küssen,
Un daar een Pankook twüschen,
Un har ik niks fan'n Pankook krägen,
So veer de Panne busten (geborsten)!
Holt een Seil, holt een twee Seil,
Holt dreemal up den witten Weg,
Moder, sitt mien Dook ook recht?
Ik kaam fer'n Abend nig wedder,
So haal ik Jakob Jansen,
De schall di lären dansen,
De schall di lären Trummel schlaan,
Daarmit wewi na'n Bedde gahn.

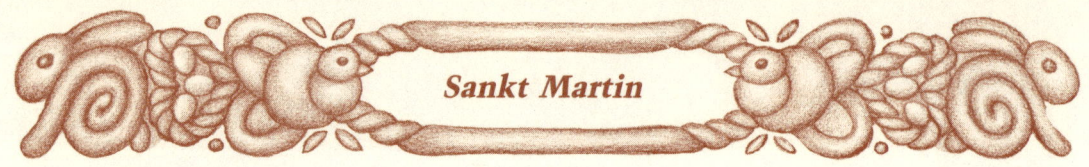

Brauchtumsgebäcke

Martinshörnchen

Rezept

Einen Hefteig aus 30–40 g Hefe, $^1/_8$–$^1/_4$ l Milch, 500 g Mehl, 135 g Butter, 60 g Zucker, 1 Ei, Salz bereiten. Mit einem Tuch zudecken und an einem warmen Ort aufgehen lassen. Den aufgegangenen Teig 1–1$^1/_2$ cm dick ausrollen und so viele Quadrate daraus schneiden, wie Hörnchen gebacken werden sollen. Mit zerlassener Butter bestreichen. 200 g Zucker, 100 g Sultaninen, 100 g Korinthen und 75 g abgezogene, gehackte Mandeln mischen und anteilmäßig in die Mitte der ausgeschnittenen Teigquadrate verteilen. Von einer Ecke zur gegenüberliegenden aufrollen, die Spitzen nach unten zusammenbiegen, so daß ein Horn entsteht. 25 g Mandeln abziehen und halbieren und die

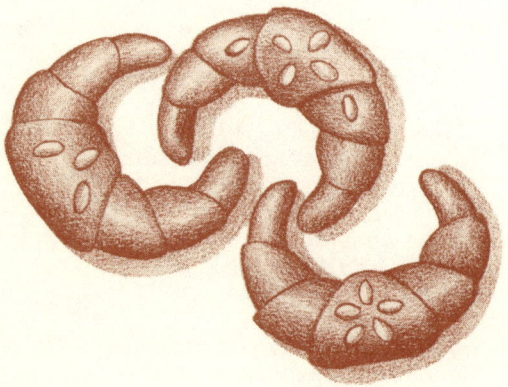

Hörnchen damit verzieren. Zugedeckt gehen lassen, mit Eigelb bestreichen, bei Mittelhitze 20–25 Minuten backen. Noch heiß mit einem Zuckerguß aus 150 g Puderzucker und 3 EL heißem Wasser bestreichen. Martinshörnchen können auch mit Marmelade, die mit gehackten Mandeln oder Nüssen vermischt wird, oder mit Marzipan, Mohn oder Pflaumenmus gefüllt werden.

Martinsmännchen, Weckmännchen

Das Weckmännchen ist im Rheinland ein Geschenk für die Kinder vom Martinsabend bis zum Nikolaustag. Der echte Weggemann ist aus Mürbteig und wird am Nikolaustag abgelöst durch das »Helijemannskälche« aus Hefeteig.

Rezept

250 g Weizenmehl auf ein Backblech sieben, in die Mitte eine Vertiefung drücken. 3 Eigelb, das Abgeriebene einer halben Zitrone, das Mark einer Vanilleschote, 1 Messerspitze Zimt in diese Vertiefung geben und 150 g Butter in Flocken auf dem Mehl verteilen. Mit dem Backmesser oder einer Gabel einen Vorteig bereiten, unter den dann sehr rasch das Mehl geknetet werden muß. Den Teig etwas ruhen lassen, nicht zu dünn ausrollen und Männerfiguren ausschneiden. Korinthen als Augen eindrücken. An der Stelle, wo sonst der Mund sitzt, die Spitze einer Tonpfeife der Länge nach in das Männchen drücken. Bei Mittelhitze goldbraun backen.

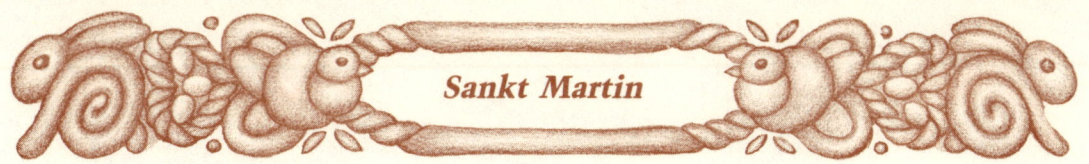

Martinifleck

Dies ist ein österreichisches Brauchtumsgebäck, das ursprünglich am 11. November die Haltfrauen von den Bäuerinnen erhielten. Es wurde aus ungesäuertem Brotteig oder Hefeteig hergestellt, den man mit feingeschnittenen Rüben und Mohn füllte. Die vier Zipfel der etwa 4 cm dicken Teigfläche wurden übereinandergeschlagen und das Ganze im Backofen resch gebacken, so daß die Fülle innen meist noch fast roh blieb.

Sankt Martins-Hufeisen

Sie waren oft riesengroß, eine Nachbildung der Hufeisen vom Roß des Heiligen. Das Gebäck entfaltete seinen Segen erst richtig, wenn es Freunden geschenkt wurde.

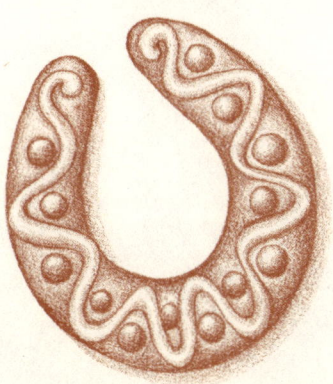

Rezept

Ein fester Hefeteig wird mit genügend Eiern, Butter, Zucker, 2–3 EL gehackten Mandeln und geriebener Zitronenschale verfeinert und zu 2–3 dünnen Wecken mit schmäler werdenden Enden geformt. Man drückt sie oben etwas flach und biegt die Spitzen um. Auf diese mit Ei bestrichenen Hufeisen legt man zwei Reihen Nägel aus großen Rosinen und backt die Hufeisen nach dem Gehen hell aus.

Döppekooke

Am Vorabend von Sankt Martin zog man in der Eifel mit Lampions und Fackeln vor die Stadt und wartete auf den Heiligen. Dazu sang man:

Heisa, hopsa, welche Freud,
Et jed (gibt) *Döppekooke heut.*
Lustig, lustig Tralala
Et es Merdesomend (Martinsabend) *da!*

Rezept

1–1½ kg geriebene Kartoffeln, 2 eingeweichte Brötchen, 2 Eier, 125 g Rosinen oder eingezuckerte Apfelstücke, etwas Salz und Muskat gut durchmischen und in einem Topf mit ausgelassenem Speck und Rindertalg 2 Stunden backen.

Nikolaus

6. Dezember

Der Kult des Heiligen Nikolaus stammt aus dem 11. Jahrhundert. Der Legende nach soll der Stammvater der Bischof von Myra sein. Auf Abbildungen sieht man ihn oft mit Kindern oder einem Buch in der Hand, auf dem Brote und Äpfel liegen. Brote deshalb, weil er die Stadt Myra aus Hungersnot errettete. Er veranlaßte einfach im Traum einen Kaufmann in Sizilien, ein mit Getreide gefülltes Schiff nach Myra zu schicken.

Der heilige Nikolaus ist nicht nur der Schutzheilige der Schiffer und Flößer, sondern auch der Bäcker und Schüler. Schon im 14. und 15. Jahrhundert feierte man am 6. Dezember ein Schülerfest, bei dem ein »Schülerbischof« von Lehrern und Schülern begleitet wurde. In Basel bekam an diesem Tag jeder Schüler vom Domstift einen Bolweggen, jeder Domherr zwei Semmeln und vier Bolweggen.

Am Nikolaustag bekamen auch die anderen Kinder ihre Geschenke. Der Heilige ritt auf seinem Schimmel durch das Land und verteilte Birnwecken, Lebkuchen, Spekulatius, Nikoläuse, Kletzenbrot, Äpfel und Nüsse, später auch kleine Gaben. Oder er füllte die vor die Tür gestellten Schuhe oder die in den Kamin gehängten Strümpfe damit. Begleitet wurde er oft von einem schwarzen, häßlichen Kerl von rüpelhaftem Benehmen, der ihm später auch die Bestrafung mit der Rute abnahm. Er hieß Krampus, Knecht Ru-

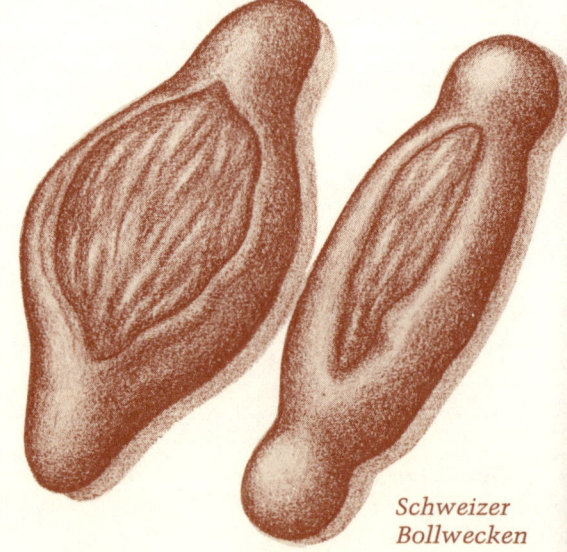

*Schweizer
Bollwecken*

128

precht, Klaubauf, Hans Muff, Rumpelklaus usw., den Christen oft als den vom Heiligen Nikolaus gebändigten Teufel ansehen. Eigentlich ist er eher eine Art Wachstumsdämon, der beschenkt und versöhnt werden sollte. Im 19. Jahrhundert benutzte man den kinderliebenden Heiligen als strafendes und lobendes Element, um sich die elterliche Erziehung zu erleichtern. Allerdings übernahm in manchen Gegenden von Anfang an Knecht Ruprecht die undankbare Rolle mit der Rute. Dabei war ja die Rute ursprünglich gar nicht als Züchtigungsmittel gedacht, sondern die schon mehrmals erwähnte Lebensrute, mit der sich im Frühjahr die jungen Leute »fitzelten« und erotisch stimulierten. Natürlich sind auch viele der Nikolausbräuche und Kultgebäcke auf andere Feste übertragbar.

Nikolauslieder

Nikolauslied aus Kleve:

Sente Klos, du hel'ge Mann,
Trekt oewen beste Sabat (Rock) an!
Reite dormet no Spanje:
Drie Appele van Oranje,
Drie Appele van den Perenboom;
Sente Klos es minne Soon;
Hej geft de klene Kinder wat,
Hej schoppt de grote met de nut onder de Kat.

(Die letzte Zeile soll eine Anspielung auf das Ausfitzeln der Mädchen mit der Rute sein.)

Nikolauslied aus Oldenburg:

Sünter Klaas, du gode Blood,
Bring' uus'n bäten Zuckerbrood,
Nig to föl un nig to min,
Smiet't man in'n Schosten 'rin.

Nikolauslied aus dem Sauerland:

Sünder Klaos, du hillige Mann,
Trek den besten Schabbes an!
Gef wat, gef wat!
Gef de kleine Kinder wat!
Laot de groten lopen,
De könt sik jao wat kopen.

Brauchtumsgebäcke

Lebkuchen

Lebkuchen wird hauptsächlich in der Weihnachtszeit und zu Neujahr gebacken. Damit das Gebäck weich werden konnte, fing man schon mehrere Wochen vor Weihnachten mit dem Backen an.
Ursprünglich wurde der Lebkuchen als mit Heilkräutersäften vermischter Honigfladen in den Apotheken der Klöster hergestellt. Der Honig fiel als Nebenprodukt bei der kirchlichen Kerzenherstellung ab. Während also in den Klöstern honiggesüßte Lebzelten gegessen wurden, mußte sich der einfache Bürger mit Kletzenbrot begnügen, das seine Süße nur durch die getrockneten Früchte erhielt. Für die breiteren Volksschichten blieb der Honig noch lange eine teure Leckerei.

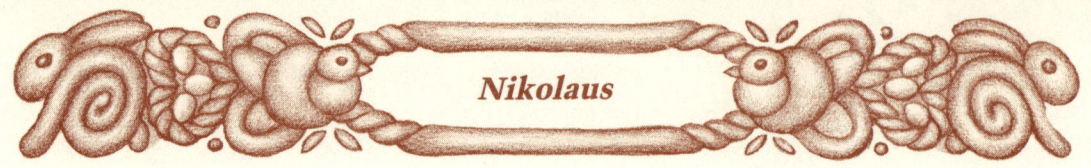

Erst ungefähr im 13./14. Jahrhundert begann die gewerbsmäßige Herstellung von Lebkuchen, wobei die Nürnberger deshalb besonders begünstigt waren, weil sie den Reichswald, »des Heiligen römischen Reiches Bienengarten«, direkt vor der Haustür hatten und durch ihren Handel mit Venedig leichter an die notwendigen Gewürze herankamen. Die Lebkuchen waren so begehrt, daß sich eigene Lebzelter-Zünfte gegen das Bäcker- und Zuckerbäckerhandwerk abgrenzten. Schon während des Reichstages zu Nürnberg 1487, als Kaiser Friedrich III. von Habsburg einzog, sollen 4000 rautenförmige Lebküchlein verteilt worden sein. Die prachtvollen Bildmotive der Lebkuchen förderten noch ein weiteres Gewerbe, nämlich das der Formenstecher, von deren Kunstsinn und Phantasie heute noch viele schöne Model aus Ton und Holz zeugen.

Wie dem Teig des Kletzenbrotes und anderer Weihnachtsbrote, schrieb man auch dem Lebkuchen Wunderkraft zu. Die Bäuerinnen umarmten und streichelten mit lebkuchenteigverklebten Händen ihre Obstbäume, damit sie im folgenden Jahr reichlich tragen sollten. Mißlang in Bayern der Bäuerin der Leblaib, so mußte sie damit rechnen, im folgenden Jahr zu sterben. In den Schweizer Bergkantonen aßen Mann und Frau am Weihnachtsabend einen Honigkuchen miteinander als Zeichen ihrer Verbundenheit und als Beweis dafür, daß sie auch noch im nächsten Jahr miteinander leben wollten.

Besonders wirksam war der Lebkuchen von alters her im Heilzauber. Wer Fieber hatte, schrieb bestimmte Buchstaben auf einen Lebkuchen, schnitt ihn dann in dreimal drei Stückchen und nahm dreimal drei Stücke gegen das Fieber ein. In der Gegend von Blaubeuren glaubte man, daß derjenige, der von Weihnachten bis Lichtmeß ein Stück Zelten bei sich trug und ab und zu davon aß, niemals Rückenschmerzen bekommen würde. Bei den Nordgermanen war Lebkuchen ein beliebtes Heilmittel gegen den Spulwurm. Gegen Durchfall und Brechreiz kochte man braune Lebkuchen mit Nelken in Hefebranntwein über einem Kohlefeuer, strich den Brei auf ein Leder und legte es mehrmals frisch auf den Magen.

Wer im Unterinntal am Vorabend vom Thomastag beim Zeltenbacken am Backofen horchte, konnte erfahren, ob er im Laufe des Jahres sterben mußte oder gesund blieb. Betete oder weinte jemand im Backofen, so war das ein schlechtes Zeichen, sang oder pfiff es darin, war es ein gutes Zeichen.

Der ursprüngliche Lebkuchenteig bestand aus gekochtem Honig, der, überkühlt, mit Roggenmehl und Pottasche vermischt wurde, bis er einen modellierbaren Körper bildete. So wird er auch heute wieder von vielen Bäckern gebacken. Monatelang mußte dieser Teig im Keller ablagern. Für die Modellebzelterei wurde der Honig weniger stark gekocht, so daß der Teig beim Backen die Modelform gut behielt. Der Teig der Nürnberger Lebkuchen ist ein ziemlich lockerer Teig.

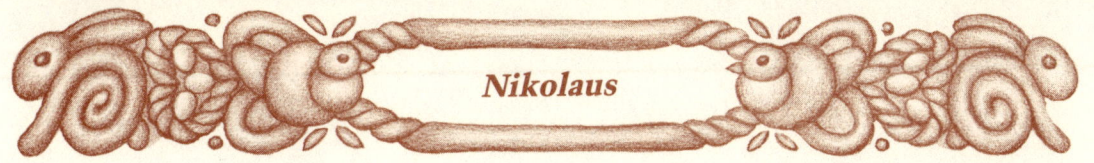

Lebzelte
aus dem 14. Jahrhundert

Rezept

250 g Honig erhitzen, 4 Eier aufschlagen und mit dem Honig vermengen. Je 50 g feingewürfeltes Zitronat, Orangeat und Sukkade untermischen. Eine Messerspitze Hirschhornsalz in 1 EL Milch lösen und dazugeben. 100 g gehobelte Mandeln, 5 g Zimt, 5 g Kardamom, je 1 Messerspitze Ingwer, Nelkenpulver, Muskatblüte und die abgeriebene Schale einer Zitrone mit der Masse vermengen. 250 g Mehl darübersieben und einen Teig kneten. Den Teig eßlöffelweise auf etwa 30 runde Oblaten mit einem Durchmesser von 8–10 cm verteilen. Die Lebzelten über Nacht trocknen lassen und am nächsten Tag im vorgeheizten Ofen 30 Minuten abbacken.

Weiße Mandel-
Lebkuchen

Rezept

500 g feingesiebter Zucker und 250 g geschälte, geriebene Mandeln in einer tiefen Schüssel mit 8 Eiern 1 Stunde lang rühren. Nach und nach 8 g Pottasche, 4 g Muskatnuß, 15 g feinen Zimt, 8 g Gewürznelken, 4 g Zibeben, 60 g feingeschnittene Pomerenzenschalen, 60 g Zitronat und die geriebene Schale einer Zitrone dazugeben. Wenn alles gut durcheinandergemengt ist, noch 250 g feines Mehl hineinarbeiten. Die fertige Masse auf viereckige Oblaten streichen und mit Zitronat belegen. Dann die Lebkuchen auf einem Brett an einem warmen Ort abtrocknen lassen, anschließend bei schwacher Ofenhitze backen.

Nidwalder
Lebkuchen

Rezept
Aus »Ächti Schwizer Chuchi«

Man gebe in eine Teigschüssel 2¹/₂ dl Rahm und 1¹/₂ Suppenschöpfer Birnenhonig (400 g) und füge ¹/₂ geriebene Muskatnuß, ¹/₂ TL gemahlenen Anis, ¹/₂ TL Sternanis, ¹/₂ TL Zimt, die abgeriebene Schale und den Saft einer halben Zitrone und ein Gläschen Schnaps (Kernobstbranntwein) bei. In einer Messingpfanne 250 g Zucker brennen, mit ¹/₂ l Milch ablöschen, 150 g Schweinefett dazugeben und erkalten lassen. Dann zu den übrigen Zutaten geben. 750 g Roggenmehl und 1 dl sauren Most (Apfelwein) daruntermischen, bis der Teig schwer von der Kelle fällt. Das Mehlquantum kann unterschiedlich sein, der Teig soll fest, aber nicht hart werden. Zuletzt wird ¹/₂ TL Natron mit etwas Mehl gemischt und gut unter den Teig verrührt. Der Teig wird auf das bebutterte Blech gestrichen und ungefähr 1 Stunde gebacken. Noch warm mit verdünntem Birnenhonig bestreichen. Der Lebkuchen wird in Stücke geschnitten und mit geschwungener Nidle gegessen.

Model um 1800, norddeutsch   *Model 16. Jhdt., süddeutsch*

Model um 1600, süddeutsch   *Model um 1680, süddeutsch*

Model um 1830, süddeutsch

Model um 1830

Model um 1750

Steinmodel undatiert

Model um 1870, norddeutsch

Steinmodel um 1650,
Schweiz

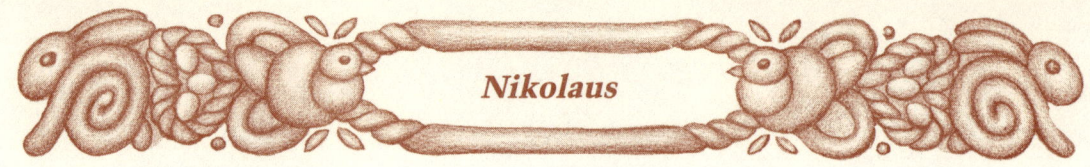
ABC-Tafeln
aus Lebkuchenteig

Schon die römischen Schulkinder der Antike bekamen sogenannte Abacus-Tafeln geschenkt. Sie mußten sie aufessen, um das Buchstabieren besser zu lernen. Auch in Deutschland waren diese süßen Schultafeln im Mittelalter und auch später noch sehr beliebt. Nicht nur Schulkinder bekamen sie, damit ihnen das Lernen leichter fallen sollte, sondern sie wurden auch den Stubenvögeln unter das Futter gemischt. Man war überzeugt davon, daß die Vögel durch den Zauber dieses Gebäcks das Singen schneller lernen würden.

Honigkuchen

Rezept

500 g Honig aufkochen und 500 g Roggenmehl, Type 1150, unterrühren, gut durchkneten, erkalten lassen. 4 Eigelb, 250 g Honig, Honigkuchengewürz und 2 TL Hirschhornsalz schaumig schlagen. Eventuell etwas erwärmen. 500 g Weizenmehl, Type 550, unterziehen, gut durcharbeiten und beide Massen zum Teig miteinander verkneten. Den Teig gut 1 Stunde kühl ruhen lassen und dann etwa 3 cm dick ausrollen. Figuren ausstechen, auf ein gefettetes Backblech setzen und ca. 25 Minuten ausbacken.

Bentheimer Moppen

Altes Bäckerrezept

20 kg Honigkuchenteig, 5 kg Roggenhonigteig, 100 g Ammonium, 125 g Pottasche, 50 g Zimt, 50 g Kardamom, 250 g Orangeat. Die beiden Teige werden mit dem Trieb und den Gewürzen untergebrochen. Nach dem Probebacken werden auf Kuchenbretter Längen gerollt und diese mit der Schneidewalze in quadratische Stücke geschnitten. Man überstreicht das Gebäck mit Wasser, be-

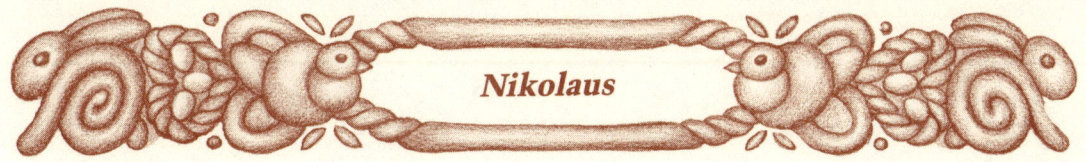

streut es mit grobem Kandiszucker und setzt es auf Bleche zum Backen. Beim Bakken von Moppen müssen die Züge am Ofen geöffnet sein.

Modernes Moppenrezept

250 g Honig mit 40 g Butter auflösen und die Masse etwas erkalten lassen. 1 Ei mit 75 g Zucker schaumig rühren und zu der Honigmasse geben. 375 g Mehl, 1/2 Päckchen Backpulver, 1 TL Zimt, 1 TL Nelkenpulver sieben und nach und nach zu dem Teig geben. Zum Schluß 50 g gehackte Mandeln unterrühren. Den Teig 3–4 Tage ruhen lassen. Mit einem Teelöffel kleine Portionen abstechen, Kugeln daraus formen und im vorgeheizten Backofen backen.

Holsteiner Ochsenaugen

Hierbei handelt es sich um einen kleinen, runden Pfefferplatz, der am Dick- oder Vollbauchabend in großen Mengen vertilgt wurde.

Frankfurter Brenten

Diese besondere Art von kleinen weißen Lebkuchen kennt man nicht nur in Frankfurt, sondern auch im Norden Deutschlands. Nach dem Braunschweigischen Kochbuch aus dem Jahr 1789 gab es eigene hölzerne Formen für dieses Gebäck.

Wie begeistert Eduard Mörike (1804–1875) – im Hauptberuf Pfarrer! – von den Frankfurter Brenten war, zeigt folgendes Gedicht:

Mandeln erstlich, rat ich dir,
Nimm drei Pfunde, besser vier!
(Im Verhältnis nach Belieben);
Diese werden nun gestoßen
Und mit ordinärem Rosen-
Wasser feinstens abgerieben.
Je auf's Pfund Mandeln akkurat
Drei Vierling Zucker ohne Gnad'!
Denselben in den Mörsel bring,
Hierauf ihn durch ein Haarsieb schwing!
Von deinen irdenen Gefässen
Sollst du mir dann ein Ding erlesen,
Was man sonst eine Kachel nennt,
Doch sei sie neu zu diesem End'!
Drein füllen wir den ganzen Plunder
Und legen frische Kohlen unter.
Jetzt rühr und rühr ohn' Unterlaß,
Bis sich verdicken will die Mass',
Und rührst du eine Stunde voll:
Am eingetauchten Finger soll
Das Kleinste nicht mehr hängen bleiben;
So lange müssen wir es treiben.
Nun aber bringe das Gebrodel
In eine Schüssel (der Poet,
Weil ihm der Reim vor allem geht,
Will schlechterdings hier einen Model,
Indes der Koch auf ersterer besteht).
Darinne drück's zusammen gut;
Und hat es über Nacht geruht,
Sollst du's durchkneten Stück für Stück,
Auswellen messerrückendick
(Je weniger Mehl du streuest ein,
Um desto besser wird es sein.)
Alsdann in Formen sei's geprägt,
Wie man bei Weingebacknem pflegt;
Zuletzt – das wird der Sache frommen –
Den Bäcker scharf in Pflicht genommen,
Daß sie schön gelb vom Ofen kommen!

Rezept

250 g geschälte, feingeriebene Mandeln mit $^1/_{16}$ l Rosenwasser und 250 g Puderzucker fein verreiben und auf kleiner Flamme erwärmen, bis sich die Masse trocken anfühlt. Über Nacht kühl stellen und dann 1 Eiweiß und 30 g Mehl einarbeiten. Teig auf Zucker 5 mm dick auswellen, in Rechtecke schneiden, auf Bleche setzen, die mit Pergamentpapier ausgelegt sind, und etwa 2 Stunden lang trocknen. Bei 150 Grad leicht überbakken. Die Brenten müssen weiß bleiben.

Appenzeller Zelten

Das waren rauhe, runde Lebkuchen in Fladenform mit Zuckeraufguß, der Figuren aus dem Appenzeller Sennerleben zeigte.

Berner Mutz

Appenzeller Biberli

Rezept

300 g Vollmehl mit $^1/_2$ Mokkalöffel Backpulver mischen und in eine Schüssel sieben. 1 EL Rosenwasser, 1 TL Zimtpulver, $^1/_2$ Mokkalöffel Nelkenpulver, 1 Prise Muskatnuß, 1 Messerspitze Kardamompulver zugeben. 200 g Bienenhonig mit 100 g Zucker langsam aufkochen. Dann die Pfanne von der Herdplatte wegziehen und das Mehl mit den Gewürzen nach und nach unter die Honigmasse mischen. Den Teig kneten, bis er nicht mehr klebt, und etwa 1 Woche kalt stellen.

Für die Füllung 80 g geschälte, geriebene Mandeln mit 1 EL Zucker, 1 EL Rosenwasser, 1 Eiweiß und 4 EL Honig zu einer homogenen Masse verarbeiten. Sollte sie zu flüssig sein, gibt man noch einige Mandeln dazu. Die Konsistenz soll ähnlich wie die von Marzipan sein.

Den Teig 5 mm dick auswallen, etwa 6 cm breite Streifen schneiden. Die Mandelmasse nochmals gut durchkneten, damit sie weich ist. Dann daraus fingerdicke Rollen formen. Die Teigstreifen mit Wasser anfeuchten, die Mandelrolle darauflegen und die Ränder gut andrücken. Mit einem scharfen Messer im Zickzack Dreiecke schneiden. Auf bemehltem Blech über Nacht ruhen lassen. Mit Milch bestreichen und bei mäßiger Hitze etwa 20 Minuten backen.

Unterdessen für die Glasur 1–2 EL Wasser mit 1 TL Kartoffelmehl verrühren, aufkochen und 2 EL Honig daruntermischen. Et-

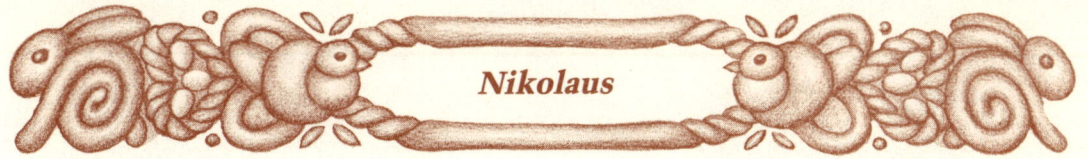
was erkalten lassen und die Biberli noch heiß damit bestreichen.

Will man man Modelbiberli machen, so wird der gelagerte Biberteig nochmals gut durchgearbeitet, ausgerollt und in kleinere Stücke, entsprechend den vorhandenen Modeln, geschnitten. Ein Zuschnitt wird mit der glatten Seite in den Model gelegt, fest eingedrückt und dann etwas Füllung daraufgestrichen. Nun wird ein weiterer Zuschnitt daraufgelegt, fest angedrückt und durch Wenden des Ganzen ausgeformt. Je nach Figur wird ausgestochen oder mit einem Messer ausgeschnitten. Die Formlinge kommen auf leicht gefettete Bleche, werden mit kalter Vollmilch bestrichen und bei 200 Grad gebacken. Dabei muß man aufpassen, daß die Kuchen wohl ausgebacken, aber nicht zu lange im Ofen bleiben. Anschließend nochmals mit Vollmilch bestreichen.

Duivekater

Der Duivekater ist ein Gebäck, das 1620 von den Holländern in Friedrichstadt in Holstein zur Vorfeier der Wintersonnenwende eingeführt wurde und sich später unter verschiedenen Namen, wie zum Beispiel Düv-, Tüf- oder Dyfkater, in ganz Schleswig-Holstein verbreitet hat. Der Duivekater wird von Nikolaus bis zu Dreikönig gegessen, an manchen Orten auch an Allerseelen. Sein Ursprung soll in heidnischer Zeit liegen. Zunächst deutet seine schienbeinähnliche Form auf ein Ersatzgebäck für ein Tieropfer. Nach anderer Meinung kann er aber

auch ein Fruchtbarkeitsdämon, eine Teufelskatze gewesen sein. In Ostfriesland heißt das Gebäck heute noch Düwel. Aber auch als Entstellung von »deux fois quatre« (zwei mal vier) wird sein Name gedeutet. Das könnte, so meint man, ein Brot gewesen sein, das zweimal das Gewicht eines normalen Brotes hatte und vier »duiten« kostete.

Rezept
Von E. W. H. Laman Trip,
Warnsfeld/Niederlande

50 g frische Hefe in 2 dl Milch oder Wasser auflösen, etwas Feinmehl hinzufügen, rühren und eine Weile stehen lassen. 1 Pfund Feinmehl, 10 g Salz, 20 g Trockenmilch, 15 g geriebene Zitronenschale, 25 g Butter und 120 g ganz feinen Zucker zufügen. Den Teig kneten und 40 Minuten an einem warmen Ort stehen lassen. Noch einmal kneten und dann den Duivekater formen. Das Brot auf einem mit Fett ausgestrichenen Backblech etwa 30 Minuten aufgehen lassen und mit Einschnitten versehen. Etwa 30 Minuten bei 225 Grad backen.

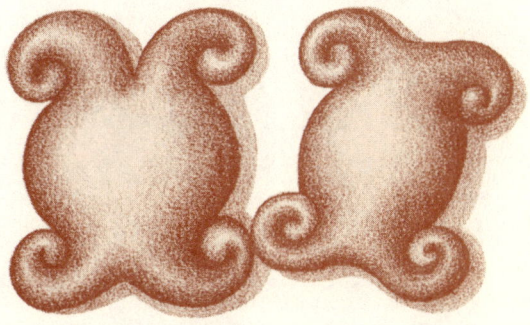

Nikolausmänner

Weckmännchen

Krampusmandl
und Krampusweibl
aus
Goldwörth

Salzburg

Klosemännchen aus
Bregenz

Nikolausherr und Nikolausfrau
aus Micheldorf

Nikolausfigur aus
Oberösterreich

Euskirchen

Nikolaus und Krampus aus
Niederthalheim

Nikolausmänner

In allen Landschaften gibt es am Nikolaustag eine gebackene Figur, die den heiligen
Nikolaus, den Weihnachtsmann oder – sehr
viel häufiger – den Knecht Ruprecht oder
Krampus darstellen soll. Schon die Namen
zeigen, daß es sich ursprünglich um heidnische Dämonenfiguren gehandelt haben
muß.

Die Klasenmänner in Österreich und Süddeutschland sind aus Mürbeteig und haben
ein Gesicht aus Weinbeeren. Den Dampetei,
Dombedei oder Tamldeier gibt es vom
Schwarzwald bis zur Pfalz. Diese Hefemän-
ner waren früher in den Hartdörfern auf der
rechten Rheinseite ein Nikolausgeschenk
für die Mädchen. Auch das Nikolo-Manl,
der Hansl, Klausmann, das Klausenmandl,
der Nickla, der Kreuzermann (nach dem früheren Geldwert) und der Krampus sind Ni-
kolausfiguren aus dem Süden. In der
Schweiz kennt man u. a. den Grittibänz und
den Mann-Noggel, das Hanselmännli, den
Samichlaus, den Wacholder-Mann und das
Wildmannli. Im Rheinland und in Westfalen gibt es Klosmänncher und Pfeifenmän-
ner, die aus Süßbrotteig oder Semmelteig
gebacken werden, Augen und Knöpfe aus
Korinthen haben und eine kleine, tönerne
Pfeife tragen. Stutenkerle, Klauskerle, der
Sinte Kloos, die Weckmännchen und natürlich der Aachener Printenmann sind oder
waren ebenfalls in dieser Region üblich.
Norddeutsche Varianten des Nikolaus sind
u. a. der Nikolauspuck, der Sengter Klas und
das Klaskerlchen.

Etwas spärlicher sind die weiblichen Gegen-
stücke: Puppen im Rheinland, Damen in
Köln, Fröwi in der Schweiz, Tocken in Bayern, Wiwkes in Westfalen, Krampus-Weible
in Österreich.

Hellijemannskälche
(Heiligemanns-Kerlchen),
Weckmännchen oder Stutenkerl

Ursprünglich wird der Stutenkerl (Stouen-
kääl) aus Knabbelstutenteig gebacken und
mit getrockneten Pflaumen verziert. In Osnabrück gab es ihn nicht nur in Gestalt eines Männekens, sondern auch als Wiwke.

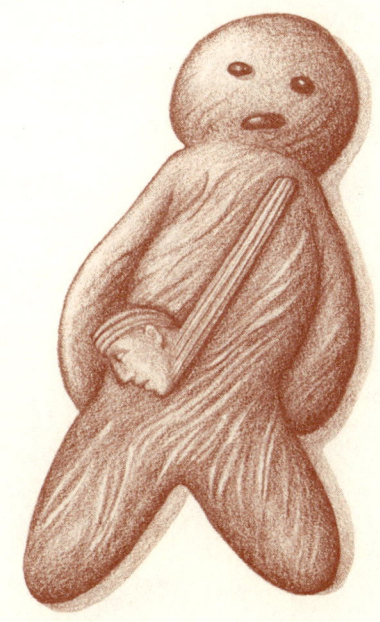

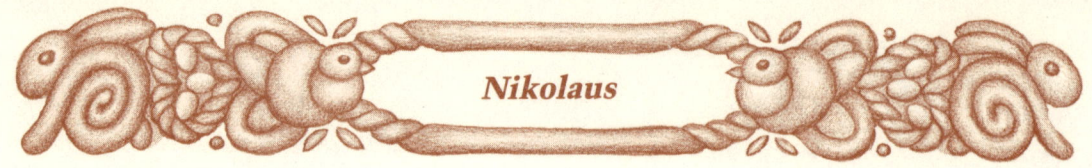

Rezept

Aus 300 g Mehl, 25 g Hefe, knapp ⅛ l lauwarmer Milch, 80 g Zucker, 1 Prise Salz,
80 g weicher Butter, 2 Eigelb, 1 Messerspitze Safran einen Hefeteig kneten. Den Teig
gehen lassen, dann ausrollen und Männerfiguren ausschneiden. Nach altem Brauch
werden die Figuren aus einem ovalen Stück
Teig geformt. Mit drei Messerschnitten entstehen Beine und Arme. Die Figuren auf ein
Backblech legen und mit Eigelb bestreichen.
Korinthen als Augen und Knöpfe sowie eine
Tonpfeife eindrücken. Noch etwas gehen
lassen, dann hellbraun backen.

Schweizer Grittibänz

Auch die Grittibänze aus der Schweiz haben
verschiedene Namen: Im Kanton Bern heißen sie Grittibänz, in Basel Grättima, im
Schwäbischen Grattelmännle. Ein Grätti-
mann ist ursprünglich ein Mann, der mit
gespreizten Beinen geht. Im Schweizer Dia-
lekt sagt man heute noch »en alte Gritti« zu
einem älteren, schwerfällig gehenden Mann.
Der Legende nach soll der Grittibänz eine
Nachbildung des heidnischen Wintergotts
darstellen, der als krummer, bärtiger, alter
Mann in stürmischen Winternächten über
die Felder gegangen ist.

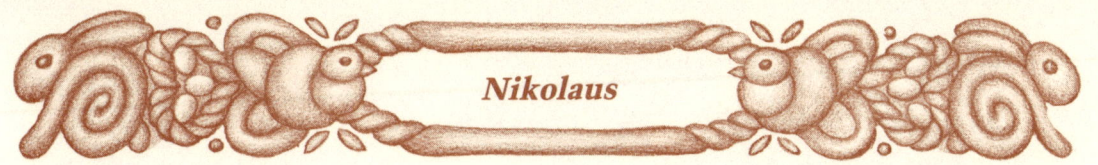
Rezept

1000 g Weißmehl in eine große, etwas vorgewärmte Schüssel sieben. In die Mitte eine
Vertiefung drücken und 40 g fein zerbrök-
kelte frische Hefe oder 1 Beutel Trockenhefe
hineingeben. 1 EL Zucker darüberstreuen
und 1 Tasse lauwarme Milch zugießen. Mit
zwei Fingern rühren, bis sich die Hefe aufge-
löst hat, dann mit wenig Mehl zu einem
Teiglein vermischen. Die Schüssel zugedeckt für 20 Minuten warm stellen. Nach
Ablauf dieser Zeit das aufgegangene Vorteig-
lein mit Mehl zudecken, 2 TL (20 g) Salz
über das Mehl streuen, 160 g frische Butter
in Flocken, 2 ganze Eier und 1 Eigelb verquirlt zugeben. Die restliche lauwarme
Milch (von ¹/₂ l insgesamt) langsam dazugie-
ßen und alles zu einem festen Teig verarbeiten. Den Teig so lange kneten, bis er glatt ist
und sich sauber von der Schüssel löst. Die
Schüssel nochmals zudecken und wieder
1¹/₂ Stunden an einem warmen Ort gehen
lassen.
Ein Stück Teig in der gewünschten Größe zu
einem länglichen Laib formen. Das obere
Viertel auf beiden Seiten so eindrücken, daß
ein Kopf entsteht. Beidseitig mit einem
Messer den Teig so einschneiden, daß man
Arme herausziehen kann. Den Teig unten
senkrecht mit einem Messer teilen; aus den
beiden Seiten werden die Beine geformt, die
unterste Spitze wird zu Füßen ausgebogen.
Durch Einkerben oder Aufsetzen von kleinen Teigstreifen kann man Kittelrand und
Hut markieren, durch Einsetzen von Rosinen Augen und Knöpfe, mit kandierten Kirschen den Mund, mit Streifen von Orangeat
die Kleidung und die Nase. Kleine Ruten
können selbst hergestellt werden. Nachdem
die Arme und die Beine markiert sind, wird
der Stock aus einem dünn gerollten Teigstück durch den einen Arm geschlungen
und gedreht. Damit er einen besseren Halt
hat, legt man das untere Ende unter den Fuß.
Die Jacke und die Halsschleife können ebenfalls aus dünn gerollten Teigstücken geschnitten und mit einem gezackten Teigrädchen nach unten ausgeschnitten werden. So
entstehen die Fransen.
Die fertig dekorierten Grittibänze auf gebutterte Bleche legen, dabei genügend Abstand
zwischen ihnen frei lassen. Nochmals
10 Minuten an einem warmen Platz gehen,
dann 30 Minuten an einem kalten Ort (im
Kühlschrank oder vor dem Fenster) ruhen
lassen. Mit verquirltem Eigelb, dem eine
Prise Salz zugefügt wird, zweimal bestreichen. Im Ofen bei 190 Grad je nach Größe
25–40 Minuten backen.

Printen

Printenformen aus alter Zeit beweisen, daß
die Printen früher nicht nur die braunen
Stäbchen waren, als die man sie heutzutage
meistens kaufen kann. Printenbilder waren
in den alten Zeiten eine »gebackene Illu-
strierte«, die viele wichtige Ereignisse ihrer
Zeit im Bild kommentierte. Die ältesten
Printenformen sind Steinmodeln aus sehr
hartem Graphit, von denen eine die Jahreszahl 1493 trägt.

Aacheneer
Printenform
um 1830

Herzprinte mit Liebespaar

Aachener
Printenform
18. Jhdt.

Spekulatiusbretter aus der 2. Hälfte des 19. Jhdts.

Spekulatiusbretter
und
Aachener Printen

Dreikönigsstern

Weihnachtsstern

Dame mit
Kind

St. Kornelius

Karl der Große

Nach volkskundlichen Recherchen soll die Printe aber noch viel älter und ursprünglich ein heidnisches Neujahrsgebäck gewesen sein. Der Printenteig für die Bildbrote durfte keinen Trieb und vor allem keinen Nachtrieb haben, da sonst das Printenbild unweigerlich in die Breite gegangen und verschwommen wäre. Nach Aussagen eines alten Printenbäckers, die in dem Aufsatz über die »Aachener Printen« von Will Hermanns nachzulesen sind, wurden die Bildprinten früher auch anders hergestellt als heute.

Es gab einen mit Honig oder Sirup hergestellten Teig, der die Form ganz scharf wiedergab. Dieser Teig war sehr mager, das heißt mehlreich, und von weißer Farbe. Diese sogenannten »Dinang-Printen« wurden im Backofen, der nur an einer Seite ein Eichenholzfeuer hatte, so lange geflämmt (an dem Feuer vorbeibewegt), bis die Printen ihre schöne, goldbraune Farbe hatten.

Der Printenteig mußte übrigens, wie auch der Lebkuchen- und Honigkuchenteig, sehr lange ausreifen. Es war durchaus üblich, daß er bis zu seiner Verwendung ein Jahr im kühlen Keller lagerte. Dann war er allerdings so hart geworden, daß man ihn nur mit speziellen Eisenschaufeln auseinanderbrechen konnte. Um den steinharten Teig langsam wieder geschmeidig zu machen, benutzte man einen Hebelarm, der nur von kräftigen Männern bedient werden konnte. Für diese Schwerarbeit stellte man oft Leute ein, die im Winter arbeitslos waren, wie zum Beispiel Maurer und Pflasterer.

Die alten Rezepte wurden unbrauchbar, als Napoleons Kontinentalsperre 1806 die Einfuhr von Rohrzucker unterband, aus dem der Sirup hergestellt wurde. Man mischte Rübenzucker unter den Teig, der dadurch aber seine Schmiegsamkeit verlor und beim Backen die Form nicht behielt. So kam es zu den gröberen Formen, die heute noch vorwiegend üblich sind: aus der Teigplatte gestanzte oder geschnittene Herzen, Sterne oder Reiter. Von diesen einfachen Bildprinten bis zur ganz bildlos gewordenen Schnittprinte war es dann nur noch ein kleiner Schritt. Aber noch gilt, was der Mundartdichter J. Starmanns schrieb:

Esue lang, wie die Mure van Oche stöhnt,
esue lang sall me backe de Öcher Prent.

Aachener Printen

Rezept

500 g Bienenhonig auf kleiner Flamme erhitzen, 500 g zerstoßenen braunen Kandis hineingeben und etwas abkühlen lassen. 1000 g Mehl mit 10 g Zimt, 5 g gemahlenen Nelken, 5 g Kardamom mischen, über die Honig-Kandismasse sieben und 1 Prise Salz dazugeben. Anfangs verrühren und zum Schluß mit 20 g in 4–5 EL Wasser angerührter Pottasche zu einem festen Teig verkneten. Etwa 1 Tag zugedeckt ruhen lassen. Auf bemehltem Brett 2–3 mm dick ausrollen und in 8 × 2 cm breite Streifen schneiden. In weitem Abstand voneinander auf ein gefettetes Backblech legen. Im vorgeheizten Ofen bei mittlerer Hitze abbacken. Nach Belieben mit Schokolade überziehen.

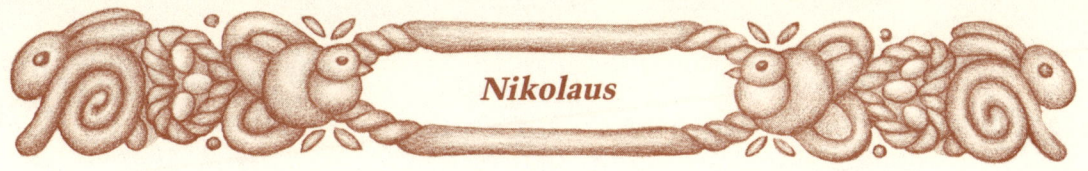

Spekulatius

Das Wort Spekulatius leitet sich wahrscheinlich von dem lateinischen »speculum« ab, zu deutsch Spiegel oder Spiegelbild, und signalisiert damit die gleiche Herstellungsart wie die der Printe. Auch die Schauseite eines bedruckten Buches wurde früher als speculum bezeichnet.

Der bisher älteste Beleg über die Herstellung von Spekulatius soll in einem etwa 1750 gedruckten Rezeptbuch aus Amsterdam von Gerrit van den Brenk zu finden sein. Als speculatie sind hier halbplastische, aus Tragantzuckermasse hergestellte Figuren bezeichnet. Die Herstellungsvorschrift entspricht der Formung des Spekulatiusgebäcks: Die Masse sei in Matrizen einer Form zu drücken, dann eben abzuschneiden und auf der Werkbank auszuschlagen.

Rezept

500 g Mehl mit 1 TL Backpulver mischen, auf ein Backbrett geben und in die Mitte eine Vertiefung eindrücken. Dort hinein 250 g Zucker, 2 Päckchen Vanillezucker, 2 Eier, ½ TL Zimt, je 1 Messerspitze Nelken und Kardamom, 1 TL Kakao und die abgeriebene Schale einer halben Zitrone geben. Das Ganze mit etwas Mehl zu einem Brei vermischen, in den man noch 150 g geriebene Mandeln und 250 g kleingeschnittene Butter gibt. Alles schnell zu einem geschmeidigen Teig verkneten, der etwa 30 Minuten kühl gestellt wird. Dann den Teig messerrückendick ausrollen und beliebige Formen ausstechen oder bemalte Spekulatiusformen in den Teig drücken. Auf einem gefetteten und bemehlten Blech bei 200 Grad etwa 15 Minuten goldbraun backen.

◁ *Model um 1900*

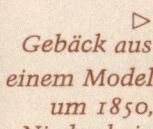

▷ *Gebäck aus einem Model um 1850, Niederrhein*

▷ *Model 18. Jhdt., Holland*

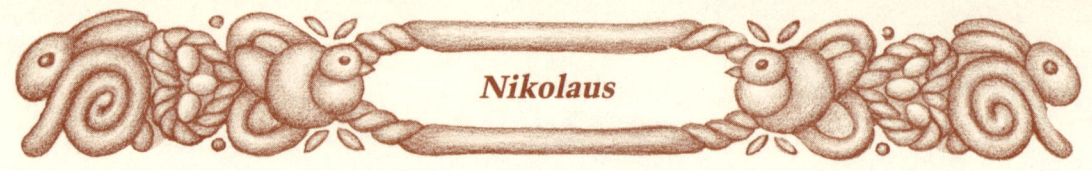

Rheinische Pillenten

Im Sauerland waren neben rheinischen Weckmännern und westfälischen Stutenkerlen an Nikolaus auch Böxenpitter, Pitterkerle und Pillenten zu Hause. Diese Pillenten waren als Weihnachtsgebäck etwa bis 1885 noch gebräuchlich. Es waren kleine, flache Gebäckstücke in Tier- und Vogelform, etwa bis zu 15 cm groß. Da die Entenform sehr häufig war, nannte man das Gebäck einfach Pillente. Der Teig bestand aus Weizenmehl, Hefe, Milch, Zucker, Salz und reichlich Butter.

Bei Dinslaken und Wesel waren am Palmsonntag Gebildbrote üblich, die Pillegänschen oder Pingvögelchen hießen. Diese Vogelgebäcke wurden auf Stöcken herumgetragen, die Palmstöcke genannt wurden. Jeder Palmstock hatte drei oder mehr Gabeln, auf die diese Brotvögelchen gesteckt wurden, mit Buchsbaum geschmückt.

Hasen und Vösse

Dieses alte westfälische Nikolaus- und Weihnachtsgebäck wurde ebenfalls meistens in Form von Tieren ausgestochen. Es konnten aber auch Räder, Sterne und Ringe sein. Das Gebäck wurde aus einem Teig aus Weizenmehl, Milch, Honig oder Sirup, Pottasche und Gewürzen, wie zum Beispiel Anis oder Nelken, gebacken.

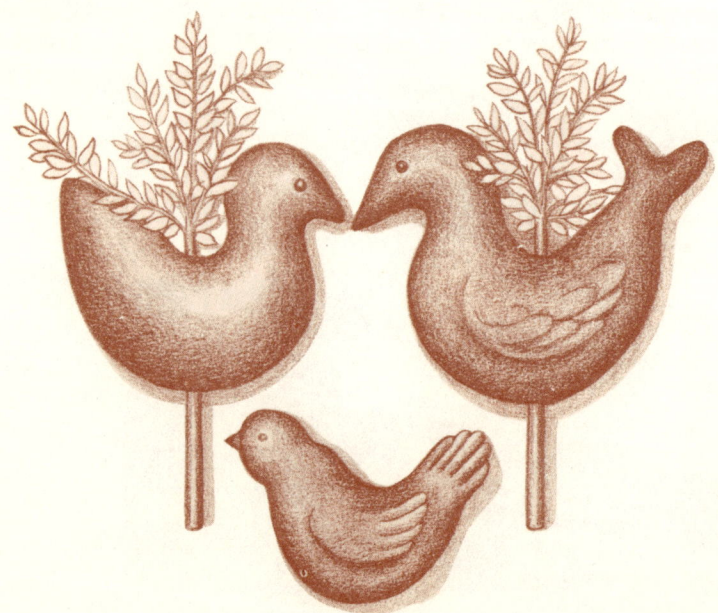

Thomastag

21. Dezember

Durch die mehrmaligen Kalenderverschiebungen im Laufe der Jahrhunderte sind auch die zwölf unheimlichen Rauhnächte nicht mehr genau festzulegen. In manchen Gegenden zählt man sie vom Thomastag bis Silvester, in anderen wieder von Weihnachten bis Dreikönig. Das Wilde Heer muß deshalb ganz gut in Form sein, um diese lange Zeit in voller Kraft einigermaßen überzeugend zu überstehen.

Thomas war jener ungläubige Apostel, der an der Auferstehung des Herrn zweifelte und erst glaubte, als er die Hand in Christi Wunden legen durfte. Sein Tag hat im Volksglauben eine so große Bedeutung, weil ihm die längste Winternacht vorangeht, so richtig geeignet für Spuk und Orakel. Deshalb war der Thomastag früher ein ganz besonderer Lostag und neben dem Andreastag am 30. November der günstigste Tag für alle Liebes- und Eheorakel. So erhob man den heiligen Thomas zum Apostel der heiratslustigen Mädchen.

Seit alter Zeit ist dieser Tag auch ein wichtiger Backtermin. Die letzten Kletzenbrote, die vor dem Anschnitt einige Zeit ruhen müssen, werden gebacken. Früher sammelten die Frauen an diesem Tag das Mehl für die noch ausstehenden Weihnachtsgebäcke.

Brauchtumsgebäcke

Klötzen- oder Hutzelbrot

Dieses Früchtebrot, das auch unter den Namen Kletzenbrot, Schnitzbrot, Birnenzelten, Birnbrot usw. bekannt ist, ist eins der ältesten Weihnachtsbrote, die in der Familie gebacken werden. Man stellte es früher völlig ohne Zusatz von Honig oder gar Zucker her. Seine Süße erhielt es nur durch die mitgebackenen Klötzchen oder Kletzen (in der Schale getrocknete Birnen, die schon »teig«, also braun, weich und süß geworden sind) oder Hutzeln (feinere Dörrbirnen, die vor dem Trocknen geschält wurden). Kletzenbrot gab es von Nikolaus bis Lichtmeß den ganzen Winter hindurch in jedem bäuerlichen Haushalt.

Mit dem Backen dieses weihnachtlichen Brotes nahm man es in den alten Tagen sehr ernst. Mußte doch – wie auch beim Lebkuchenbacken – nach altem Volksglauben die Bäuerin sterben, wenn ihr das Brot mißlang. Deshalb vergaß sie auch nie, den Hausgeistern das erste rauhrindige, kantige Ranftl des frischgebackenen Brotes als Geschenk anzubieten. Anschneiden durfte man das Kletzenbrot sowieso erst am Heiligen Abend oder am Stephanstag (26. Dezember). Hielt man zum Beispiel in Baden diesen Termin für das Anschneiden des »Bireweggens« nicht ein, so bekam man Eselsohren. Ganz allgemein war das Anschneiden des Weihnachtsbrotes früher ein Familienfest, das mit vielen Bräuchen und viel Aberglauben verbunden war.

Die Mädchen schenkten ihren Liebhabern das Endstück des Brotes, in diesem Fall den Klötzchenschörz. Dabei durften sie das Scherzl auf keinen Fall selber essen, es sei denn, sie waren darauf aus, Zwillinge zu bekommen. In der Abtenauer Gegend war früher das »Scherzzahlen« (Anschnittzahlen) üblich. Jeder Bursche, der ein Endstück (Scherz) bekommen hatte, mußte die Spenderin ins Wirtshaus einladen und sie dort bewirten.

Auch die Beschaffenheit des verschenkten Hutzelbrotes war im Liebesorakel sehr wichtig. Erhielt ein junger Mann von einem Mädchen am Stephanstag eine glatte Scheibe Hutzelbrot (weil es das Brot gut ge-

knetet und sorgfältig gebacken hatte), so wußte er: sie mag mich. Eine rupfige Scheibe dagegen, aus der die Kletzen und Nüsse herausschauten, oder gar eine Scheibe mit einem eingebackenen Stück Draht machten ihm klar, daß er nicht landen konnte oder daß die Liebe vorbei war.

Im Schweizer Simmental galt das Birnbrot auch als unfehlbares Mittel, die Kraft der Hexen zu brechen und sie zu versöhnen. Man mußte nur Raute (ein antidämonisches Kraut), Birnenbrot, Salz und Eichenkohlen in ein Tuch packen, alles in ein Loch in der Türschwelle legen und dieses Loch mit einem Rechenzahn verstopfen. Mit dieser Abfütterung versöhnte man alle Geister und Hexen, die als Gewürm im Schwellenholz hausen müssen.

Landfrauenrezept
Aus Wolpertswende

1 Pfund Sultaninen oder Rosinen kurz mit heißem Wasser abbrausen und mit 1 Tasse Kirsch- oder Zwetschgenwasser über Nacht ziehen lassen. Je 1 Pfund getrocknete Birnen und Zwetschgen über Nacht einweichen, im Einweichwasser oder in gesüßtem Wein nicht zu weich kochen. Blüte und Stiel entfernen, alle Früchte (dazu noch 1 Pfund getrocknete Feigen) in grobe Stücke schneiden. Aus der abgekühlten Hutzelbrühe mit $\frac{1}{2}$ Pfund gehackten Mandeln, $\frac{1}{2}$ Pfund gehackten Haselnüssen, $\frac{1}{4}$ Pfund gehacktem Orangeat und Zitronat, $\frac{1}{4}$ Pfund Zucker, dem Abreibsel einer Zitronenschale, $\frac{1}{2}$ EL Anis, 2 EL Zimt, 1 TL Nelken, Salz, 80 g

Hefe und nach Bedarf 1–1 1/3 kg Mehl einen mittelfesten Hefeteig herstellen, alles zusammenkneten, falls nötig noch etwas Obstwasser dazu verwenden. Mit Mehl bestäuben, warm stellen, bis der Teig kleine Risse zeigt. Laibe formen, gehen lassen, mit Brühe bestreichen und bei 200 Grad 1 bis 1 1/2 Stunden, je nach Größe der Brote, backen. Vor dem Anschneiden einige Tage stehen lassen.

Schnitzbrot oder Birnsemmeln

Bäckerrezept

Am Tag vor dem Backen 250 g gedörrte Birnschnitze und 250 g gedörrte Zwetschgen in getrennten Töpfen mit Wasser recht weich kochen. Die Schnitze entzweischneiden, die Zwetschgen aussteinen. Die zurückgebliebene Brühe beider Obstsorten mit den Steinen noch ein wenig einkochen lassen, durch ein Sieb gießen und beiseite stellen.
Am anderen Tag unter diese Schnitze 500 g Weinbeeren, 60 g Nußkerne, 500 g geschälte, halbierte Mandeln, 250 g zerschnittene, saftige Feigen, 15 g Zimt, 4 g Nelken, 30 g Anis, je 30 g länglich gestiftelte Pomeranzenschale und Zitronat, Abreibsel einer Zitronenschale und 1/8 l echten Kirschgeist mischen. Diese Masse über Nacht in einer zugedeckten Schüssel stehen lassen.
Am selben Abend auch den Teig vorbereiten: In einer trockenen Schüssel 500 g Brotmehl erwärmen, eine Vertiefung in das Mehl drücken und aus erwärmter Schnitz-

brühe und 30 g Hefe einen Vorteig kneten. Wenn er »gegen vier Uhr morgens in Zimmerwärme hoch aufgegangen ist, für 15 Pfennig (20 Centimes) Semmel- oder Weißbrotteig vom Bäcker hineinschaffen«, außerdem das umliegende Mehl und die lauwarme Schnitzbrühe. Dieser Teig muß sehr fest und trocken werden, da die feuchten Zutaten ihn auseinandertreiben werden. Nun gibt man die Obst- und Gewürzmasse hinzu, knetet alles kräftig zusammen und läßt den Teig etwa 1 1/2–2 Stunden aufgehen. Aus dem Teig Laibchen von beliebiger Größe formen, auf mit Butter bestrichene und mit Mehl bestreute Backbleche etwa sechs Finger breit auseinander setzen und warm stellen. Man muß die Laibchen lange Zeit aufgehen lassen, denn sie müssen sehr reif sein, ehe sie in den Ofen kommen, sonst werden sie speckig. Etwa 1 Stunde lang backen.

Birnenbrot

Rezept

Für den Teigmantel 25 g Hefe in leicht angewärmter Hutzelbrühe 30 Minuten langsam zergehen lassen. 300 g Mehl aufhäufeln, mit 1 schwachen Prise Salz würzen, 1 Eigelb in die Mitte geben, dazu die geriebene Schale einer halben Zitrone. Die Hefe zufügen und das Ganze kräftig durchkneten. Anschließend den Teig 20 Minuten schlagen und ihn dann, warm gestellt und mit einem Tuch abgedeckt, gehen lassen.

In der Zwischenzeit je 350 g Trockenbirnen und Dörrzwetschgen, gewaschen, einen Tag lang eingeweicht und abgetropft, vierteln. 1 Tasse Weinbeeren, je 50 g gewürfeltes Orangeat und Zitronat, 200 g geriebene Haselnüsse, 1 TL Zimt, 1 TL Nelken, 1 schwache Prise Salz, ½ Tasse ganze Haselnüsse, Zucker nach Belieben und 1 Gläschen Rum zufügen. Sollte die Masse zu weich sein, gibt man noch geriebene Nüsse hinzu. Ist der Teig zu fest, macht man ihn mit etwas Hutzelbrühe geschmeidig. Den Früchteteig zu einem Stollen formen, mit dem ausgewalkten Mantelteig dünn einschlagen und auf ein gefettetes Blech setzen. Die Oberfläche mit einer Spicknadel mehrmals durchstoßen und anschließend mit Eigelb bestreichen. Das Birnenbrot etwa 1½ Stunden bei schwacher Hitze backen.

Thomasringe

Die Thomasringe, die in Österreich auch Thomasradl heißen, sind ausgesprochen segenbringende Ringgebäcke. Wer sie verzehrt, wird nach dem Volksglauben eine lange Zeit glücklich sein.

Rezept

Einen halbfesten, feinen Hefeteig mit Safran gelb färben und mit abgeriebener Zitronenschale, etwas Zitronensaft und feingehacktem Zitronat würzen. Kleine Nudeln daraus formen und gehen lassen. Den Zeigefinger in eine Nudel stecken und sie rasch um den Finger drehen, so daß größere, gleichmäßige Ringe entstehen. Sofort in heißem Schmalz goldgelb ausbacken.

Thomasstriezeln

Rezept

500 g Butter und 250 g Zucker, 12 Eigelb, die feingewiegte Schale einer Zitrone, 2 EL Hefe und ½ Maß (etwa gut ½ l) sauren Rahm mit so viel feinem Mehl verkneten, daß ein fester Teig entsteht. Diesen auf einem butterbestrichenen Blech dünn auswalken und mit einem Backrädchen in längliche Striezeln schneiden. Die Streifen mit heißer Butter bestreichen und mit Zucker und Zimt bestreuen. Nach dem Gehen hellbraun backen.

Weihnachten

24. und 25. Dezember

Weihnachten als Geschenkfest für Kinder ist erst etwa 150 Jahre alt. Früher feierte man das Weihnachtsfest am 25. Dezember, nach Abschluß des 40tägigen Fastens und der Mitternachtsmesse am 24. Dezember. Eine Bescherung gab es nicht. Das hatte schon längst der Heilige Nikolaus oder in noch älterer Zeit Sankt Martin erledigt.

Da die Evangelien keine genaue Auskunft über den Tag von Christi Geburt geben, herrschte lange Zeit Uneinigkeit über Datum und Art der Gedenkfeier. Daß Jesus aber am 6. Januar getauft wurde, ist »evangelienkundig«, deshalb begann für die Christen an diesem Tag früher auch das neue Jahr. Seit 345 hat man nun Christi Geburt auf den 25. Dezember gelegt, einen Tag, an dem die Heiden auch den Geburtstag ihres Licht- und Sonnengottes feierten. Da in dieser Zeit ebenfalls das Fest der nordischen Wintersonnenwende ist, sind für die Tage um Weihnachten viele alte Bräuche lebendig geblieben. Auch die Brot- und Kuchenopfer gehören zu den vorchristlichen Bräuchen für den Sonnengott.

Das alte Weihnachtsbrauchtum verteilt sich infolge der mehrfachen Verschiebung des kalendermäßigen Jahresanfangs heute auf mehrere Tage. Mit dem Ausdruck »zwischen den Jahren« bezeichnet man deshalb die Zeitspanne zwischen dem Neujahrstermin Weihnachten und dem Neujahrstermin Dreikönig.

Lieder und Verse zur Weihnacht

Ansingelied aus Salzburg:

> *Wenn sausen die Windlein,*
> *Dann kömmt das Christkindlein*
> *Beim dunkeln Fenster herein;*
> *Horch, wie die Kindlein*
> *Weinen und schrein!*
> *Drum gebt euch zufrieden,*
> *Dann wird euch beschieden*
> *Was ihr nur wollt.*
> *Äpfel, Birnen und Nüssen,*
> *Viel Sachen von Zucker und Gold.*

Weihnachten

Lied beim Weihnachtsumzug in Schwaben:

Heut ist die Heilige Nacht,
Wo Jesus Christ geboren ward.
Schenk ei klare Wei!
I wünsch dir Glück in's Haus nei!
Das Haus, das ist gefangen
mit drei silbernen Stangen.
Es sitzt ein Engel hinter der Tür,
Der wirft Äpfel und Birn für.
Gebt mir au bald era (herab),
Liebe Jungfrau Maria!

»Gefangen mit drei silbernen Stangen« bedeutet nach altem heidnischen Aberglauben: euer Haus zeigt gute Vorbedeutung für das Schicksal der kommenden Zeit.

Weihnachtsvers aus Oldenburg:

Heili Christ, du goode Mann,
Kloop an alle Dören an.
Lütje Kinner bringt he wat,
Grote Kinner kriegt'n Klapp!

Weihnachtsvers aus Schleswig:

Kinken Jöses, giff mi wat.
Ut din Schapp (Schrank) und in min Fatt
                                    (Schüssel)
Kriegen alle lütjen frommen Kinner wat,
Ik uk wat.

Weihnachtsvers aus Siegen:

Christkindchen komm in unser Haus,
Leer deine große Tasche aus.
Stell dein Schimmel untern Tisch,
Daß er Heu und Hafer frißt.
Heu und Hafer frißt er nicht,
Zuckerbrezel kriegt er nicht.

Orakel an Weihnachten

Die Christnacht ist nach altem Volksglauben eine der zauberkräftigsten Nächte im Jahr. Eine alte Legende sagt, daß mitten in der Weihnachtszeit zur Zeit der Wintersonnenwende die Zeit reißt und eine Weile still steht. Durch diesen Riß wird dann die Ewigkeit einen kurzen Augenblick sichtbar. Das ist die bekannte Zeitspanne, in der Wasser zu Wein wird, die Tiere sprechen können, die Toten erwachen, versunkene Städte emporsteigen und die Berge sich öffnen.

So ist es nicht verwunderlich, daß in dieser Nacht das Orakel eine große Rolle spielt, wobei es sich in den bäuerlichen Gemeinschaften fast immer um Fragen zu Ehe, Liebe, Kinderzahl und um das gute oder schlechte Gedeihen der Saat drehte.

Wollte zum Beispiel ein Mädchen in der Schweiz ihren zukünftigen Ehemann kennenlernen, so mußte es nur rückwärts einen Teig rühren, ein Gebäck daraus backen und es essen. Bekam sie danach in der Christnacht Durst, so erschien der Zukünftige und gab ihr zu trinken. In Tirol lief das Mädchen zu diesem Zweck mit den ersten Christkrapfen in der Hand splitternackt ums Haus. Dabei mußte sie sorgfältig darauf achten, daß sie innerhalb der Dachtraufe blieb, und der Krapfen durfte auch nicht naß werden. Schaffte sie alles, so erblickte sie an der letzten Hausecke den Mann, der ihr bestimmt war (die Dachtraufe war die Grenze zwischen den Menschen im Haus und den Geistern der Außenwelt). Auch wer am Weihnachtsabend in der Zeit, in der das erste Küchel gebacken wird, dreimal um das Haus herumlief, dem ging ein Herzenswunsch in Erfüllung. Im Norden steckte man drei Messer in das weihnachtliche Roggenbrot: eins für den Roggen, eins für die Gerste, eins für den Hafer. Das Messer – natürlich nicht rostfrei –, das am nächsten Morgen am meisten angelaufen war, zeigte das Getreide, das im folgenden Jahr gedeihen würde.

Pfeffersprüche

In der Zeit »zwischen den Jahren« begannen an manchen Orten schon die alten, überall verbreiteten Bräuche, mit denen man die Vitalität des Frühlings und die Fruchtbarkeit herbeirief. Es begann am Fest der Unschuldigen Kindlein (28. Dezember), dieser Tag wurde auch Pffeffertag genannt.
Im Süden dengelten, pfefferten oder fitzten die Burschen die Mädchen mit einer Wacholderrute oder mit ausgeschlagenen Zweigen, und sie mußten sich mit Pfefferkuchen auslösen. Am Neujahrstag durften die Mädchen das gleiche mit den jungen Männern tun. Die alten Verse dazu heißen:

Ich pfeffer einen schönen Herrn (eine schöne Madam)

Ich weiß, er (sie) hat das Pfeffern gern.
Ich pfeffer ihn (sie) aus Herzensgrund:
Gott erhalte den schönen Herrn (die schöne Madam) gesund!

Oder:

Dengel, dengel, dengel;
Du siehst wie ein engel;
Du siehst wie rosinfarben blut.
Schmeckt der pfeffer gut,
Schmeckt das Neujahr auch gut.

Krana, krana, krana.
Du wirst mich heut noch laana
Mit Pfefferkuchen und Branntewein
Dicktunn in Sack hinein
Damit will ich zufrieden sein.

Auch in der Oberpfalz warfen die Burschen die Mädchen – und umgekehrt – mit Ruten aus dem Bett. Sie pritschten dabei Hände und Füße und riefen: »Wie schmeckt der Pfeffer?« Am Johannistag, an Neujahr oder an Dreikönig luden sie sich dafür gegenseitig zu Met und Pfeffernüssen ein.

Brauchtumsgebäcke

Das Weihnachtsbrot

Dem zum Hauptfest des Jahres gebackenen festlichen Weihnachtsbrot wurden viele wunderbare Eigenschaften zugeschrieben, die durch die kirchliche Weihe noch verstärkt wurden. Fast alle volksmedizinischen Heilbrote wurden deshalb in der Zeit des Groß-Neujahrs-Zyklus' gebacken. Das Festbrot verscheuchte Krankheitsdämonen und schützte als Talisman in der Tasche vor Unfällen und Heimweh.

Weihnachten

In der Steiermark erzählt man, daß die Hexen am Weihnachtsabend an einer Wegscheide zusammenkommen und mit einer Haselrute an einen Maiskolben schlagen. Drei Körner springen heraus, aus denen ein Laib Brot wächst. Falls aber die Vegetationsgeister in den nächsten Monaten nicht mit ihnen zusagenden Speiseopfern verwöhnt werden, wird dieser Brotlaib am Sankt Georgstag (24. April) zu Stein, und alles Getreide verdirbt.

Wer sich unverwundbar machen möchte, kann es in der Weihnachtszeit auf verschiedene Weise tun. Am wirksamsten ist es, wenn man – wie auch zu Ostern – das frisch gebackene Lamplbrot ißt. Es gibt aber auch noch andere Methoden, wie zum Beispiel folgende: Man schreibt auf einen kleinen Zettel aus Jungfernpergament die Buchstaben I. N. R. I. Diesen Zettel taucht man in einen Teig aus Weizenmehl, formt runde Kringel daraus und backt sie. Schafft man es, diese Kringel unbemerkt unter das Altartuch der Kirche zu schmuggeln, so daß in der Weihnachtszeit mindestens drei Messen darüber gelesen werden, und verschluckt anschließend das Gebäck mit bestimmten Zauberworten – die leider nicht überliefert wurden –, so wird man nach altem Aberglauben unverwundbar.

Das Weihnachtsbrot, das man zur Christmette mit in die Kirche nimmt und weihen läßt, schützt Menschen und Vieh ganz allgemein zuverlässig vor Krankheiten und bösen Geistern. Wenn man aber das Brot in der Heiligen Nacht einfach draußen liegen läßt, so daß es vom Weihnachtstau benetzt wird, bekommt es ebenfalls heilende Kräfte. Dieses Brot verdirbt und schimmelt mindestens bis Pfingsten nicht.

In der Christnacht hat der Teufel Gewalt über alle, denen diese Nacht nicht heilig ist. Deshalb dürfen die Bäcker in diesen Stunden auch nicht backen. Tun sie es doch, mischt ihnen der Teufel Dreck ins Brot, so daß die Menschen, die davon essen, verhext werden und zu Schaden kommen.

In der Gegend von Borken in Westfalen soll früher ein seltsamer Brauch üblich gewesen sein. Die Bauern backten vor Weihnachten ein riesiges Roggenbrot. Das erste Stück davon aßen Familie und Gesinde am Weihnachtsabend. Dazu wurden drei Lampen um das Brot herum angezündet. Am Neujahrsabend aß man wieder davon, und wieder zündete man drei Lampen an. Zum drittenmal aß man am Dreikönigsabend von dem Brot und zündete auch an diesem Abend wieder die drei Lampen an, doch goß man auf zwei der Lampen so wenig Öl, daß sie während des Brotessens verlöschten. Den Rest des Brotes verwahrte man bis Lichtmeß und gab es an diesem Tag den Pferden.

In Schleswig-Holstein spielte man in den »stillen 12 Tagen« (24. 12. bis 6. 1.) im Wirtshaus Karten um Weihnachtsgebäck. Die Spiele hießen dementsprechend »Stutenverspelen« und »Fief ut um'n Stut«. Auf Fehmarn würfelten die Frauen am Weihnachtsabend um Pfeffernüsse, und auf Föhr spielte man Karten um den Julkuchen.

Aus Herrn von Hohbergs ▷
»Des Adelichen Land- und Feld-Lebens«

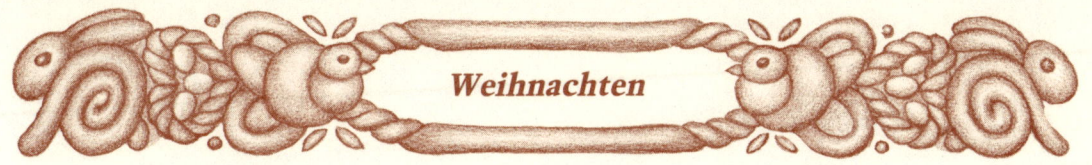

Ulmer Brod

Man nehme zwen Pfund schönes Meel / drey Viertl-Pfund Zucker / ein halb Loth Cardamomen / ein Quint Muscat-Blüh / Pfeffer / Fenchel / Anis / und Coriander / der aber muß zuvor über Nacht im Essig beitzen / und wieder ertrocknen / giesse den vierdten Theil einer Maaß gantze Milch / und ebenso viel Heffen von Weitzen-Bier daran / schlaget fünf oder sechs Eyer-Dottern darein / der Zucker und das Meel werden geräitelt / die Eyer mit der Milch und Heffen / so etwas laulicht seyn müssen / abgekleppelt / und als der Teig zuvorderst angemacht / gesaltzen / und so lang geklopffet / biß er sich von dem Becken löst / alsdann wird das Gewürtz / der Anis / Fenchel / und Coriander darein gerühret / längliche Läiblein daraus gemacht / auf ein mit Meel bestreuetes Papier gelegt / und vor dem Ofen gesetzet / damit er ein wenig gehen könne / wann sie nun genug gegangen seyn / schneidet der Länge nach mit einem Messer darein / setzets ins Oefelein / welches nicht gar heiß seyn darff / lassets eine gute Stund lang bachen / machet aber das Oefelein vor der halben Stund nicht auf / wann dann dieses Brod schön aufgebachen ist / so schneidets zu Schnitten / weils noch ein wenig warm / dann wann es kalt / läst es sich nicht mehr schneiden / legets nochmahl auf ein Blech / röschet es ab.

Ulmer Zuckerbrot

In der alten Reichsstadt Ulm an der Handelsstraße von Ost nach West vermengte der Ulmer Bäcker symbolisch das Rosenwasser der Donauländer mit dem spanischen Wein im Ulmer Zuckerbrot. So steht es in Pelshenke »Gebäck aus deutschen Landen«.

Rezept
Aus dem Ulmer Brotmuseum
Für drei Kastenbrote

75 g Hefe in 300 g lauwarmer Milch auflösen. Mit 1000 g Weizenmehl (Type 550), 12 g Salz, 70 g Zucker, 80 g Butter, 10 g Schmalz, 10 g Anis, 10 g Fenchel, 150 g Madeira-Wein, 6 g Rosenwasser, 12 g Rum zu einem etwas festen Teig kneten. Etwa 15 Minuten zugedeckt in der Schüssel ruhen lassen, danach nochmals kurz durchkneten. Nach weiteren 15 Minuten Ruhezeit 3 Teigstücke von etwa 550 g abwiegen. Die Teigstücke kurz durchkneten, länglich formen und in die gefetteten Kastenformen einlegen. Die Teigoberfläche mit Wasser oder Milch abpinseln. Die Brote in den auf etwa 230 Grad vorgeheizten Backofen schieben. Die Backhitze nach etwa 15–20 Minuten auf 200 Grad zurückschalten und die Brote etwa 45 Minuten, je nach Brot- und Formgröße, gut ausbacken.
Vielfach ist es üblich, das gebackene Ulmer Zuckerbrot etwa 1 Tag nach dem Backen in 2–3 mm dünne Scheiben zu schneiden und diese Scheiben auf einem Backblech von beiden Seiten wie Zwieback zu rösten.

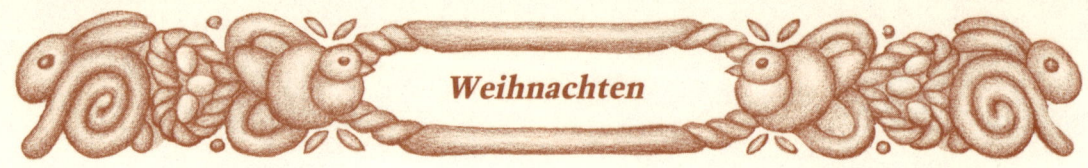

Memminger Zuckerbrot

Rezept

Aus 750 g Mehl, ³/₈ l Milch, 30 g Hefe, 75 g Butter, 150 g Zucker, 50 g Zitronat, ¹/₂ Zitrone, 2 EL Kirschwasser, 1 Prise Salz einen Hefeteig herstellen und an einem warmen Ort zugedeckt gehen lassen, bis er das doppelte Volumen erreicht hat. Nach Aufgehen des Teiges Kugeln formen, die auf dem bemehlten Blech 1 cm dick ausgerollt werden. Diese Teiglappen zur Hälfte falten und mit der Öffnung nach oben in einer gebutterten Kastenform aneinanderreihen. Zudecken und nochmals aufgehen lassen. Die aufgestellten Brote der Länge nach auf die halbe Tiefe einschneiden und nochmals etwa ¹/₂ Stunde gehen lassen. Anschließend mit Eigelb bestreichen und mit Zucker bestreuen. Das Brot bei mittlerer Hitze 45 Minuten ausbacken.

Ravensburger Zuckerplätzchen

Rezept

500 g Butter weich rühren. Nach und nach 9 Eier und 250 g Zucker, 1¹/₂ Quentchen Zimt und die abgeriebene Schale einer Zitrone dazugeben. Zuletzt 750 g Mehl unterrühren. Von dem Teig kleine Plätzchen formen, mit Eiweiß bestreichen und nicht zu heiß backen.

Striezel, Stollen, Klöben

Zum typischen Weihnachtsgebäck gehört in allen Landschaften ein länglicher, wickelkindartiger oder geflochtener Stollen, der die verschiedensten Namen hat: Weihnachtsstriezel, Christstollen, Hamburger Klöben, Stutweck, Kindsfuß usw. Dieser Striezel, ob nun als Stollen oder als Zopf, wird zu vielen Festen des Jahres gebacken. Er ist ein Gebildbrot, das mit viel Brauchtum und Aberglauben verbunden ist.

Am ersten oder zweiten Sonntag im Februar und am Freitag vorher fand früher in Kärnten das Striezelwerfen statt. Reiche Bauern stifteten der Kirche einige Säcke Striezel aus Roggenmehl, die unter feierlichem Glockengeläut geweiht und von der Burgruine zu Stein unter die Menge geworfen wurden. Man sagte diesem Gebäck nach, daß es Menschen und Vieh vor Verzauberung, Krankheit und Blitzschlag schütze und Unfälle in den Bergen verhüte. Unglück brachte dieser Striezel nur, wenn er anfing zu schimmeln. Dann war einem der Tod sehr nahe.

Böhmischer Striezel in Zopfform

Rezept

400 g Mehl, 30 g Hefe, 60 g Zucker, knapp ¹/₈ l lauwarme Milch, 1 Ei, 1 Prise Salz, 80 g geschälte, geriebene Mandeln, Mark einer Vanillestange, 100 g Butter, 100 g Schweineschmalz, 80 g Sultaninen und 80 g feinge-

würfeltes Zitronat zu einem geschmeidigen, glatten Teig kneten. Auf einem mit Mehl bestäubten Backbrett den Teig in neun gleichmäßig große Stücke teilen, aus jedem

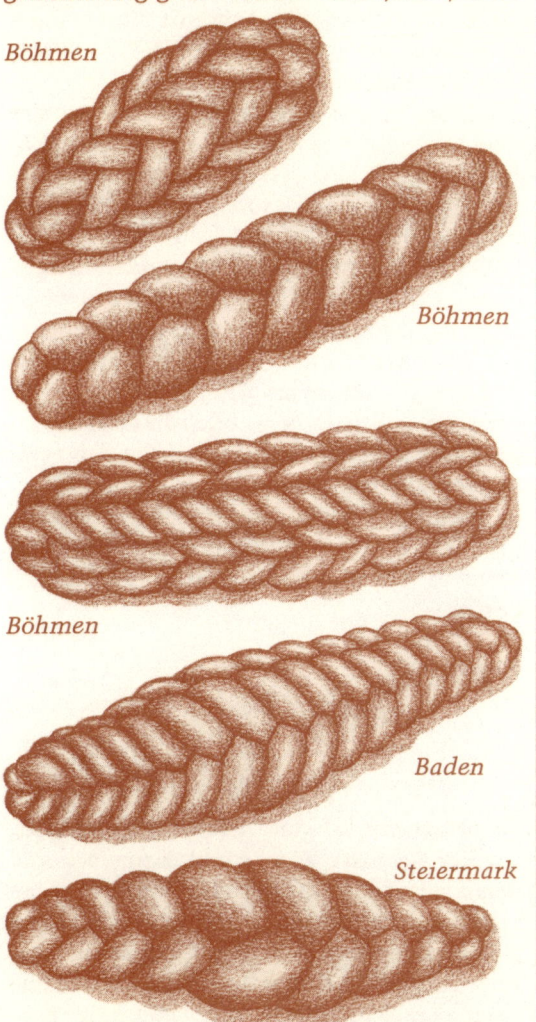

Böhmen

Böhmen

Böhmen

Baden

Steiermark

eine Rolle formen. Vier, drei und zwei Rollen miteinander verflechten. Die geflochtenen Teigrollen auf einem gefettetem Backblech aufeinanderschichten, zuerst den Vierer-, dann den Dreier-, obenauf den Zweierzopf. Mit zerlassener, leicht abgekühlter Butter bestreichen und nochmals gehen lassen. 50–60 Minuten bei 175–190 Grad bakken. Anschließend mit einer Glasur aus 125 g Puderzucker und 1–2 EL Zitronensaft überziehen und mit Mandelblättchen überstreuen.

Gefüllter Striezel

Rezept

Aus 25 g Hefe, 1 TL Zucker, etwas lauwarmer Milch und etwas Mehl einen Vorteig anrühren und gehen lassen, bis er sich verdoppelt hat. Danach den Vorteig mit 375 g Mehl, 60 g Zucker, 1/8 l lauwarmer Milch, 50 g Butter oder Margarine, 1/2 TL Salz, 1 Ei, der abgeriebenen Schale einer halben Zitrone gut verkneten, bis sich der Teig vom Schüsselboden löst. Den Teig zugedeckt gehen lassen, dann kurz durchkneten, zusammenschlagen und etwa 30 Minuten in den Kühlschrank stellen. Anschließend den Teig ausrollen, 100 g Butter etwas breit drücken, in den Teig einschlagen und wieder ausrollen. Diesen Vorgang noch dreimal wiederholen. Zwischendurch den Teig jeweils für 15 Minuten in den Kühlschrank stellen. Dann zu einer Platte ausrollen und mit zerlassener Butter bestreichen.

Für die Füllung 60 g gemahlene Mandeln, etwas Bittermandelöl, 40 g Zucker, etwas Zimt, die abgeriebene Schale einer halben Zitrone, 40 g feingewürfeltes Zitronat, 60 g Korinthen miteinander vermischen, alles gleichmäßig auf der Teigplatte verteilen, die man dann aufrollt. Den fertigen Striezel auf ein gefettetes Backblech legen, ihn dreimal der Länge nach einschneiden und gehen lassen. Das Gebäck 30–40 Minuten bei mittlerer Hitze backen und mit einer Glasur aus 150 g Puderzucker und 2–3 EL heißem Wasser überziehen.

Dresdner Christstollen

Dieser haltbare Stollen mit den reichlichen Zutaten ist im Laufe der Zeit zu einem Begriff für den Weihnachtsstollen an sich geworden. Er wird zum Teil noch nach überlieferten, geheimgehaltenen Familienrezepten hergestellt.

Rezept

750 g Mehl in eine Schüssel sieben. 80 g mit 4 EL lauwarmer Milch und etwas Zucker aufgelöste Hefe dazugeben, mit etwa 160 g Zucker, 1 Päckchen Vanillezucker, ½ TL Salz, der abgeriebenen Schale einer Zitrone und 300 g kleinzerpflückter Butter einen Hefeteig herstellen, der gut abgeschlagen werden muß, bis er Blasen zieht. 150 g gehackte Mandeln (dazu einige bittere), 100 g kleingeschnittenes Zitronat, 60 g kleingeschnittenes Orangeat, 140 g gewaschene Rosinen, 60 g Korinthen und 40 g zerhackte Kirschen mit 6 EL Rum beträufeln und mit etwa ¼ l Milch nach und nach in den Teig einarbeiten. Mit etwas Kardamom und Macis würzen. Nun den Teig mit einem Tuch bedecken und gut 2 Stunden ruhig stellen, damit er schön hochgehen kann.

Dann auf einem bemehlten Brett zu einem Rechteck (etwa 45 × 30 cm) ausrollen, nochmals kurz gehen lassen und zum Stollen formen. Dazu schlägt man die eine Längsseite bis etwas über die Mitte ein, drückt sie leicht an, und schlägt nun die andere Längsseite so darüber, daß die Nahtstelle überlappt ist. Den Stollen etwas zusammendrükken, damit er in der Mitte etwas höher ist. Auf ein gut gefettetes Backblech legen, mit zerlassener Butter bepinseln, an einem warmen Ort gehen lassen, bis der Stollen etwa doppelt so groß geworden ist. Im gut vorgeheizten Backofen 40–60 Minuten bei mittlerer Hitze backen. Nach dem Backen nochmals bebuttern und dick mit Puderzucker bestreuen.

Hamburger Klöben

Rezept

10 g Hefe mit ¼ l lauwarmer Milch und 60 g Zucker auflösen, 250 g Mehl dazugeben und den Teig zum Aufgehen 2 Stunden an einem warmen Ort zugedeckt stehen lassen. 125 g gewaschene Rosinen, ½ TL Kardamom, 65 g kleingehackte Mandeln, die abgeriebene Schale einer halben Zitrone, ½ TL Salz tüch-

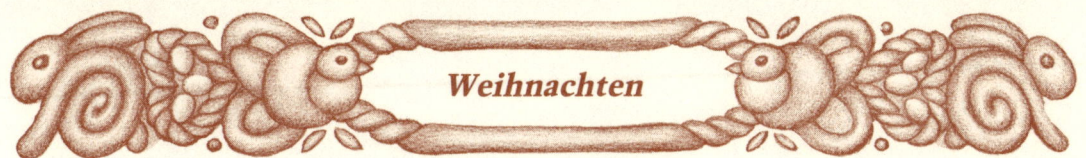
tig miteinander verrühren. Den gut aufge-
gangenen Vorteig und nach und nach 250 g
Mehl und 2 ganze Eier dazugeben, alles
5–10 Minuten schlagen und einen Klöben
formen. Nachdem man den Klöben auf ein
Blech gelegt hat, bestreicht man ihn mit Eiweiß, legt 3 TL Butter obenauf und läßt ihn
noch 30 Minuten in der Wärme aufgehen. Er
wird im nicht zu heißen Ofen 45 Minuten
gebacken, wobei man in der letzten Viertelstunde den Ofen etwas höher schaltet.

Kasseler Hornaffe

Hornaffe ist ein Gebäckname, der für verschiedene Gebäcke üblich war. Der historische Horaffe (ohne N) von Crailsheim ist ein
Hefegebäck in Gestalt von zwei Hörnern,
die zusammengefügt wurden. Der schwäbische und der fränkische Hornaffe hatten die
Form eines X, dessen Balken in Schnecken
auslaufen, sie sollen Fastnachtsgebäcke gewesen sein.
In Kassel hat man früher einen Hornaffen in
Form eines ovalen Kranzes zu Weihnachten
und Silvester gegessen. Er wurde erst Ende
des 19. Jahrhunderts vom sächsischen
Christstollen verdrängt.

Bäckerrezept
Von Konditormeister Neumeyer,
Kassel

1 kg Hefeteig auf einer kalten Unterlage
rechteckig ausrollen. 200 g Ziehmargarine
in Flocken auflegen. Beide Teigenden so ein-

schlagen, daß sie in der Mitte zusammenstoßen, dann die eine Hälfte auf die andere
überschlagen. Teig wieder ausrollen. Das
erste Drittel einschlagen, dann das letzte
Drittel darüberlegen. Zu 120×40 cm ausrollen.

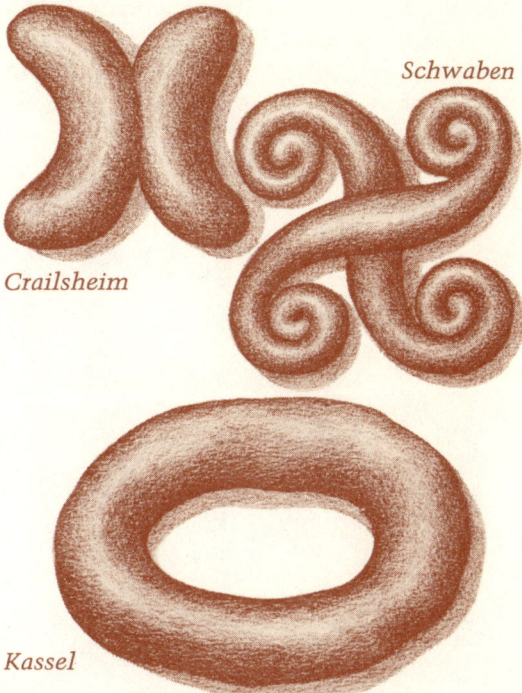

Schwaben

Crailsheim

Kassel

Teig mit 200 g Marzipan bestreichen. Rosinen, Zitronat, Orangeat, Mandelstifte aufstreuen, vier Streifen zu 120×10 cm schneiden, einschlagen und zu einem Oval formen.
Ovale mit Eigelb bestreichen, gehen lassen,
bei 230 Grad abbacken.
Mit heißer Aprikosenmarmelade und tem-
periertem Zitronenfondant abglänzen.

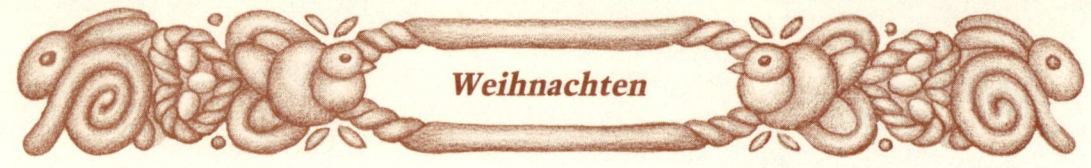
Lüneburger Kindsvoot
Kindsfuß

Dieses Spaltgebäck war früher in Lüneburg allgemein bekannt. Als Fruchtbarkeitsopfer wurde es auch in die Weihnachtsgarbe gesteckt, die man in der Weihnachtsnacht ins Freie stellte, so daß der zauberkräftige Weihnachtstau sie benetzte. Anschließend gab man sie dem Vieh zu fressen, um es fruchtbar zu machen.

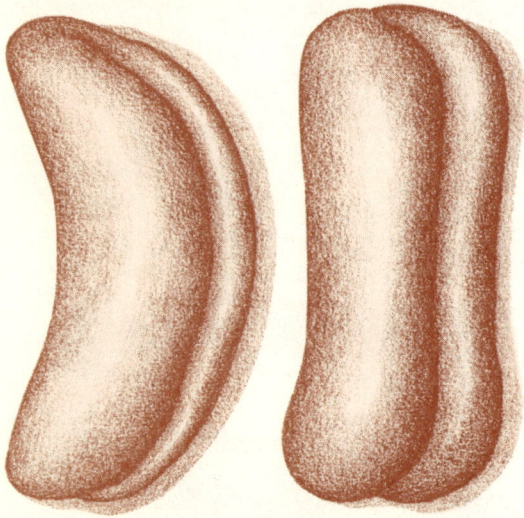

Auch bei der Geburt eines Kindes war der Kindsfuß ein beliebtes Gebäck. Man nannte so das Zuckerwerk, das den Frauen, die bei der Geburt halfen oder die Wöchnerin besuchten, vorgesetzt wurde. Diese brachten es dann ihren Kindern zu Hause mit und erzählten ihnen, das neugeborene Kind habe das Gebäck an den Zehen mitgebracht.

Prügelkrapfen
Baumkuchen

Der Prügelkrapfen gehört ebenso wie der Blattstock in eine Reihe altüberlieferter Gebäcke oder Gebäcktürme, die in vielen Gegenden Europas zur Weihnachtszeit üblich sind. Sie alle drücken den Wunsch nach Fülle, Segen und Glück aus.

In Deutschland ist diese Gebäckart schon lange auch in bürgerlichen Kreisen beliebt und unter dem Namen Baumkuchen in allen Kochbüchern zu finden. Schon im Kochbuch des Churmainz'schen Küchenmeisters Rumpold aus dem Jahr 1587 wird er erwähnt.

Die spezielle Baumkuchenform bestand aus einem 50–60 cm langen, rundgedrechselten Stock von glattem Holz, der unten 15 cm, oben 10 cm Durchmesser hatte und durch den der Länge nach ein eiserner Drehspieß gesteckt wurde. Um diesen »Baum« wurden einige Bogen Pergamentpapier mit Bindfaden festgeschnürt und dick mit Butter bestrichen. Dann legte man den Spieß mit dem Holz auf zwei ziemlich hohe Feuerböcke und entfachte darunter ein kräftiges Feuer aus hartem Holz.

In Österreich heißt diese Baumkuchenform heute noch Prügelholz. Es ist ein nudelwalkerähnlicher, schwach kegelstumpfförmiger, etwa 40 cm langer Körper, an dessen einem Ende ein Eisenzapfen zum Einhängen in den Feuerbock befestigt ist. Am anderen Ende ist ein langer Holzstiel, an dem man das Holz drehen kann. Während des Drehens in Hitze wird er mit Teig begossen.

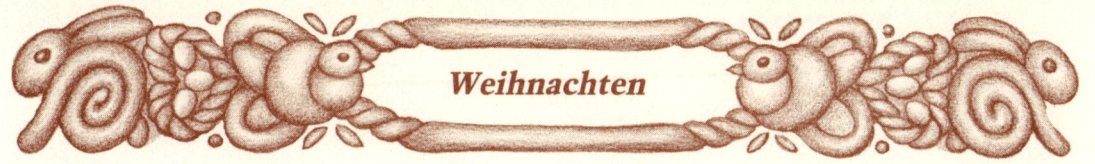

Rezept

Aus 32 Eiern, 750 g Zucker (ein Teil des Zuckers wird zum Spritzen gebraucht), 500 g Stärkemehl oder griffigem Mehl einen flüssigen Teig bereiten. Diesen Teig auf das waagerecht über das offene Feuer gebrachte Prügelholz, das ständig langsam gedreht wird, in immer neuen Schichten aufgießen, bis die richtige Stärke erreicht ist. Dann nimmt man den Prügelkrapfen vom Holz und stellt ihn vorsichtig auf. In die obere Öffnung kann man Strohblumen oder Zweige stecken, die Seiten werden girlandenförmig beeist (Eis ist die alte Bezeichnung für Guß).

Der Prügelkrapfen ist nach der Volksmeinung um so wertvoller, je mehr Zapfen er hat. Man erhält diese Zapfen, indem man ab und zu kleine Stückchen Zitronat in den aufgetragenen Kuchenteig steckt. Der neue Teig setzt sich daran fest und bildet Zacken von verschiedener Größe.

Fochezen, Fochanze

Das alte, aus der romanischen Sprachperiode stammende Gebäck soll in Österreich unter verschiedenen Namen – Fogezen, Foganzen, Vochezen, Fogatze, Fochaz usw. – schon vor über tausend Jahren gebacken worden sein. In den althochdeutschen Glossen des Klosters Mondsee wird als »Vochanza« eine Art Weißbrot beschrieben. Das Wort soll auf die Römer zurückgehen, die auf dem Herd (foches) die »focatia« backten. Heute ist das ursprüngliche Gebäck – ein fladenförmiges, ungesäuertes Aschenbrot aus Hafer- oder Weizenmehl ohne Hefe – fast ganz vergessen. Aus dem dünnen, harten Fladen wurden im Laufe der Zeit kleine Ofenbrote, die zu Weihnachten an Kranke und Arme, aber auch an Angehörige verschenkt wurden. Auch war das Fochazbrot lange Zeit ein Zinsbrot, das an Neujahr fällig war. Der freie Bürger, der einen eigenen Backofen besaß, mußte damit seine Herdsteuer (Focheze) bezahlen, die wegen der Brandgefahr erhoben wurde.

Später wurden aus den einfachen Fladen immer feinere Gebäcke. In Tirol nennt man noch heute ein besonders gutes Brot, wie z. B. das Osterbrot, Fochenz oder Fochez. Man bringt es zur kirchlichen Osterweihe oder schenkt es in Gestalt von Osterhasen und Ostermännern den Kindern.

Rezept
Tiroler Fochazbrot

Aus 300 g Mehl, 20 g Hefe, 20 g Zucker, Salz, 30 g Butter, 1/8 l Milch, Zitronenschale und Anis einen Hefeteig herstellen. Einen Laib formen und mit einer Stricknadel kreuz- oder sternförmig einritzen oder einprickeln, so daß die Spur gut sichtbar bleibt. In guter Hitze hell backen, vorher mit Eigelb und Milch bestreichen.

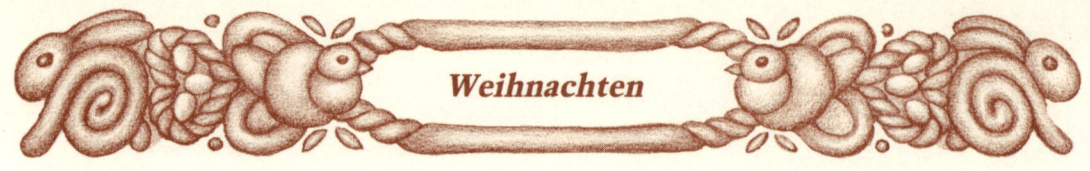

Spiß- oder Prügel-Kuchen

Aus Herrn von Hohbergs
»Des Adelichen Land- und Feld-Lebens«

Zerklopffe 10. gantze Eyer / und 4. Dötterlein / giesse anderthalb Seidlein Kern / oder süssen Ram daran / rühre nach und nach ohngefehr ein Diethäufflein des schönsten Mehls darein / ferner ein halb geriebne Muscatnuß / Muscatenblüh / Saltz und ein halb Pfund zerschlichenen Butter / rühre alles wol untereinander; der Taig muß in der Dicken seyn / daß er sich giessen läst / hernach drehe den darzu gehörigen Prügel / bey dem Feuer etlich mahl herum / biß er wohl erwarmet / ist er öffters gebrauchet worden / so gist ein Fett heraus / solches muß mit einem reinen Tuch sauber abgewischt werden / wann er nun recht heiß / beschmiere ihn mit Butter / giesse vermittelst eines Löffels / von dem Taig um den Prügel / oder Spieß um und um / setze eine Brat-Pfanne unter / damit / was vom Taig herab / darein falle / drehe ihn beständig bey dem Feuer herum / und wann er etwas rösch / aber nicht braun / giesse ferner über und über Taig darauf / und verfahre solcher Gestalt so lang Taig verhanden; zuletzt / wann der Kuchen rösch gebraten / betreuffe solchen mit zerschlichener Butter / und bräune ihn gar völlig ab / dann löse den Kuchen mit einem Messer auf beeden Seiten subtil ab / stosse den Spieß ein wenig auf / so gehet der Kuchen herunter.

Tiroler Blattlstock

Der Krapfen- oder Blattlstock ist ein altes Weihnachtsessen, das vom Stephanstag (26. Dezember) bis zu Dreikönig nach jeder Mahlzeit mit einer Schüssel Milch aufgetragen wurde. Er soll so groß sein, daß sich neun Leute drei Tage lang daran satt essen können. In Kärnten türmt man für diesen Krapfenstock oft 20–30 tellergroße Krapfen in einer großen Schüssel zu einem Krapfengebirge auf. Man nimmt dafür entweder große Krapfen aus Weizenmehl, die in Schmalz herausgebacken wurden, oder dünne, ausgewalkte, fladenartige Blätter (Blattl) aus Roggen- oder Gerstenmehl, die man in Zuckerwasser taucht.

Rezept

1500 g Mehl, 150 g Zucker, 4 Eier, 60 g Hefe, Salz, ³/₄ l Milch zu einem mittelfesten Hefeteig kneten. Zugedeckt gehen lassen. Aus dem Teig eine Rolle formen, 7 gleichgroße Stücke schneiden und jedes zu einem Blatt in Tortenformgröße auswalken. Zugedeckt wieder gehen lassen, dann mit einer Nadel mehrmals einstechen und im Backofen backen.
Für die Füllung 1500 g Dörrbirnen weich kochen, durchdrehen, mit 750 g geriebenem Mohn, 300 g Zucker oder Honig, abgeriebener Zitronenschale, Zimt, Nelkenpulver und etwas Birnensud zu einer geschmeidigen Masse verrühren.
Das erste Blatt auf eine Platte legen, 1 cm dick Fülle auftragen, mit zerlassenem, aber nicht braunem Butterschmalz übergießen.

Das zweite Blatt darauflegen, füllen, überschmalzen usw. Auf das letzte Teigblatt gibt man am meisten Butterschmalz – insgesamt 300 g –, so daß es seitlich abtropft und erstarrt.

Manche backen die Blätter einige Tage vorher, tauchen sie dann kurz in heißes Honigwasser und bestreichen sie mit einer Mohnfülle (geriebenen Mohn mit Milch und Zucker kurz aufkochen, mit Zimt, Nelken, Zitronenschale und etwas Rum würzen) und übergießen das Ganze mit so viel Butterschmalz, daß auch die Seitenwand damit überzogen wird und der Überzug eiszapfenartig erstarrt.

Auch mit einem Teig aus Birnmehl, Mohn und geriebenem Zucker kann man die Krapfen überziehen.

Tiroler Bachlkoch oder Perchtenkoch

Das Tiroler Bachlkoch ist ein Weihnachtsbrei, der am 24. Dezember unmittelbar nach dem Vormittagsgottesdienst gegessen wurde. Wer zu diesem Essen nicht rechtzeitig kam, an dem rächte sich die Bercht im Lauf des Jahres.

Das Gericht wurde nur einmal im Jahr zubereitet. Daher zählte man früher die Lebensjahre oft nach der Anzahl der Bachlkochs, die einer schon gegessen hatte.

Das Bachlkoch war außerdem ein zauberkräftiges Essen. Es verlieh zum Beispiel Klugheit, die mit jedem Jahr zunahm. Man sagte deshalb zu den jungen Leuten, sie hätten noch nicht genug Bachlkoch gegessen, um gescheit zu sein. Die Speise verlieh auch Stärke, deshalb sagte man zu Schwächlingen, die sich beim Rangeln unterkriegen ließen: »Du mußt noch ein paarmal Bachlkoch essen.«

Fremde waren während des Bachlkochessens nicht gern gesehen, denn das beschwor einen Todesfall innerhalb der Familie herauf. Blieb ein Rest vom Bachlkoch in der Pfanne, so ging die Bäuerin damit in den Obstgarten, schüttete es unter die Bäume und rief: »Bam, esst's!« Die Obstbäume dankten es ihr, indem sie im kommenden Jahr reichlich Früchte trugen.

Nach Burgstaller ist das Bachlkoch ein kalter Brei aus besonders feinem Weizenmehl, der mit Butter und Honig übergossen und mit Zimt, Anis, Kümmel oder Mohn bestreut wird.

Aus Tirol stammt das folgende Rezept.

Rezept

80–100 g Mehl mit wenig Milch bespritzen und Farferl daraus machen. Das heißt, mit beiden Händen so lange locker durchmischen (reiben), bis alles Mehl zu kleinen, korngroßen Klümpchen zusammengeballt ist. Kurz übertrocknen lassen. In 1 l kochende, leicht gesalzene Milch einsprudeln, eine Zeitlang langsam kochen lassen. Etwas Kümmel oder Anis dazugeben. Man kann 100 g Butter einrühren oder gebräunte Butter auf das angerichtete Koch gießen. Zuletzt mit Mohn bestreuen und mit Honigschmalz übergießen.

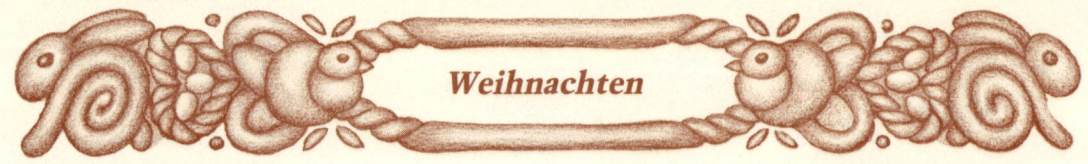
Weiße Pfeffernüsse

In den alten Zeiten wurden bestimmte Honigkuchen tatsächlich mit Pfeffer gewürzt. Pfeffer, ein Import aus dem fernen Osten, war damals das teuerste Gewürz und deshalb gerade kostbar genug für die Weihnachtsbäckerei. Allerdings bezeichnete man im Mittelalter auch alle anderen Gewürze, die aus Indien oder von den Gewürzinseln kamen, wie z. B. Kardamom, Zimt, Nelken und Muskat, als Pfeffer.

Rezept

4 ganze Eier und 4 Eigelb mit 500 g gestoßenem Zucker ³/₄ Stunden nach einer Seite hin rühren. 250 g geschälte, geriebene Mandeln, 60 g feingeschnittenes Zitronat, 60 g kandierte Pomeranzenschalen, 1 TL Zimt, 1 TL gestoßene Nelken und 1000 g Mehl zugeben. Aus dieser Masse haselnußgroße Häufchen auf ein gebuttertes, mit Mehl bestreutes Blech setzen und bei gelinder Hitze backen.

Braune Pfeffernüsse

Rezept

750 g braunen Sirup mit 125 g Butter und 125 g Schweinefett aufkochen und nach dem Abkühlen mit 1000 g Gerstenmehl oder Roggenmehl (manchmal auch halb Gersten-, halb Weizenmehl), etwas gestoßenem Koriander und Anis sowie 30 g in Wasser aufgelöster Pottasche vermischen. Den Teig 1 Tag lang an einem warmen Ort aufgehen lassen, ihn dann tüchtig durchkneten und mit der Hand fingerdicke Rollen formen. Die Rollen in kleine Stücke schneiden und auf butterbestrichenen, mit Mehl bestreuten Blechen backen.

Pöberkuchen aus Föhr

Rezept

750 g Mehl mit feinem Zimt, gestoßenem Kardamom, Nelkenpulver, 170 g Zucker, 1 TL Hirschhornsalz, 300 g geschmolzener Butter oder Schmalz, 500 g Kuchensirup und etwas Salz vermischen. Wenn die Mischung etwas abgekühlt ist, 2 geschlagene Eier dazugeben und alles gut mit so viel Mehl verkneten, daß man daraus Rollen formen kann. Die Rollen schneidet man in fingerdicke Scheiben und backt sie auf einem Backblech.

Friesische Schmalz-Pfeffernüsse oder Feetnöden

Rezept

750 g Zucker, 1000 g Mehl, 500 g Schmalz, 1 TL Hirschhornsalz und Kardamom zu einem Teig zusammenkneten. Kleine Kügelchen formen, leicht eindrücken und abbacken.

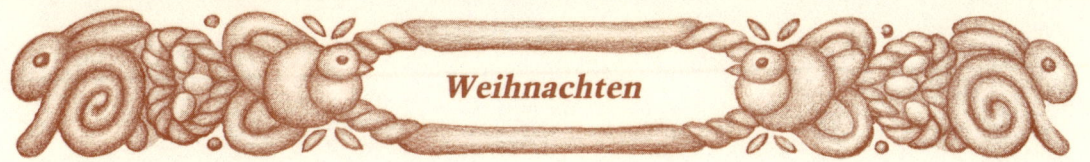

Pfeffer-Nüsse zu machen

Daß die Herstellung der Pfeffernüsse sich im Lauf der Jahrhunderte nicht wesentlich geändert hat, zeigt das Rezept aus dem Jahre 1701:

> Pfeffer-Nüsse zu machen: Nimm ein gantz Ey / zerschlage es und rühre ein Viertheil Pfund guten durch gesiebten Zucker darein / die gelbe Schale von einer Citronen / welche auf einem Reib-Eisen abgerieben / oder sehr dünne abgeschälet / und gantz klein geschnitten worden / auch Pfeffer / Muscat-Blühe / Zimmet / und Cardamomen; Wann du willt / kanst du auch klein geschnittenen Citronat darein thun / und alsdann so viel Meel / daß es ein linder Taig wird / dann treibe ihn mit einem Wolger-Holtz von einander / daß er eines Fingers dicke wird / truck mit einem darzu behörigen Eisen Plätzlein daraus / legs auf ein Blech / mit ein wenig Butter bestrichen / und backe sie in einem Ofen.

Basler Leckerli

Die Basler Leckerli sollen zur Zeit des Basler Konzils (1411–1449) erfunden worden sein. Damals hielten sich etwa 300 Kirchenfürsten aus dem ganzen Abendland in Basel auf, und Handelsleute und Krämer versuchten, sich mit ihrem Angebot gegenseitig zu übertreffen. Da ihnen die gewöhnlichen Lebkuchen nicht gut genug für die vornehmen Gäste schienen, ließen sich die Basler Lebkuchenbäcker etwas ganz Besonderes einfallen. Sie mischten dem üblichen Lebkuchenteig Mandeln, Orangeat und Zitronat bei und erfanden so die Basler Leckerli.

Rezept
Aus »Ächti Schwizer Chuchi«

500 g Bienenhonig (mindestens 1 Jahr alt), 350 g Zucker, 2 EL Zimt, 1 Prise Nelkenpulver, 1 TL Muskat aufkochen. Je 120 g gehackte Mandeln und Haselnüsse, je 100 g feingehacktes Orangeat und Zitronat, die grobgehackte Schale einer Zitrone in den Sirup geben. Vom Feuer nehmen. Nach und nach $2/3$ von insgesamt 700 g Mehl und 2 Messerspitzen Pottasche dazusieben. 2 dl Kirschwasser beifügen. Das restliche Mehl auf ein Teigbrett geben, die Teigmasse daraufschütten, alles rasch zusammenkneten. Den Teig halbieren, auswallen und auf zwei rechteckige, mit Mehl bestäubte Backbleche verteilen. Über Nacht ruhen lassen. 15 bis 20 Minuten im vorgeheizten Backofen bei 230 Grad backen.

Den gebackenen Teig für die rechteckigen Leckerli sofort $3/4$ tief einschneiden. Vom Blech nehmen, mit einem Bürstchen vom Mehl befreien und mit einer heißen Glasur bestreichen. Die Leckerli ganz auseinanderschneiden.

Für die Glasur 160 g Zucker mit 1 dl Wasser vom Siedepunkt an 5 Minuten zum Faden kochen. Man kann ihr auch etwas Kirschwasser beimischen.

Hitjepuppen oder Althannoversche Zuckerbilder

Bis zum Jahr 1914 stellte jeder Altstadtbäckermeister in Hannover alljährlich zu Weihnachten Hitjepuppen her, die zwischen 5 und 35 cm groß waren. Dieses Gebäck aus weißem Pfefferkuchenteig wird erst ausgestochen, dann gebacken und mit leuchtendroter Zuckerglasur überzogen. Die Figuren werden nach einer kurzen Trockenzeit mit einer weißen Eiweiß-Spritzglasur aufgemalt. Der Brauch, diese Figuren zu backen, wird in Hannover bis auf die Tage der Reformation zurückgeführt. Der Name Hitjepuppe – in älteren Volkskundebüchern steht auch Hiltjepuppe – soll sich als Sammelname von Hitje = kleine Ziege ableiten, da die Figuren neben weihnachtlichen Motiven oft auch kleine Tiere darstellen.

In Hannover werden die Hitjepuppen zur Zeit nur noch von der Bäckerei Georg Borchers gebacken und seit 125 Jahren nur durch mündliche Überlieferung weitergegeben. Es ist ein ungeschriebenes Gesetz dieser Bäckerei, das Rezept weder aufzuschreiben noch preiszugeben.

Hannoversche Hitjepuppen der Bäckerei Borchers

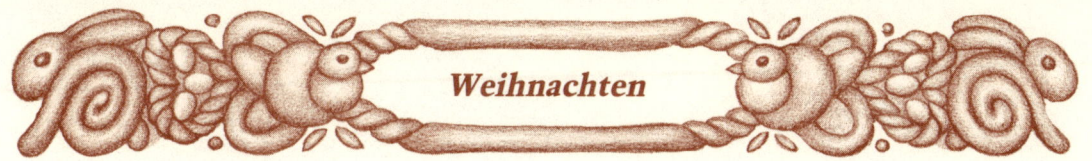

Lebzeltwizl

Rezept

Einen Teigfleck aus feinem Hefe- oder Nudelteig auswalken, in speziellen Abständen mit länglich-rechteckigen Lebzeltstückchen belegen und mit einem zweiten Teigblatt überdecken. Den Teig zwischen den Lebkuchen mit den Fingern abdrücken, die Stücke auseinanderschneiden und in Butterschmalz ausbacken.

Lebzeltwizl sind in Österreich ein besonders festliches Gebäck, das nur zu Weihnachten und an Hochzeiten gebacken wird. Für diese Anlässe werden die Wizl noch mit *»Oarkraus« (Eierkraus)* überzogen. Diese Arbeit bringt allerdings nur jemand fertig, der schon jahrelange Übung darin hat:

Leicht vorgewärmte Eier werden aufgeschlagen und klares Wasser dazugegeben. Diese Masse wird so lange mit der Gabel langsam durchzogen, bis sie eine schleimig-ziehende (ja nicht schaumartig geschlagene) Konsistenz hat. Dann spritzt man aus dem Handgelenk feine Spritzer dieser Masse in heißes Butterschmalz, und zwar immer nur so viel, wie man für den Überzug eines Wizls braucht. Es entsteht im Fett ein krauses, zusammenhängendes Netz, das seine Form verliert, wenn man es herausnimmt. Dieses Netz muß man nun mit der Gabel herausschwingen, über den Wizl ziehen und gleichmäßig verteilen. Es darf nicht gebräunt sein, sondern muß hellgelb bleiben und schön feingliedrig und gleichmäßig sein.

Weiße Bilder oder Wihnachkekse

Auch in der Gegend von Minden war früher ein ähnliches Gebäck populär. Es war durchlöchert, so daß man es an den Christbaum hängen konnte. Diese »Wihnachkekse« oder »Weißen Bilder« gab es während der Weihnachtszeit in vielen Kolonialläden der Dörfer zu kaufen. Die verschiedenartigen Formen bestanden aus einem ganz einfachen Teig aus Mehl, Wasser und Zucker. Sie wurden bei geringer Hitze gebacken, so daß sie weiß blieben. Anschließend wurden sie – ähnlich wie die Hitjepuppen und die Kindjeespoppen – rot angemalt oder mit Zuckerguß in den verschiedenen Farben überzogen.

Kindjees- oder Winachpoppen

In ganz Schleswig-Holstein kannte man früher an Weihnachten dieses Gebäck, das auch Kindjeestüüg genannt wurde. Es war ein Figuren- und Gestaltengebäck – Reiter, Schweine, Hasen, Hirsche, Pferde, Adam und Eva – aus weißem oder braunem Kuchenteig oder aus Brotteigresten und wurde auch an Jahrmärkten angeboten. Die Figuren wurden mit Kirschsaft oder Rote Bete-Saft in feinen Konturen bemalt, aber auch mit Sirup oder Braunbier bestrichen und mit Goldschaum beklebt. Früher setzte man dieses Figurenbrot, dessen Rezept ebenfalls lange Zeit nur mündlich überliefert war, auf einem Backblech oben auf das Brot, das zum Backen in den Ofen geschoben wurde.

Altes Rezept

750 g Zucker in 1 l Wasser aufkochen. Nach dem Erkalten mit 1500 g Mehl, 40 g Hirschhornsalz und 40–50 g Margarine zu einem weichen Teig verrühren. Sehr dünn ausrollen und Figuren ausstechen. Nach dem Backen glasieren und die Konturen mit rotem Saft malen.

Zürcher Tirggeli

Als ein mit Modeln geformtes Honiggebäck – dem Lebkuchen verwandt – kannte man den Tirggel schon in der Antike. Als typisches Zürcher Gebäck wird er seit dem Mittelalter an Jahr- und Weihnachtsmärkten angeboten. Tirggeli werden gebacken, wenn der erste Schnee fällt. Sie waren als Nikolaus- und Neujahrspatengeschenk bei den Kindern früherer Zeiten deshalb so beliebt, weil die Tirggelbilder fast ein Bilderbuch ersetzten.

Erwähnt wurde das »Dirgely« erstmals 1461 bei einem Gerichtsfall. 1487 mauerte man die Hexe Margaretha Stucki-Bucher lebendig ein, weil sie einem Mann »in ein tirggeli Gift zuo essen geben, daz er stürbe.« Zeitweilig wurde der Tirggel als Luxusgebäck verboten. 1546 schränkten in Schaffhausen die Behörden den Verkauf des Tirggels ein, weil die schönen Bilder die Leute von der Kirche fernhielten. Da die Hausväter von den Zunftessen meistens ziemlich angeheitert nach Hause kamen, dafür aber ihrer Familie einen großen Tirggel mit dem Zunft-

model mitbrachten, nannte man später auch oft einen Schwips einen Tirggel.

Die Tirggeli werden auch heute noch in wunderschönen Modeln geformt. Da die Herstellung dieses Gebäcks eine etwas heikle Angelegenheit ist, wurden sie von alters her hauptsächlich von Bäckern gebacken.

Rezepte

Die ältesten bekannten Rezepte stammen aus dem 17. und 18. Jahrhundert. Sie lauten:

Tirggele zue machen, nimm einen Bächer Honig und zwei Loth Imper, 2 Loth Anis, 2 Loth Coriander, 4 Loth Roswasser.

Oder

4 Lott Imper, 3 Lott Zimmetpulver, 2 Lott Nägelipulver, 3 Lott Änis, 3 Lott Coriander, 3 Lott Rosmäl, 1 Bächer voll Roswasser, alles in einem Bächer Honig.
(1 Lott = etwa 12 Gramm)

Aus »Ächti Schwizer Chuchi«

400 g Bienenhonig erwärmen, 70 g Puderzucker und je 1 Prise Ingwer, Anis, Koriander, Nelkenpulver und Muskatnuß dazurühren. Mit 3–4 EL Rosenwasser zu Sirup verdünnen. Nach dem Erkalten mit so viel Mehl verkneten, daß ein fester, geschmeidiger Teig entsteht. Diesen etwa 2 mm dick auswallen. Holzmodel mit Öl bestreichen, den Teig darauflegen und hineinpressen. Die

Zürcher Tirggeli

*Rautenförmige
Holzmodel*

*und Tonmodel
17. Jhdt.*

*Virgil's
Ehebrecherfalle
16. Jhdt.*

*Joseph
und Potiphar's Weib
16. Jhdt.*

Tirggelränder glatt schneiden. Auf einem bebutterten und bemehlten Blech bei starker Oberhitze (220 Grad) 1–2 Minuten trocknen lassen. Die Tirggel dürfen auf der Oberfläche leicht Farbe annehmen. Wenn sie zu stark gebacken werden, sind sie spröde und zerbrechen.

Halligknacker

Kleine, pfeffernußartige Pflätzchen aus Rahm, Zucker, Butter und Mehl.

Springerle, Sprengerl, Anisguezli

Rezept

500 g Zucker mit 4 ganzen Eiern (180 g Ei-Inhalt) so lange schaumig rühren, bis der Zucker vollständig gelöst ist. Danach 500 g feines, trockenes Weizenmehl und 3 g feinstgepulvertes Hirschhornsalz einkneten, den fertigen Teig in ein mit Kirschwasser angefeuchtetes Tuch hüllen und 1 Stunde kühl lagern. Danach nimmt man sich etwas von dem Teig, arbeitet ihn nochmals schön glatt und rollt ihn zwischen 1 cm hohen Holzstäben aus. Die Oberfläche des Teiges ganz leicht mit Weizenpuder (Stärkemehl) überpudern und durch Reiben mit dem Handballen glatt massieren.

Den vorgesehenen Model mit der Bildseite nach unten fest auf den Teig drücken, damit sich die Bilder gut und vollständig auf dem Teig abzeichnen, dann senkrecht nach oben abheben. Die Model selbst nie mit Mehl oder Puder ausstauben, weil man immer etwas von dem Mehl im Model festdrückt, was sich nachher schwer wieder entfernen läßt. Mit einem scharfen Messer oder einem entsprechenden Ausstecher die einzelnen Stücke voneinander teilen und auf ein gleichmäßig gefettetes Blech zum Trocknen legen. Das Trocknen soll in einem mäßig warmen Raum und unbedingt zugfei erfolgen.

Nach mindestens 12 Stunden Trockenzeit die Springerle auf ein leicht mit Butter bestrichenes und mit Anis übersätes Backblech umsetzen, wobei zwischen den einzelnen Stücken ein etwa fingerbreiter Abstand bleiben muß. Das Abbacken erfolgt bei mäßiger Hitze (etwa 160 Grad) und leicht geöffneter Backraumtür. Es darf nur der Boden des Gebäcks eine goldbraune Farbe erhalten, während die Oberfläche fast weiß bleiben muß. Das Wichtigste ist aber immer, daß sich recht schöne Füßchen bilden, indem sich die getrocknete Oberfläche vom feuchteren Unterteil leicht abhebt.

Größere Figuren werden »eingeformt«, d. h. man legt den ausgerollten Teig mit der polierten Oberfläche auf den Model und drückt nun mit den Fingerspitzen die Vertiefungen ein. Zum Schluß rollt man mit einem Rollholz darüber, damit das Stück einen gleichmäßigen Boden bekommt. Nun legt man ein passendes Brettchen auf den Teig, wendet beides zusammen und formt damit die Figur aus. Die Umrisse der Figur sticht man mit einem scharfen Messerchen aus.

Model 1790, flämisch

Model 19. Jhdt., Bayern

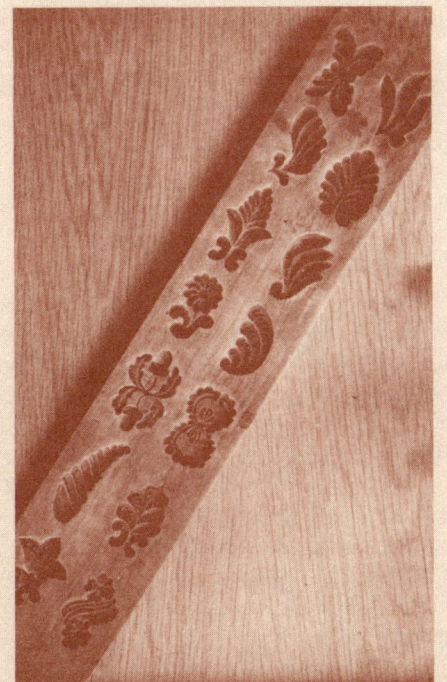

Model Ende 19. Jhdt.

Model um 1750

Dieses schöne und ausführliche Bäckerrezept unterscheidet sich kaum von dem folgenden Rezept aus dem Jahr 1701:

Es werden 4. Eyer mit einem Pfund Zukker eine Stunde lang gerührt, alsdann wird ein Pfund fein Mehl darein gerührt, es ist nicht nöthig daß das Mehl ganz hinein gehe, man muß eben den Taig noch wellen können. Hierauf macht man Pläzlen Messerrücken dick, der Taig wird etwas gemehlt und gedruckt; auch muß man den Taig, der vom Ausschneiden abfällt, immer wieder zu einem frischen Stücklein Taig nehmen, bis es gar ist; den Taig in der Schüssel hält man zugedeckt mit einem feuchten Tüchlein, daß er keine so dicke Haut bekomme. Die Springerlen legt man auf ein Brett, welches nur mit einer mehlichten Hand überfahren ist, läßt sie über Nacht oder ein paar Stunden in der Stuben, wo es nicht zu heis ist und sie nicht feucht stehen. Hierauf wird ein Blech mit Butter geschmiert und mit Anis bestreuet, die Springerlen werden darauf gelegt und in einer nicht grosen Hize gebachen, nach dem Brod bei dem Becken ist es am besten.

Klieklepper oder Kneppelkok

Dieses Weihnachtsgebäck wurde früher in Schleswig-Holstein aus den Teigresten gebacken, die man aus dem Backtrog zusammenscharrte. Man verbesserte die Masse mit Sirup und Gewürzen und formte Rollen daraus, die in fingerdicke Stücke geschnitten wurden. Oder man knetete einen Teig aus Weizenkleie oder Roggenmehl, Sirup und etwas Fett und formte fingerdicke, viereckige Kuchen daraus.

In früherer Zeit wurden die Klieklepper auf dem Schwarzbrot im Backofen gebacken.

Gerührte Bruderherzen

Dieses Gebäck wurde früher in Neuwied für das Fest der ledigen Brüder am 29. August gebacken und ist erst später zum Weihnachtsgebäck geworden. Da das Herz allgemein als Symbol der Liebe gilt, verzehrt man es, damit die ganze Liebeskraft im Herzen aufgeht und dadurch Gegenliebe erzeugt wird. Oder man verschenkt es als Ausdruck der Liebe. Wer es ißt, dem soll jeder Wunsch in Erfüllung gehen.

Rezept
Nach der Herrnhuter Brudergemeine
in Neuwied

Von ¼ l Milch, 1 TL Zucker, 50 g Hefe und etwas Mehl (von insgesamt 1000 g) ein Hefestück ansetzen. 400 g Butter, 200 g Zucker, 8 Eier, 5 g Salz und abgeriebene Zitronenschale schaumig rühren. Nach und nach das Mehl unterrühren, zum Schluß das Hefestück untermischen. Den Teig in spezielle, etwa handgroße, herzförmige Modeln gießen, die etwa so hoch wie eine Kaffeetasse sind. Gehen lassen, dann abbacken.

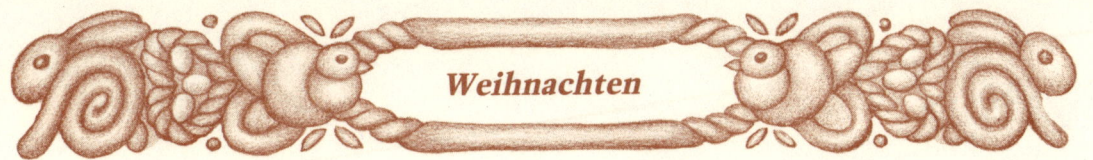

Adam und Eva

Wer sich wundert, warum ausgerechnet in so vielen Gegenden – besonders im norddeutschen Raum – das erste Menschenpaar Adam und Eva ein typisches Weihnachtsgebäck ist: Der 24. Dezember ist nicht nur der Christtag, sondern auch der Namenstag von Adam und Eva.

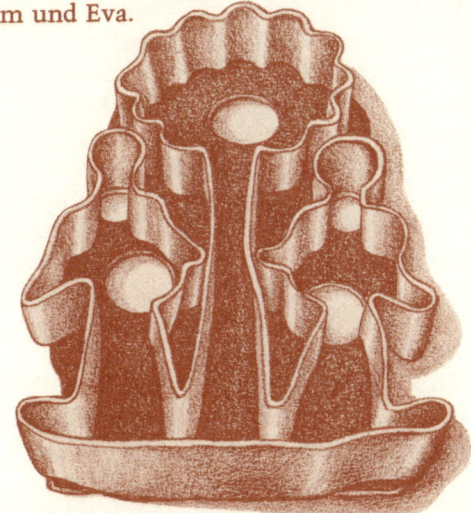

Stechform, Ende 15. Jhdt.

Rezept

5 Eier mit 500 g Puderzucker schaumig rühren. 1 Prise Salz, 1 EL Kirschwasser und 1 EL Anis dazugeben. 500 g Mehl daruntermischen und zu einem Teig kneten, etwa 1 cm dick ausrollen. Bemehlte Model stark aufdrücken. Teig ausschneiden. Modelfiguren auf ein vorher gefettetes Blech legen und über Nacht trocknen lassen. 20–25 Minuten bei schwacher Hitze backen.

Bakels aus Nordfriesland

Rezept
Eine Variante der Schweizer Schlüferli

Aus 250 g Butter, 70 g Zucker, 500 g Mehl, 30 g Hefe, ½ l lauwarmer Milch, 5 Eiern, abgeriebener Zitronenschale, etwas Salz einen Hefeteig wie üblich herstellen. So viel Mehl hineinkneten, daß es ein zarter, nicht zu fester Teig zum Ausrollen wird. Etwa 1 cm dick ausrollen, aufgehen lassen und dann mit dem Backrädchen etwa zwei Finger breite Streifen schneiden und davon etwa 6 cm lange Rechtecke mit je einem kleinen Längsschnitt in der Mitte abschneiden. Jedes Rechteck einmal durch die Mitte ziehen und die so entstandenen Schleifen nochmals aufgehen lassen. In Schmelzbutter schwimmend goldgelb backen.

Christei oder Christdeihen

In der ganzen Pfalz war an Weihnachten ein Horngebildbrot üblich, das die Kinder von ihren Paten bekamen: die Christdeihen oder das Christei. In Rechnungen des St. Georgen Hospitals in Speyer aus den Jahren 1529 und 1530 heißt es: »vor Christdyhen, zu dem nuwen jars tag noch alter Gewohnheit«. Die Lagerbücher von Dirmstein (1557–1564) nennen als Abgaben für Kurpfalz: »4 Genns, 4 Osterlemmer, 4 Weihenecht deihen.« 1622 machte der Deidesheimer Valentin Freudel eine Geldstiftung, durch welche »dem Brudermeister auf den heiligen Christ-

Weihnachten

tag ein Christei für einen Batzen, dem Pfarrer ein Christei für acht Pfennig und das Dareinbrot den Armen soll verteilt werden.« Die Form der Christdeihen oder des Christeis ist an allen Orten ziemlich gleich. Meistens ist es ein leicht gekrümmtes, auf der Rundungsseite erhöhtes Horn. Die beiden Hornspitzen sind besonders gut ausgeprägt und tragen entweder je eine kleine Brezel oder – wie in Hauhofen – zwei Erbsen. Die breite Mitte des Gebäcks ist mit einem kleinen, geflochtenen Kranz oder einer Spirale verziert. An anderen Orten werden die Christdeihen durch Einschnitte verschiedener Art oder mit Punkten, Sternen oder Stichen verziert. Ihre Länge kann von 15 cm bis zu 70 cm variieren.

In einigen Gegenden wird die Christdeihe anstelle eines Weihnachtstollens gebacken. An anderen Orten ist sie aber auch ein Silvestergebäck, das nur in der Silvesternacht zwischen 11 und 1 Uhr zum Glühwein gegessen werden darf. In Seckenheim holen sich die Kinder ihre Christeier mit einem Spruch von ihren Paten, der deutlich zeigt, daß Weihnachten früher auch ein Neujahrstermin war:

Ich wünsch dir e glicklich nei Johr
E Brezel wie e Scheuretor,
E Christei wie e Ofenplatt,
Do wern mer all minanner satt.

Ein Originalrezept der Deihen war nicht aufzutreiben, obwohl sie in einigen Dörfern der Hartgegend noch gebacken werden. Nach volkskundlichen Schriften ist sie ein sehr mürbes Hefegebäck mit vielen Eiern, mit Butter, Rosinen und Mandeln. Ihre Oberseite wird mit Eigelb bestrichen, so daß sie einen goldbraunen Glanz bekommt. Die rund ausgewalkte Teigplatte wird so zusammengeschlagen, daß der Rand des oben liegenden Teils auch nach dem Backen noch deutlich sichtbar ist. Dadurch entsteht ein Spalt auf der Oberseite, der wie aufgesprungen aussieht. Manchmal wird vor dem Zusammenklappen auch noch gedörrtes Obst zwischen die Teiglappen gelegt.

Nach Bäcker Löffler in Harthausen/Pfalz ist die Deihe ein Horn aus 2 Pfund weichem Hefeteig, etwa 20 cm im Durchmesser. Sie wird mit Mandeln bestreut und nach dem Backen mit Butter und Vanille bestrichen. Als Verzierung zwickt man sie an der oberen Seite alle 3 cm ein.

Silvester

31. Dezember

Diese Nacht zwischen den Jahren geht mit ihren Volksbräuchen nahtlos in den Neujahrstag über. Es erfüllen sich in dieser Nacht nicht nur alle Wünsche, sondern das Orakel verrät auch die Zukunft der Menschen für das folgende Jahr.

Auf den Silvestertag, den »alten oder zweiten Heiligen Abend«, übertrug man alle Gebräuche, mit denen der einfache Mensch Trost für das künftige Jahr und Schutz vor den stets hungrigen Seelen seiner Vorfahren suchte. Mit den Lärmumzügen wollte man die Totengeister, die die Fruchtbarkeit schädigten, abschrecken und in ihr Schattenreich zurückweisen. Beim »Neujahrseinwerfen« wurden in Hessen und in Norddeutschland Töpfe, Teller, Tassen und anderes Geschirr an die Wand geworfen oder vor der Haustür der Nachbarn zerschmettert. Auch das »Rummelpottlaufen« in Schleswig-Holstein sollte die bösen Geister vertreiben.

Wie am Neujahrstag, gibt es auch am Silvesterabend unzählige abergläubische Bräuche. Läßt man zum Beispiel von allen Silvesterspeisen einen Rest bis zum Neujahrstag stehen, so geht einem das Essen das ganze Jahr nicht aus. Auch das Wetter läßt sich an diesem Abend voraussagen. Dazu muß man nur ein Messer tief in ein frisches Brot stecken und wieder herausziehen. Am Grad der Feuchtigkeit, die am Messer zu sehen ist, kann man auf ein trockenes oder nasses Jahr schließen. In Mondsee in Österreich wahrsagte man aus der Form des erstarrten Fettes, das vom Krapfenbacken am Silvesterabend zurückgeblieben war, ebenfalls das Wetter des neuen Jahres: Eine glatte Oberfläche bedeutete gutes Wetter, eine gewellte Oberfläche zeigte Hagel an.

Das Rummelpottlaufen

In Schleswig-Holstein und auf den nordfriesischen Inseln war früher am Silvesterabend und auch am Neujahrstag das Rummelpottlaufen gebräuchlich. Die Rummelpötte waren Steinkruken, die mit einer Schweinsblase überzogen waren, die in der Mitte ein Loch hatte. Durch diese Öffnung wurde ein Stab gesteckt und an der inneren Wand der Membran befestigt. Strich man nun mit einem angefeuchteten Finger an diesem Stab entlang, geriet die Membran und damit die eingeschlossene Luftsäule in Schwingungen, was einen ohrenbetäubenden Lärm machte.

In den ganz alten Zeiten war der Schulmeister dabei, wenn am Neujahrsabend seine Schüler mit dem Rummelpott von Haus zu Haus zogen. Sie sangen fromme Lieder und bekamen dafür Geschenke, wie ja überhaupt der Silvester der allgemeine Geschenketermin für Kinder war. Später zogen die Schüler dann allein mit dem Rummelpott los.

In manchen Gegenden vermummten sich Kinder und Erwachsene auch mit Schaffellen und Strohbündeln, schwärzten sich die Gesichter oder setzten Masken auf. Auf Föhr hießen diese Masken Kenken. Sie sollten ursprünglich die Wilde Jagd darstellen. 1778 wurden diese Julspiele zu Ehren der Göttin Freya abgeschafft, aber die Maskenumzüge blieben. Meistens beschenkte man die Rummelpottläufer mit Gebäck: mit Förtjen, Kenkentjüch und den speziell für diesen Anlaß gebackenen Rummelpottplätzchen.

Brauchtumsgebäcke

Rummelpottplätzchen

Rezept

1 kg Sirup mit 250 g Butter aufkochen und mit 1 kg Mehl verrühren. In 1/2 Tasse Rosenwasser 15–18 g Pottasche auflösen und zugeben. Anschließend 250 g geriebene süße Mandeln (dazu 1 bittere), je 1 Messerspitze Nelkenpulver, Kardamom und Zimt, abgeriebene Zitronen- und Orangenschale unterrühren. Den Teig bis zum Blasenwerfen schlagen und mindestens 1 Woche an einen warmen Platz stellen. Zwischendurch immer wieder kneten. Dann sehr dünn ausrollen und kleine, dünne Plätzchen daraus schneiden. Bei Mittelhitze etwa 10 Minuten backen.

Husumer Futtjes

Rezept

1/2 l Sahne und 1 l Milch zum Kochen bringen und dann 750 g Mehl und 250 g Butter hineinrühren. Die Masse muß sich wie ein großer Kloß zusammentun und leicht vom Topf lösen. Ist sie etwas abgekühlt, nach und nach 20 ganze Eier hineinschlagen, wobei man jedes einzelne Ei gut verrühren muß. Dazu kommen dann 1/2 TL feines Kardamom, 125 g gehackte Mandeln, 500 g Rosinen und etwas Hefe. Den Teig mit 1 EL Zucker süßen und weitere 500 g Mehl hineinrühren. Ist die Masse an einem warmen Ort aufgegangen, mit dem Löffel kleine Portionen davon abstechen und in siedendem Schmalz oder gutem Öl backen, bis sie von allen Seiten schön braun sind. Mit feinem Zucker bestreuen.

Förtjen

Förtjen, Futjen, Futtjes sind ein typisch norddeutsches Gebäck, das es in Schleswig-Holstein und auf den Inseln auch an Weihnachten und Neujahr gibt. Sie wurden entweder in einer bestimmten eisernen Pfanne mit Vertiefungen, der sogenannten Förtjenpfanne, gebacken oder in Schmalz ausgebakken. Füllte man das Backwerk mit Äpfeln, hieß es Apfelkuchen. Beim Rummelpottlaufen sangen die Kinder:

> *Dat ohle Jahr, dat nie Jahr,*
> *Sind denn nie bald de Futtjens gaar?*
> *Krie ick een, so blief ick stahn,*
> *Krie ick twe, so will ick gahn,*
> *Krie ick dree, so wünsch ick Glück,*
> *Dat de Köksch* (Köchin) *mit de Futtjens*
> *to de Schosten* (Schornstein) *rut flüggt.*

Altes Förtjen-Rezept

8 Loth Butter, 6 Loth Zucker, 4 ganze Eier, 2 Eigelb, 1 Pfund Mehl, 20 g Hefe, ½ Quartier lauwarme Milch, etwas gestoßenen Kardamom und Kaneel gut verrühren, 1 Stunde gehen lassen. Dann in jede Vertiefung einer Förtjenpfanne etwas Butter und je 1 Löffel

voll Teig gießen, hellbraun auf einer Seite backen. Dann mit einer Gabel wenden und auf der anderen Seite ebenso backen.

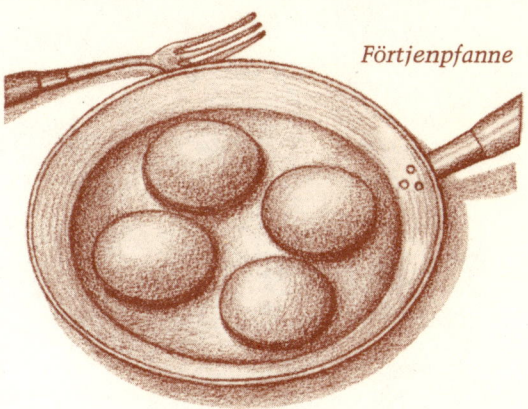

Förtjenpfanne

Modernes Förtjen-Rezept

500 g Mehl, 3 EL Zucker, ½ l Milch, 5 Eier, 25 g Hefe, geriebene Zitronenschale und etwas gestoßenen Kardamom zu einem Hefeteig verarbeiten. Wenn der Teig aufgegangen ist, noch 1–2 Stunden stehen lassen und dann in der Förtjenpfanne backen.

Fränkisches Wassermarzipan

Rezept

250 g Zucker und ⅛ l Wasser 2 Stunden stehen lassen. Dann 450 g Mehl, das man mit 1 Päckchen Backpulver vermischt hat, dazukneten. Figuren aus der Masse formen oder ausstechen und im Backofen wie Springerle backen. Nach Belieben erkaltet bemalen.

Orakelfiguren
zum Glücksgreifen

Frau oder Mann = Hochzeit

Brote =
gutes Auskommen

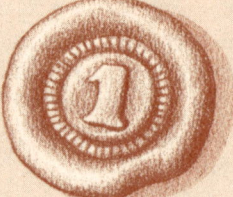

Geldstücke =
gute Einnahmen

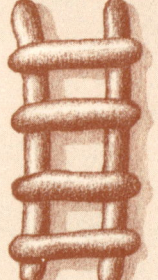

Leitern oder Schlüssel = Erfolg oder ein Platz im Himmel

Wiege oder Wickelkind =
Taufe

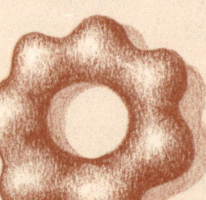

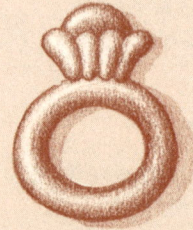

Kranz = Hochzeit

Kranz mit Schleife =
Begräbnis

Ringe = Verlobung

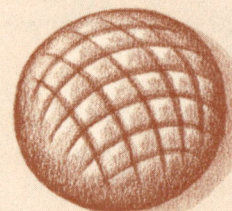

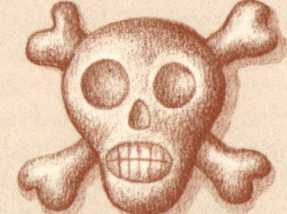

Gebäck mit Kreuzkerbe oder Kleeblattform = Glück

Totenkopf = Unglück

Kenkentjüch

Gestaltengebäck aus Föhr

Rezept

8 Loth feingeriebene Mandeln, 8 Loth Zukker, 8 Loth kalte Butter, 8 Loth Mehl miteinander mischen, kneten, ¼ Zoll (7 mm)
dick ausrollen und Figuren ausstechen.
Langsam auf einem mit Mehl bestreuten
Blech hellfarbig backen. Mit Rote Bete-Saft
bemalen. Früher wurde dieses Kenkentjüch
nach hölzernen Figuren ausgeschnitten.

Orakelfiguren zum Glücksgreifen

Man legt in der Silvesternacht verschiedene
Figuren aus Teig einzeln unter umgedrehte
Teller oder zusammen unter eine Schüssel,
wo sie im Dunkeln oder mit verbundenen
Augen gegriffen werden müssen. Die Figur,
die man erwischt, zeigt, was das kommende
Jahr für einen bereit hält.
Nach dem Orakelspiel wurden diese
Glücksfiguren an das Vieh verfüttert oder –
wenn man ein Glückssymbol erwischt hatte
– sorgfältig aufgehoben.
Man formte die Orakelfiguren am häufig-
sten aus Roggenmehlteig. In Ostpreußen,
wo dieses Glücksgreifen früher besonders
populär war, stellten die Bäcker die einzelnen Figuren auch aus Zuckerschaum oder
Honigkuchenteig her. Man konnte sie an
Silvester sortiert im Tütchen kaufen. Die
einzelnen Symbole lassen sich aber auch
sehr gut aus Wassermarzipan herstellen.

Milch-Küchlein

Rezept
Ein altes Silvestergebäck aus
Herrn von Hohbergs
»Des Adelichen Land- und Feld-Lebens«

Lasse in einer Pfannen ein Seidlein / oder
zwey Maaß der allerbesten / dicken / un-
abgenommenen Milch siedend werden /
saltz und streue schön Waitzen-Meel über
dem Feuer in die Milch / biß so dick
wird / daß man fast nicht mehr rühren
kan / rühre so lang biß der Taig schön
glat / und sich von der Pfannen ablöst /
auch nicht mehr mehlicht schmecket /
hernach thue den Taig in ein Beck / behal-
te ihn in der Wärme / damit er nicht er-
kalte / schlage so viel frische Eyer / so
zuvor in dem Wasser gelegen / daran / daß
der Taig dünner wird / als ein Spritzen-
Küchlein-Taig / man rechnet gemeinig-
lich zu einem Seidlein Milch / 12. oder
14. Eyer / lege den Taig Löffel-weis ins
Schmaltz / und bachs hell /sie reisen
schön auf.

In Pelshenke »Gebäck aus deutschen
Gauen« werden die Schwäbischen Milch-
küchle aus einem Hefeteig hergestellt und
im Ofen gebacken. Auf 1 l Milch kommen
120 g Hefe, 20 g Salz, 400 g Butter und entsprechend viel Mehl.

Ballbäuschen

Die Bollebäuschen oder Ölkräbbelchen aus dem Rheinland ähneln den Berliner Pfannkuchen. Sie sind nur nicht so rund. Ihr Name soll eine Verballhornung von »bon baiser« (herzhafter Kuß) sein. Die Ballbäuschen werden auch im rheinischen Karneval gebacken.

Rezept

100 g Butter oder Margarine mit 75 g feinem Zucker schaumig rühren. Die abgeriebene Schale einer halben Zitrone, 1 Prise Salz und 3 kleine Eier zugeben und so lange rühren, bis sich der Zucker gelöst hat. Dann 350 g mit 1 TL Backpulver vermischtes Mehl unterrühren. Mit zwei Teelöffeln kleine Teighäufchen abstechen und in siedendem Fett schwimmend goldbraun ausbacken. Auf Küchenkrepp abtropfen lassen und noch warm mit Zucker und Zimt oder Puderzucker bestreuen.
Man kann auch 100 g Rosinen oder Korinthen unter den Teig mischen.

Hohlhippen oder Züri-Hüppli

Über Jahrhunderte haben sich in der Schweiz die Hohlhippen gehalten: fingerdicke Waffelröllchen, die nicht nur an Silvester gebacken werden. In Zürich gab es früher für die Züri-Hüppli eigene Hippenbuben, die sie auf der Straße feilhielten. Im Pariser Louvre hängt ein Bild des französischen Malers Lubin Baugin (1610–1663), auf dem schon die Heilige Familie Hohlhippen vor sich auf dem Tisch liegen hat.

Rezepte
Aus Staindl aus dem Jahr 1547

Honig mit warmem Wasser verrühren, Mehl hinzugeben, bis ein dünner Teig entsteht, 2 Eigelb und etwas zerlassenes Schmalz darunterrühren, löffelweise auf das Eisen gießen und backen.

½ Liter Rahm wird mit 70 Gramm mit etwas Vanille gestoßenem Zucker, 4–5 Eßlöffeln Mehl und drei Eidottern gehörig zusammengequirlt, worauf man das flache Hippeneisen über Kohlenfeuer heiß werden läßt, mit Wachs oder ein wenig geklärter Butter bestreicht, mit weichem Papier auswischt und mit einem Löffel von dem Teig füllt, dann langsam fest schließt, über das Feuer hält und die Hohlhippen erst auf der einen, dann auf der anderen Seite hellbraun bäckt; sobald dieselben aus dem Eisen kommen, rollt man sie über ein fingerdickes, rundes Holz. – Oder man rührt 70 Gramm Butter mit vier Eidottern zu Schaum, thut 30 Gramm Zucker, eine Messerspitze Salz, ¼ Liter zu Schaum geschlagenen Rahm, den Schnee der vier Eiweiße und 70 Gramm feines Mehl hinzu und verwendet diesen Teig zu Hohlhippen.

Verschiedene Hippenmassen

Die folgenden Hippenmassen streicht man auf gefettete, bemehlte Blechschablonen (viereckig, rechteckig, oval, Formen von Blättern) dünn mit langem, rundem Messer auf und backt sie im heißen Ofen. Sobald die Bleche aus dem Ofen kommen, dreht man das Backwerk über dazu bestimmte Hölzer zu Röllchen und Tüten. Den Blättern gibt man eine gebogene Form, indem man sie heiß auf Rollhölzer legt.

Erste Hippenmasse

500 g Marzipan und 500 g feinen Backzukker mit Eiweiß unter Beigabe von Zimt zu einer streichfähigen Masse verarbeiten.

Zweite Hippenmasse

200 g Mandeln, 300 g Zucker, 50 g Mehl, 8 Eiweiß und Zimt untereinandermengen und rösten. Die Masse dünn auf gefettete und bemehlte Bleche als runde oder ovale Stücke auftragen oder aufspritzen und heiß backen. Noch heiß von den Blechen schneiden und nach dem Erkalten unten mit Kuvertüre bestreichen.

Bubenschenkel

Diese süßen Doppelwecken gibt es an den verschiedensten Festtagen im Jahr: zum Beispiel an Allerseelen, an Neujahr und an Silvester. Fastnacht gab es sie in Mainz nur in den Jahren, in denen der Rhein zugefroren war. In manchen Dörfern der Pfalz wurden sie auch Weihnachten verschenkt, und zwar an die Buben, während die Mädchen einen Dampetei bekamen.

Bereits 1514 wurden die Bubenschenkel urkundlich erwähnt: in einer Speisenfolge eines Gastmahls im Domkapitel von Speyer. Im Spessart backte man den Bubenschenkel an Silvester auch in Form einer Riesenbrezel.

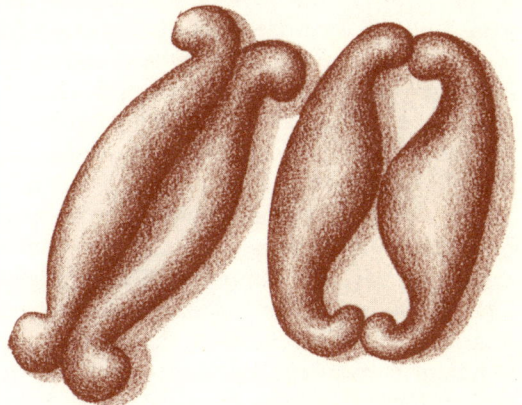

Rezept

Aus 500 g Mehl, $^1/_4$ l Milch, 20 g Butterschmalz, 2 Eiern, 15 g Hefe, 20 g Zucker, 1 Prise Salz einen Hefeteig herstellen, den man 15 Minuten schlägt, ohne ihn gehen zu lassen. Nun wellt man ihn 3–4 mm dick aus, schneidet Rechtecke von $2^1/_2 \times 7$ cm, die von der schmalen Seite aus über $^2/_3$ der Länge eingeschnitten werden. Man bäckt sie beiderseits goldgelb in heißem Butterschmalz und bestreut sie noch heiß mit Zucker.

Berliner Pfannkuchen

Pfannkuchen nennen die Berliner ihre Krapfen. Dieses Gebäck, das früher einmal nur auf die Fastnachtszeit beschränkt war, ist heute zum traditionellen Silvestergebäck geworden.

Rezept

Von 500 g Mehl, 60 g Butter, 4 Eiern, 60 g Zucker, etwas Salz, 40 g Hefe und genügend Milch – alles erwärmt – einen nicht zu festen Teig arbeiten. Ist er in der Wärme um fast das Doppelte gegangen, einen fingerdicken und einen dünneren Teiglappen davon auswalken. Mit einem Glas aus beiden Teigstücken Plätzchen ausstechen, die man zugedeckt gehen läßt. Nun in die Mitte des dicken Teigplätzchens eine kleine Vertiefung drücken und Eingemachtes, Pflaumenmus oder Hagebuttenmark hineinfüllen. Den Rand mit Eiweiß bestreichen, einen dünnen Deckel darauflegen, die Ränger außen herum etwas zusammendrücken und in heißem Schmalz langsam dunkelgelb backen. Kalt mit Zucker bestreuen.

Hohwölfle

In Baden war früher oft die ganze Familie am Silvesterabend beschäftigt, Tierfiguren aus Roggenmehl und Schnitzbrühe zu formen: die Hohwölfle. Manchmal würden sie auch an Weihnachten und Neujahr gebacken. Die Schnitzbrühe dafür hob man vom Hutzelbrotbacken auf. Jeder Ort hatte seine eigenen Figuren. Neben Hunden, Wölfen und Schweinen gab es Füchse, Wiesel, Katzen, Kühe, Schafe, Ziegen, Hirsche, Hasen, Hähne und auch sonderbare Fabelwesen.

Kamen am Neujahrstag die Patenkinder, um den Paten das Neujahr anzuwünschen, so erhielten sie immer einzelne Stücke von dem Gebäck. Aber auch an Erwachsene wurden die Figuren verschenkt. Was übrig blieb, stellte man aufs Fensterbrett oder hoch hinauf auf einen Schrank, einen großen Bilderrahmen, auf das Brett über der Tür, auf dem auch die Gebetbücher lagen, und auch in den Herrgottswinkel.

Wer Hohwölfle im Haus hatte, war vor Blitz und Unwetter geschützt, außerdem brachten sie ganz allgemein Glück. Da sie aber nur für den Schutz eines Jahres zuständig waren, war es wichtig, daß man sie am nächsten Silvesterabend durch neue ersetzte.

Woher die Hohwölfle stammen, darüber gehen die Meinungen auseinander. Nach der einen Meinung waren sie eine Verkörperung von Vegetationsdämonen wie Kornwolf, Roggenwolf oder Roggenhund. Aber auch als Abwehrzauber gegen Wölfe, die in alten Zeiten die Wälder Deutschlands unsicher machten, und gegen den Werwolf soll man sie hergestellt haben.

Ein im 16. Jahrhundert als Werwolf hingerichteter Hirte soll gesagt haben, man müsse rohen Teig nehmen und daraus »uf ein Freitag, welche Zeit im Jahr ihm beliebe, dem Wolf ein neues Jahr backen.« Bevor man diese Figuren in den Backofen schob, mußten sie natürlich mit allerlei Zauberworten besprochen werden.

Der zähe Teig bestand aus Roggenmehl, das mit Schnitzbrühe – Brühe, die beim Kochen des Dörrobstes (Hutzeln oder Schnitz) entsteht – gebunden und gesüßt wurde. Manchmal wurde noch etwas Kochzucker beigegeben, aber nicht zuviel, da sonst das Gebäck beim Backen schwarz wurde. Hefe oder sonstiger Trieb fehlte.

So wurden die Hohwölfle zwar für unsere Begriffe fast ungenießbar, verloren aber auch bei längerem Liegen ihre Form nicht. Die Tiere wurden alle mit der Hand geformt, und zwar aus einem Stück Teig. Aus dem Rumpf zog man die Beine und den Kopf heraus. Die fertigen Formen ließ man auf einem Brett steif und trocken werden, um sie am anderen Morgen (selten noch am Abend selbst) in Öl zu backen. Manchmal wurden die Figürchen auch nur nochmals in Schnitzbrühe getunkt und dann im Ofen getrocknet. Mit ihrer rotbraunen Farbe sahen sie sehr appetitlich aus, und man scheint sie auch allgemein gegessen zu haben.

Die letzten Stücke »schlotzte« man manchmal erst an Dreikönig oder Lichtmeß des folgenden Jahres. Das heißt, man lutschte sie, weil das Gebäck bis dahin natürlich steinhart geworden war.

Literaturverzeichnis

Sophie Armster, Neues Kochbuch, Stade 1859

Hanns Bächtold-Stäubli, Handbuch des deutschen Aberglaubens, Leipzig 1927

Michael Barczyk, Essen und Trinken im Barock, Sigmaringen 1981

Friedrich Baumhauer, Gebildbrote im Kreis Osterode. In: Zeitschrift für Volkskunde, Band 41, Stuttgart 1932

Fritz Becker, Großmutters schönste Backrezepte. Historisches Backbuch aus mittel- und ostdeutschen Landen.

Otto Bertram, Pfälzische Gebildbrote. In: Westmärkische Abhandlungen zur Landes- und Volksforschung. 5. Band, Kaiserslautern 1943

Otto Bertram, Von den Christdeien und anderen Gebildbroten in der Vorderpfalz. In: Heimat und Volkstum, München 1944

W. Bodens, Bäuerliche Fastnachtsbräuche am Niederrhein. In: Rheinische Blätter, Jg. 1938, Koblenz

Franz Magnus Böhme, Deutsches Kinderlied und Kinderspiel, Leipzig 1897

Das Brandenburgische Kochbuch, Berlin 1732

Brauchtums-Dokumentation im Museum 1: Weihnachten. Rheinisches Freilichtmuseum Kommern, Landesmuseum für Volkskunde

Brauchtums-Dokumentation im Museum 2: Ostern, siehe oben.

Braunschweigisches Kochbuch für angehende Köche ...! Braunschweig 1789

Ernst Burgstaller, Brauchtumsgebäcke und Weihnachtsspeisen, Linz 1957

Ernst Burgstaller, österreichische Festtagsgebäcke, Wien 1958

Inge Carius, Gebildbrot – Brauchtum im Jahres- und Lebenslauf, Königstein 1982

Eduard Crass, Deutsches Brauchtum im Jahreslauf. Eine Bilderfolge. Leipzig 1935

Christmann, Von den Gebildbroten »Deihe« und »Dampetei«. In: Oberdeutsche Zeitschrift für Volkskunde 16, Bühl 1942

Deutsche Gaue, Zeitschrift für Gesellschaftswissenschaft und Forschungen in der Heimat, Band XXIX, Kaufbeuren 1928

Fräulein Brezel und andere Gebildbrote. In: Deutsche Gaue XXX, Kaufbeuren 1929

Deutsches Brot-Museum e. V. Ulm

Ein Buch von guter Speise. Rezepte aus dem 14. Jahrhundert. In: Bibl. des Literarischen Vereins in Stuttgart, 1844

Theodor Ehrlich, Mittelrheinische Gebildbrote. In: Zeitschrift des Vereins für rheinische und westfälische Volkskunde 3, 1906

A. O. Erich, Gesichtspunkte für eine Bildgeschichte des figürlichen Gebäcks. In: Oberdeutsche Zeitschrift für Volkskunde Jg. 1932, Bühl

Hans W. Fischer, Das Leibgericht, Hamburg 1955

O. Florian, Gertrud Florian, Die Verbreitung einiger Mehlspeisen und Gebäcknamen im deutschen Sprachbrauchgebiet, 1922

J. Chr. Förster und J. D. Knopf, Braunschweigisches Kochbuch 1789/90, neu 1978

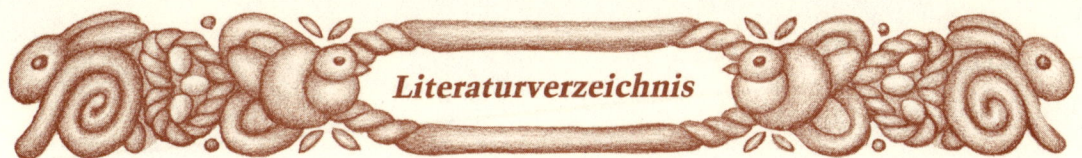

Literaturverzeichnis

H. Frischbier, Preußische Volksreime und Volksspiele, Berlin 1867

Elisabeth Fülscher, Kochbuch, Zürich 1966

Gustav Gugitz, Das Jahr und seine Feste im Volksbrauch Österreichs. Studien zur Volkskunde. 2 Bände, Wien 1949–50

W. Guntermann, Rheinische Gebildbrote. In: Rheinische Blätter. Jg. 1938, Koblenz

Fritz Hahn, Sammlung historischer Backrezepte aus der Praxis des Altkonditormeisters und ehem. herzogl. sächsisch-meiningenschen Hofkonditors Fritz Hahn, Heidelberg 1968

Hamburgisches Kochbuch oder vollständige Anweisung zum Kochen insbesondere für Hausfrauen in Hamburg und Niedersachsen. Verfaßt von einigen Frauenzimmern in Hamburg. 3. Aufl., Hamburg 1804

Handbuch für die Weihnachtsbäckerei. Herausgegeben vom hauswirtschaftlichen Beratungsdienst Pfeifer und Langen, Köln

Hans Jürgen Hansen, Kunstgeschichte des Backwerks, Oldenburg/Hamburg 1968

Fritz Heeger, Altfränkische Festspeisen in der Fastnachtszeit. In: Die Stimme Frankens 33, 1967

Heimatleben. Zeitschrift für Trachtenkunde und Volksbräuche Nr. 6/1973, Zürich

Will Hermanns, Aachener Bildprinten. Eine gebakkene Volkskunde. In: Rheinisch-westfälische Zeitschrift für Volkskunde. Band I 1954, Siegburg

Hessische Blätter für Volkskunde, Band XLV, Gießen 1954

Gertrud Hess-Haberlandt, Das liebe Brot. Brauchtümliche Mehlspeisen aus dem bäuerlichen Festkalender, München 1960

Max Höfler, Gebildbrote der Faschings-, Fastnachts- und Fastenzeit. In: Zeitschrift für österreichische Volkskunde. Suppl.-Heft V, Wien 1908

Max Höfler, Lichtmeßgebäcke. In: Zeitschrift für österreichische Volkskunde 15, Wien 1905

Max Höfler, Allerseelengebäcke. Zeitschrift für österreichische Volkskunde 13, Wien 1907

Max Höfler, Gebäcke des Dreikönigtages. Zeitschrift für Volkskunde 1904, Stuttgart

Max Höfler, Gebäcke bei der Geburt-, Wochenbett- und Tauffeier (Geburts- und Namenstag). Zeitschrift für österreichische Volkskunde, 1909

Max Höfler, Neujahrsgebäcke. In: Zeitschrift für österreichische Volkskunde, 1903

Max Höfler, Gebildbrote in Tierform I. Das Pferd. In: Bayrische Hefte für Volkskunde. 1. Jg., Heft 3, München 1914

Max Höfler, Ostergebäcke. In: Zeitschrift für österreichische Volkskunde. Suppl.-Heft IV, Wien 1906

Max Höfler, St. Nikolausgebäcke. Zeitschrift für Volkskunde 1902, Stuttgart

Max Höfler, Der Krapfen

Max Höfler, Oberbayrischer Nikolausvogel. Globus 89, München

Max Höfler, Gebäcke der Sommerzeit. Zeitschrift für österreichische Volkskunde, 1910

Max Höfler, Weihnachtsgebäcke. Zeitschrift für österreichische Volkskunde 11. Suppl. III, Wien 1905

Herren Freiherr von Hohberg, Des Adelichen Land- und Feld-Lebens, Nürnberg 1701, 3 Bände

Erna Horn, Bayrische Kuchl. Alte bayrische Originalrezepte. München 1977

Erna Horn, Das altbayrische Küchenjahr. Ein kulinarischer Kalender, München 1974

Franz Jostes, Westfälisches Trachtenbuch, 1904

Mathilde Jung, Eine Landschaft kocht. Ein pfälzisches Küchenbrevier, Ludwigshafen 1941

Robert Jung, Alt-Siegerländer Brot und Gebäck. In: Siegerländer Heimatkalender Bd. 27, 1952

Marianne Kaltenbach, Ächti Schwizer Chuchi. Bern

Katalog. Germanisches Nationalmuseum Nürnberg. Bearbeitet von Klaus Pechstein und Ursula Ellwart, Nürnberg 1981

Heinrich Keim, Der Hornaffe – eine alte, fast vergessene Leibspeise

Antje Kelm, Katharina Dietze, Rüdiger Vossen, Ostereier. Vom Symbol des Lebens zum Konsumartikel. In: Wegweiser zur Völkerkunde, Heft 25. Hamburgisches Museum für Völkerkunde, Hamburg 1982

Aegidius Kolb, Leonard Lidel, D'schwäbisch Kuche, Kempten 1973

Carl Krackhardt, Neues illustriertes Conditoreibuch, Nordhausen 1907

Hanna Kronberger-Frentzen, Die alte Kunst der süßen Sachen. Backformen und Waffeleisen vergangener Jahrhunderte, Hamburg 1959

Richard Kühnau, Die Bedeutung des Backens und des Brotes im Dämonenglauben des Deutschen Volkes. Patschkau 1900 (Progr.) In: Jahresbericht v. Städt.-evang. Gymnasium in Liegnitz

Monika und Albert Leist, Figürliches Festgebäck. Werkbogen der Werkgemeinde Kassel (Festliches Formgebäck)

Karl Löber, Kräuterbrotessen im nördlichen Kurhessen

Catharina Lüden, Feiern im Jahreskreis der alten Föhrer. Mit Koch- und Backrezepten. Wyk auf Föhr

Franz Maier-Bruck, Vom Essen auf dem Lande. Das große Buch der österreichischen Bauernküche und Hausmannskost, Wien 1981

Karl Meisen, Die Heiligen Drei Könige und ihr Festtag im volkstümlichen Glauben und Brauch, Köln 1949

Karl Meisen, Nikolauskult und Nikolausbrauch im Abendland. Eine kult-geografische-volkskundliche Untersuchung, Düsseldorf 1931

Ernst Meier, Deutsche Kinderreime und Kinderspiele aus Schwaben, Stuttgart 1852

Elsbeth Messmer, Töpferscheibe Sankt Gallen

J. Mestorf, Das landesübliche Backwerk in Schleswig-Holstein. In: Die Heimat. Monatsschrift des Vereins zur Pflege der Natur- und Landeskunde in Schleswig-Holstein. Band 2, Neumünster 1892

F. Mössinger, Seltene Gebildbrote. In: Hessische Blätter für Volkskunde, Band 45, Gießen 1954

Montanus, Die deutschen Volksfeste, Volksbräuche und deutscher Volksglaube in Sagen, Märlein und Volksliedern, Iserlohn 1854–58

O. A. Müller, Hohwölfle. In: Oberdeutsche Zeitschrift für Volkskunde 3, Bühl 1929

Neues Hannoversches Kochbuch, Hannover 1803

Neuestes Frankfurter Kochbuch, Frankfurt 1848

Osnabrücker historisches Kochbuch, Osnabrück 1906

Paul Pelshenke, Gebäck aus deutschen Landen, Alfeld 1949

Paul Pelshenke, Gebäck aus deutschen Gauen, Berlin 1937

Helmuth Plath, Das Dreitimpenbrot. In: Deutsche Volkskunde. 1. Jg., München 1939

Franz Pusch, Das Bäckerbuch. Ein praktisches Handbuch der Bäcker aller Länder, Stuttgart 1901

E. L. Rochholz, Das Allerseelenbrot. Aus der Geschichte des deutschen Grabcultus. Germania XI, 1866

E. L. Rochholz, Alemannisches Kinderlied und Kinderspiel, Leipzig 1857

Carl Friedrich Rumohr, Vom Geist der Kochkunst, o. O. 1832

Paul Sartori, Westfälische Volkskunde, Leipzig 1922

Heinrich Schauerte, Brot und Gebäck im westfälischen Glauben und Brauch. In: Rheinisch-westfälische Zeitschrift für Volkskunde Jg. 7, Heft 1/2. Siegburg/Bonn 1960.

O. Schell, Bergische Gebildbrote. In: Zeitschrift des Vereins für rheinische und westfälische Volkskunde. (Westfälische Zeitschrift 92 und 93, Band 1936/37)

W. Schünemann, Neuestes Frankfurter Kochbuch, 1848

Schweizer Familie. Ausgabe März 1983, Zürich

Ernst Helmut Segschneider, Weihnachtsgebäck in Nordwestdeutschland. Eine Untersuchung auf der Grundlage des Atlas der deutschen Volkskunde. In: Rheinisch-westfälische Zeitschrift für Volkskunde. Band XXV, Bonn 1979/80

Ernst Helmut Segschneider, Festliches Backwerk im Jahreslauf, Osnabrück 1975. Kulturgeschichtliches Museum.

Karl von Spiess, Grundlinien einer Formen- und Gestaltenkunde der Gebildbrote. In: Jahrbuch für historische Volkskunde Bd. 3/4, Berlin 1934

Hans Strobel, Bauernbrauch im Jahreslauf. Leipzig 1936

Ernst Thiel, Waffeleisen und Waffelgebäcke in Mitteleuropa, Köln 1959

Ulrich Tolksdorf, Essen und Trinken in Ost- und Westpreußen, Teil 1, Marburg 1975

Universal-Lexikon der Kochkunst. Band 1 und 2, Leipzig 1886

Hans E. Valentin, Brezen, Kletzen, Dampetei, Regensburg 1978

Ernst Vogt und Jos. Mattle, Die Schweizer Bäckerei, Band 1, Thun

Literaturverzeichnis

Max Währen, Unser täglich Brot in der Geschichte und im Volksbrauch. Das Bäckerhandwerk im Wandel der Zeiten, Bern

Margarete Wagner, Aus alten Backstuben und Offizinen, Esslingen 1961

Albert Walzer, Liebeskutsche, Reitersmann, Nikolaus und Kinderbringer, Konstanz 1963

Maria Elisabeth Weyh, Rheinische Gebildbrote. In: Rheinische Vierteljahresblätter. Jg. 9/1939, Bonn

Alfons Wiesinger, Narrenschmaus und Fastenspeise im schwäbisch-alemannischen Brauch, Konstanz 1980

K. Wolber, Das Christei oder das Daien, ein pfälzisches Gebildbrot. In: Oberdeutsche Zeitschrift für Volkskunde 16/1942, Bühl

R. Wolfram, Gebildbrote (Patengeschenke zu Allerheiligen). Salzburg-Atlas, herausgegeben von E. Lendl, Salzburg 1956

Adam Wrede, Rheinische Volkskunde. Unveränderter Nachdruck der 2. verb. und verm. Auflage, Heidelberg 1922, Frankfurt/Main 1979

Adolf Wuttke, Der deutsche Volksaberglaube der Gegenwart, 3. Bearb., Berlin 1900

Annemarie Zogg, Robert Hirt, Zürcher Gebäckmodel, Bern 1970

Register

Register

Register

Register

Weitere BLV-Bücher zum Thema Backen

Marlene Große Berg
Selbstgebackenes

Über 600 sorgfältig überprüfte Rezepte für Kuchen, Torten, Gebäck, Plätzchen, Konfekt, Waffeln, Hörnchen, Brot und Pikantes.

3. Auflage, 364 Seiten, 36 Farbfotos, 36 Zeichnungen

Hans J. Fahrenkamp
Knuspriges Brot aus dem eigenen Ofen

Mehr als 170 internationale Brot- und Brötchenrezepte sowie Informationen über die Herstellung von Mehl, die Grundlagen des Brotbackens und Tips zur Aufbewahrung.

4. Auflage (Neuausgabe), 207 Seiten, 12 Farbfotos, 33 s/w-Fotos, 37 Zeichnungen

BLV Kochpraxis

Helga Tenschert
Engelsbrot und Eisenkuchen*

Nahezu 100 alte Originalrezepte für das Backen mit Oblaten: Marzipan, Zeltchen und Fruchtschnitten, Makronen und Baisers, Oblatentorten, Lebkuchen und Schmalzgebackenes.

127 Seiten, 29 Faksimiles

* Ausgezeichnet mit der Silbermedaille der Gastronomischen Akademie Deutschlands.

BLV Idee & Praxis 506

Barbara Engelmann / Ernestine und Irene Kohl
Selber backen mit Vollkorn

Zutaten, Getreidemühlen und besondere Backtechniken sowie Rezepte für Brote, süße und pikante Kuchen, Kleingebäck, Weihnachtsbäckerei, Verzierungen, Füllungen und Beläge.

95 Seiten, 97 Farbfotos, 1 farbige Grafik

BLV Idee & Praxis 513

Hans Karl Adam
Weihnachtliche Bäckerei

110 beliebte Rezepte für Lebzelte, Honigkuchen, Spekulatius, mit Nuß- und Mandelkern, für den bunten Teller, Stollen, Striezel und Schittchen, Marzipan, internationale Spezialitäten sowie Glasuren, Garnituren, Gewürze und Geschmackszutaten.

19. Auflage (Neuausgabe), 95 Seiten, 14 Farbfotos, 25 farbige Zeichnungen